Réinvestir le politique

Questions contemporaines
Collection dirigée par B. Péquignot, D. Rolland et Jean-Paul Chagnollaud

Chômage, exclusion, globalisation... Jamais les « questions contemporaines » n'ont été aussi nombreuses et aussi complexes à appréhender. Le pari de la collection « Questions contemporaines » est d'offrir un espace de réflexion et de débat à tous ceux, chercheurs, militants ou praticiens, qui osent penser autrement, exprimer des idées neuves et ouvrir de nouvelles pistes à la réflexion collective.

Dernières parutions

Hélène BAUMERT, *Plaidoyer pour l'enseignement des pratiques alimentaires*, 2013.
Tony FERRI et Dragan Brkić, *La condition pénitentiaire. Essai sur le traitement corporel de la délinquance*, 2013.
Collectif NOUS AUTRES, *Quelle action publique face au racisme ? Une recherche-action dans le Nord-Pas-de-Calais*, 2013.
Mostafa BENFARES, *Altérité, responsabilité et questions identitaires. Le cas du Québec*, 2013.
Dreyfus LOUYEBO, *Politique, insertion et jeunesse : l'espoir du monde*, 2013.
Ahmed KHERRAZ, *Pour une participation des jeunes à la vie publique. Engagez-vous ! Réengagez-vous !*, 2013.
Rodolphe DALLE (dir.), *Didactique de la communication*, 2013.
Sébastien REPAIRE, *Sartre et Benny Lévy. Une amitié intellectuelle, du maoïsme triomphant au crépuscule de la révolution*, 2013.
Daniel ARNAUD, *Le harcèlement moral dans l'enseignement. Sévices publics*, 2013.
Hervé TERRAL, *Figure(s) de l'Occitanie. XIXe-XXe siècles*, 2013.
Etienne AUTANT, *Construire une société conviviale*, 2013.
Bertrand PIRAUDEAU, *Le recrutement dans le football français. Histoire, logiques et enjeux géographiques*, 2013.

Claude-Louis MOREAU

Réinvestir le politique

L'HARMATTAN

Relecture :

Nadège Touboul

5-7, rue de l'École-Polytechnique ; 75005 Paris

http://www.librairieharmattan.com
diffusion.harmattan@wanadoo.fr
harmattan1@wanadoo.fr

ISBN : 978-2-343-01061-8
EAN : 9782343010618

Avant-propos

Je crains qu'au bas de l'échelle, les mêmes - toujours les mêmes - subissent une crise d'une ampleur telle que nulle instance ne puisse dorénavant la maîtriser. Je crains qu'une dynamique dangereuse de transfert de puissance soit en place, hélas au risque d'être irréversible. Je crains enfin un troisième conflit mondial mettant l'humanité en guerre contre elle-même, non par le choc de nations mais par le plus vieux ferment de son malheur, plus puissant et organisé que jamais : l'intérêt, l'inégalité devant la rareté des ressources arrivant là comme une sanction de notre ignorance, bâtissant notre punition. Cette guerre tue déjà dans des pays qui, à la marge subissent l'outrance de notre impact civilisationnel, au titre de dommages collatéraux. Surexploitation et pollution, famines et obésité, conflits et armements, figurent parmi les nombreuses dualités que consomment sans embarras nos indignations courantes. Le temps qui passe affine le diagnostic, et ces mêmes indignations... Mais peu à peu se dégrade l'obligation protectrice des états envers leurs citoyens, leur pouvoir protecteur s'étiolant : l'économique le ronge et la mythologie technocratique donne à ce pouvoir sans visage le nom de « marché ». L'héritage séculaire de nos philosophies politiques répond-il actuellement au transfert de puissance en mouvement ? Ceux qui posent cette question ne sont pas reconnus, car s'indigner est bien préférable à prendre le risque de la poser, aux bouleversements qu'elle implique. Si je nourris mon intention de comprendre, dans un univers d'outils très divers, issus du quotidien, de lectures, de l'intrusion du détail, d'évènements paradoxaux, parfois anodins, où l'intention philosophique savante et spéculative se tient à l'écart, tout me rappelle néanmoins l'importance des questions de l'altérité, des mythes. Mais mon « dire » est là pour éviter de se convaincre d'une réponse complaisante, éviter les constructions qui rendent si efficaces nos « trous de mémoires » ; l'ouvrage suspendu dans le temps est celui d'un bricoleur du dire. Je découvre que l'ignorance n'est pas inculture, mais partage collectif de l'enfouissement dans les consciences de raisons trop déstabilisantes pour nos compromis. J'ai à l'esprit une image récurrente de cette réalité : le retour de Chamberlain après Munich, son papier à la main. Quelle était la nature vraie de ce soulagement collectif ? J'identifierai cette forme ambiguë du terme générique d'ignorance. Car je ne vois pas les crises comme un dérèglement, mais comme les effets cohérents de ce transfert progressif de puissance vers des pôles qui font de l'instrumentalisation progressive de nos démocraties, une nécessité. Ceux dont l'échelle nous échappe, qui détruisent, surexploitent mais seront en même temps les seuls à être à l'échelle de moyens de leurs réparations, ces nouvelles sources de profit. En nous laissant cette candide intention de traverser les crises dans l'espoir de les résoudre, livrés à la délicieuse addiction à la croissance, les destructeurs-réparateurs nous mènent insensiblement vers une situation dont nous ne mesurons pas encore les enjeux : la prolétarisation de nos démocraties...

Tout ce qui s'écrit se rend contestable. Vieille histoire... Et il s'est sûrement trouvé quelque part un homme, aux moments les plus reculés de notre préhistoire, pour contester les premières figures qu'un autre avait tracées. Ce conflit-là fut sans doute le premier sur l'art d'atteindre – ou de détenir- la vérité. Ces hommes ont bien involontairement inauguré ainsi la première interrogation philosophique de l'humanité. Ce fut le fruit de l'intelligence et de l'agrégation, car pour qu'une vérité se manifeste, j'ai besoin de l'autre. L'agrégation a donc, au-delà des contingences, révélé un grand mystère que nous abordons inlassablement depuis cet instant, en en faisant et refaisant obstinément le récit. Nous agissons, pensons et écrivons depuis dans la pire des situations : celle de l'incertitude d'une vérité qui fasse vérité. Toute construction aboutit à la fuite des réponses, à une incomplétude rationnellement ignorée. Fragments accumulés depuis la nuit des temps, mais accomplis dans un passage obligé : le fait singulier, le détail, figures du seuil d'entrée dans le labyrinthe. Intemporellement, l'agrégation – ce curieux assemblage d'hommes - produit ses propres faits, qui, par la succession d'événements accumulés, fournissent la ressource et la matière du renouvellement de notre propre interrogation. Sommes-nous maîtres des lois de cet assemblage ? La cible à viser reste pour moi cette question primaire de l'agrégation, car je suis persuadé qu'elle conditionne les interprétations des chocs actuels. Restituer le niveau systémique « en soi » à des fins d'analyse, c'est donner sens à la fragmentation, aux fusions, aux stratégies etc. Le désarroi de la logique du « bon sens » devant les faits, reste compréhensible.

A l'opposé, la rupture brutale du monde actuel d'avec tout ce qui nous a précédés, développe la montée en puissance d'une confiance excessive en nos capacités prédictives. Celle de l'idée d'une programmation de l'avenir n'est pas loin, si ce n'est qu'elle postule implicitement qu'aucun bouleversement majeur n'est logiquement à attendre, au stade de maturité de nos systèmes politiques développés. Tout a sa place pour une éternité. En ce sens, je pense aux vieux apophtegmes d'Héraclite, au temps où le politique, la science et la philosophie fusionnaient, et qui volent en éclat. Où est ce Tout, en lequel nous ne savons pas ce qui fait Un, où la prédiction ne produit, dans une arborescence infinie, que d'autres questions, pour ne pas dire illusions, entraînant dans la spécialisation des réponses, l'éclatement de l'idée du Tout ? Où le progrès cesse d'être l'accumulation concertée des connaissances, dans une fragmentation des savoirs qui rendent leur mise en ordre impossible, nous livrant à ce mythe contestable et triste de la liberté technologique ? L'opinion, absorbée dans un trou noir en forme d'unique alternative à l'impossibilité d'appréhender la paradoxale polysémie du Un (le complexe si souvent mis en avant), voit le Rien – ce vide rempli d'étoiles filantes - résorber le politique dans la politique, la politique dans l'économique, enfin l'économique dans l'arbitraire. Est-ce satisfaisant ?

Le spectre des années 2050 figure un seuil apocalyptique. Il y a des raisons à cela. La convergence de la surpopulation, du problème de l'eau, d'un réchauffement à venir, d'une hypothétique fin du règne pétrolier, de la fin des ressources alimentaires marines, de la pollution des sols, du développement catastrophique de l'agroalimentaire, de la concentration des empires financiers et de la fin des Etats-nations, font craindre le chaos, ou pire, l'organisation du monde par des pouvoirs aux limites mal démarquées, intéressant globalement une alliance de fait entre les empires de droits privés et les égoïsmes de catégories restreintes de la population à travers le monde. En perpétuant une alliance à craindre : le malheur des uns comme prix du bonheur confortable de ceux qui collaborent à la gestion mondiale d'intérêts d'une élite. La préservation de cette aristocratisation du monde provoquant à ce moment-là la plus primaire des exigences de pouvoir, par la coercition et les opportunités du plus fort, sous l'impérieuse nécessité d'un monde stable, prévisible et reproductible à son profit. La nécessité d'un contrat établi sur les bases légitimes d'un idéal d'équité, d'un principe d'obligation entre pouvoir et citoyens ne serait-elle qu'illusion, le chantage au chaos des groupes de pression prenant le dessus, par le biais du prix des réparations que les états ne pourraient plus payer. La dictature économique des empires qui se forment en tirerait profit, dans la position privilégiée et récurrente de ceux qui reconstruisent à leurs conditions, ce qu'ils ont détruit pour produire. L'exigence du bien commun par la croissance implique le peuple dans une alliance d'intérêt dont on lui montrera et démontrera qu'elle tient de l'inéluctable, grâce à un cheval de Troie résumé alors par une équation simple : obtenir la pérennité de situations acquises, la stabilité sociale, quitte à accréditer des représentations des crises inverses à celles des malheurs qui nous guettent. La « chute » des idéologies ayant établi dans l'opinion la disparition de leurs influences, nos mythes contemporains – principalement ceux de la science économique - les ont endossées. Or j'ai sous cet éclairage une conception des mythes inverse de celle qui lie leur contenu à une interprétation adaptative au monde, ou, pour nous, à notre environnement humain et économique ; ils se construisent et se reconstruisent pour l'ignorance de ce qu'il a d'incertain, d'angoissant, de monstrueux parfois, même si la science tempère cette fuite de manière raisonnée par les espoirs qu'elle entretient, sublimes parfois, sans parvenir – le plus souvent - à nous décharger de ce contexte anxiogène. Le mythe construisant notre oubli, fait la beauté et parfois l'esthétique de notre culture. Souvent la qualité de ses errances. Il conditionne l'inscription du citoyen dans le politique. Il conditionne le politique, mais contient la politique dans une reproduction hors d'échelle, presque inopérante, de limites d'action trop étroites. La mise à l'épreuve des crises ne tardera pas à la manifester plus clairement pour l'opinion. D'où le besoin et l'importance de raisonner sur l'ignorance, de remettre en cause une réflexion sur la nature du politique, pour découvrir qu'au-delà de l'effet d'écran des connaissances positives, sa réalité demeure inchangée, dans une tâche ambiguë entre vouloir et ignorer.

Est-ce la fin des pyramides *? La pyramide est très probablement la plus ancienne des constructions monumentales de l'humanité. De la terre au ciel, la pyramide superpose l'organisation de sa construction à son image intemporelle de hiérarchie sociale. Dans le monde bien réel de la pierre, l'assise massive et large compte le plus grand nombre d'éléments. Dans l'univers des représentations, socles et hiérarchisation sont aussi nécessaires, mais abstraits. La pesanteur ne règne pas. Au plus peut-on percevoir que l'édifice est instable, mal installé. Changer alors de point de vue, et reconstruire. Les figures de la société, par la délibération politique, définissent le socle. S'ensuit une crise, à l'inverse, lorsque la masse ne choisit plus de s'en inquiéter. L'air du temps revendique la fin des pyramides, en bousculant la reproduction traditionnelle des élites. Or, l'intelligence collective entre désormais dans le champ de la concrétude. Changement d'outils, changement de pratiques. Elle va montrer une crise qui a bon dos, en ouvrant la porte aux interprétations globales, faciles, de l'ensemble du politique à des situations le dépassant, en offrant des diversions commodes à ceux-là mêmes qu'elle touche, la diversion économique entre autres. Or, par quoi passent les aberrations, les abus, l'énormité d'échelle des excès qui la provoquent ? Par une nouvelle puissance des outils. L'air du temps constate que les intellectuels n'ont plus d'audience, les hommes politiques plus de message, les systèmes de pensée plus de force heuristique. Si par réaction, les irresponsables de mon genre se penchent sur une résurgence de ce qui se pérennise, ils redécouvriront que la raison ne mène pas le monde sur des modèles idéaux, mais sur des situations de culture, de rituels et des transformations qui ne reconduisent que des questions. L'absence de contenu, du moins de celui qui frappe les vieux* *moteurs d'interprétation, suscite néanmoins une abondance remarquable d'ouvrages produits par de bons économistes ; paradoxalement, et par la puissance de l'outil, notre société n'a jamais été aussi intellectuellement, statistiquement, économiquement, religieusement, et politiquement photographiée que maintenant. A son encontre, la simple, silencieuse rupture de continuité et l'émergence de cette concrétude de l'intelligence collective entrent dans le champ de la quotidienneté. Progressivement, les vieilles routines de l'intermédiation ne se maintiennent qu'au prix d'un remaniement constant d'une ancienne vocation : interpréter les sentiments du peuple, exercice vivant (entre autres) du journalisme populaire des médias. Cette économie d'idées ressemble assez, de manière surprenante, à celle de l'économie tout court. Celles-ci n'échangent plus que sur la valeur de leur contribution à la stabilité nécessaire à la reproduction économique. D'où la profondeur de la crise, que l'opinion pressent comme crise de modèle. Une lente érosion entame désormais la légitimité du fonctionnement social, de la redistribution, de la reconnaissance du travail, et souvent de l'ignorance de cette individuation qui se construit sur les nouvelles formes de communication. Mais la diversification des pratiques de l'intelligence collective, cristallise in fine dans la catégorie de l'injustice les déficits de perception de ces chocs critiques. N'est-ce que provisoire ? Acculturation douloureuse mouvante, ou impasse culturelle ? Sans doute la transformation de nos vieilles démocraties sera-t-elle l'œuvre d'une génération.*

Où allons-nous ? Vers quoi allons-nous, ou plutôt, armés de quelle finalité ? Cette question si simplette qu'elle prête à sourire, revient, présente dans toutes les têtes, à l'occasion de chaque conflit armé, social, catastrophe naturelle, appauvrissement de populations entières, outrance obscurantiste, guerre ignorée, disparition d'espèces, effet de serre. Et je suppose autant, sinon plus, qu'à d'autres époques, car les conséquences en sont désormais inscrites dans une urgence d'échelle où le temps pour réagir s'étiole. Revenir à une interrogation si naïve qu'elle n'a au fond rien d'illusoire traduit cette soif évidente de se mettre en tête une « lisibilité » de la complexité du monde bien utile à autrui. Un humoriste l'avait exprimée en deux albums successifs : *Rien n'est simple* et *Tout se complique* … Evidemment, l'océan factuel justifie une ramification incessante des paramètres d'enquête. Mais ne nous éloigne-t-elle pas d'une interprétation simple et synthétique de cette nécessité de finalité ? Entre l'illisibilité du monde et la confusion d'esprit des gens qui l'expliquent, il y a pourtant de quoi se raccrocher à quelques idées générales fortes.

Prétendre apporter une vérité sans être universitaire à la parole d'or, dirigeant d'un groupe multinational, ancien ministre, haut fonctionnaire, ou chanteur qui a réfléchi, revient à présenter sa vérité comme quelque chose de très relatif, soumis aux *a priori* d'échelle de valeurs en usage, et en principe rien n'autorise à le faire. A ceci près que la modernité naissante, donne une parole nouvelle au citoyen lambda, seul fait révolutionnaire depuis longtemps. Et j'aime bien le peuple dont je fais partie, avec qui je travaille, qui partage mon quotidien. Pire pour certains : je trouve tout un chacun intelligent ! De bonne volonté ! Et gourmand d'avenir ! Architecte, rien *a priori* ne m'autorise dans la forme convenue actuelle de la parole sacrée à la prendre moi-même, mon métier ne poussant pas à le faire sous cette forme. Pas de responsabilité économique ou politique, de notoriété show-biz, et pourtant ! Quelle est la parole de notre métier ? De quoi est-elle faite ? Qu'est-ce qu'un acte créatif, et plus précisément le nôtre ? Ni purs plasticiens sur le plan seul de l'émotion, ni ingénieur, dans la technique et la procédure, nous devons être les deux. Un bâtiment n'est ni sculpture habitée, ni pur outil configuré par sa fonctionnalité. Ce qu'il est, compte avant tout par ce qu'il en reste quand tout est oublié et que sa fréquentation, longtemps après, continue d'apporter utilité et plaisir esthétique. Il est ce que le temps lit de lui, les styles auxquels il le rattache. C'est un art social. Or, qu'a-t-il fallu pour ça ? L'exercice principal d'un acte créatif syncrétique fait de sensibilité à la matière sociale, de connaissance de ses mécanismes, puis de technique et d'invention, mobilisant connaissances et imaginaire. Peut-être l'a-t-on oublié à cause d'une mauvaise image que l'on a cultivée des sciences humaines. Mais la conscience partagée que la société se forme d'elle-même, est faite d'impulsions, pas seulement de raisonnements. Si « l'émotionnel » n'est pas « positivement » objectivable dans la démarche du chercheur, il construit par ailleurs. S'il est possible de traduire ses effets en chiffres, les mécanismes d'une réalité constituant son cœur actif ne peuvent pas l'être.

« *La maison appartient aussi à celui qui passe* » selon un dicton chinois. Les figures de notre démocratie aussi doivent continuer à nous appartenir, et en pleine conscience, même si le partage de cette représentation pose problème, et que les chiffres établis selon une rigueur scientifique affichée, en retournant à la subjectivité de l'émotionnel, nous soumettent à une forme collective de tromperie sur nous-mêmes. Au crédit du rationnel surgissent les thèmes de crise, complexité, blocage, fin d'une époque, impasses, individualisme, violence, racisme et autres scénarios qui formatent les voix de la démocratie d'opinion. Et si le troupeau se trouvait soudain en situation de ne compter que sur lui-même ? Où serait alors dans la confusion actuelle le message juste ? Il paraît normalement indispensable dans une démocratie représentative comme la nôtre que la classe politique nous renseigne sur l'avenir, nous transmette un message vrai, même au prix de tempêtes possibles. C'est sa fonction première, son mandat. Un silence posé sur un futur bouleversement ? Et si cette peur inspirée à la technopolitique convergeait vers la même tendance à cultiver le surplace ? Peur et sécurité, parole sacrée, ignorance, découplage, notre troupeau a donc fort à faire pour jeter les bases par lui-même d'une conception nouvelle et claire de sa propre société, y compris au prix d'un effort sur lui-même. Mais voilà, les traductions spécialisées pèchent souvent sur un point : ce qu'on dit des intéressés ne s'adresse pas aux intéressés.

Connaissance+imaginaire ? Ce besoin de réintroduire le niveau « du » politique dans la culture des citoyens, constitue ici l'une des dimensions réactionnelles. J'ai toujours été assez surpris, voire sidéré, par la certitude partagée par tous que notre rationalité, la somme de nos connaissances et le raisonnement sur nos pratiques nous armaient face aux désordres d'une pseudo-puissance autocorrectrice et régulatrice presque automatique, dont l'Etat politique serait le dépositaire, ou plutôt le coordinateur. Or, la convergence des paramètres de crise (opacité financière + montée des écarts de fortunes + concentrations monopolistiques + épuisement des ressources) nous montre avec clarté l'abandon des priorités, caractéristique de notre classe politique et de son malaise relationnel avec l'opinion à ce propos, qui se traduira fatalement par un état de faiblesse chronique. Actuellement, les « projets de société », pondus dans des officines spécialisées à la veille d'élections, par la technopolitique ou la social-démocratie nouvelle, témoignent d'une pauvreté conceptuelle du politique. Le restaurer, c'est avant tout s'apercevoir que la société civile opère les changements dédaignés par la technopolitique, et qui vont la disqualifier progressivement, au fil de son aveu de faiblesse. Je pense pour ma part l'opinion plus consciente et réactive qu'on ne le soupçonne. Et ce Rien, ce trou noir m'apparaît résider dans cet écart entre une réalité systémique sous-jacente (la réforme du lien entre citoyens du monde et l'organisation « subjective » à laquelle ils se sentent appartenir entre autres), et l'adhérence avec laquelle notre culture politique attache les Etats-nations à leur géographie territoriale. À la redistribution a-territoriale transnationale des systèmes industriels, au double jeu des systèmes bancaires nationaux et à leur grande liberté hors-frontières, les Etats-nations ne peuvent guère opposer que la contrainte de leur dépendance territoriale exercée dans les limites exiguës de leur espace d'autorité. Et perdent le plus souvent les combats.

Comment marchent les hallebardiers** (de l'opéra), **ou l'ignorance comme dynamique. Les hallebardiers de l'opéra, en chantant « marchons, marchons », restent sur place, faute de perspective devant eux, et c'est à la faveur de cette métaphore que je vais franchir mon Rubicon. Nous sommes donc engagés dans un processus composite relativement récent, conséquence en grande partie des outils nouveaux de communication et de l'échelle qu'ils embrassent. Ce basculement brutal accompagne notre dépendance économique, la crise se caractérise par un déficit majeur de sa représentation, générant une nécessité politique de concevoir une modélisation solide des désordres systémiques actuels. Mais un modèle sans concession de la structure de la crise appelle des réponses tout aussi brutales dans cette même expression politique. Dans ce domaine, la classe politique face à sa mise hors d'échelle peut faire figure de troupe de hallebardiers. Que s'est-il donc passé ? Chacun se souvient, lors de la crise des subprimes, de la condamnation du « mauvais » capital. Qu'on regarde maintenant (peu après) la véritable terreur qu'opèrent les « marchés » sur les économies mondiales… par ce même « mauvais » capital. Au sujet de sa perception, je ne vois ni bêtise ni complicité collectives, mais une forme d'ignorance « dynamique », installée sous la pression du mieux-vivre, des jours se succédant, nous disant « encore un peu, encore un peu »… Sans être un déni de réalité, cette ignorance s'associe au statut de la technopolitique actuelle, dans un rapport de complémentarité avec cette forme nouvelle de conservatisme – de fixisme d'une fausse prévisibilité en tout - et dont l'effet majeur est de redistribuer au profit de grands comptes la stabilité d'un système, en l'associant en toute occasion (faussement ou naïvement) à l'intérêt général. Aller plus loin, c'est éviter de décrire finalement ces situations sous l'angle moral, d'une logique du bien. Ce n'est pas mon propos. Notre environnement est saturé de produits (idées) simples et de large diffusion, construits sur une bonne connaissance des cibles auxquelles on s'adresse. Jusqu'à cet enivrement protecteur de sondages, médias, thèmes électoraux, show-biz politique et débats d'actualité produisant le méli-mélo de la thématique politique ambiante actuelle, qui fait que nos prix Nobel d'économie s'en vont dans une indifférence respectueuse (je pense particulièrement à Maurice Allais)[1]. Bien sûr la condamnation de la « parole sacrée », cette parole instrumentalisée d'expert, source majeure de cette production, qui finira par entrer elle-même en crise pour abus de conformité, peut sembler rebattue. La dramatisation fast-food de notre univers (actuellement avec l'environnement par exemple), la confiscation d'une

[1] *« Pour ma part, je n'étais pas convié sur les plateaux de télévision quand j'annonçais, et j'écrivais, il y a plus de dix ans, qu'une crise majeure accompagnée d'un chômage incontrôlé allait bientôt se produire… » Lettre aux français, Marianne* n° 659, 5 décembre 2009.

capacité de se représenter une crise sociale par nous-mêmes, même si rien ne discrédite le savoir souvent appréciable des experts qui y contribuent, posent problème par leur instrumentalisation en retour et le brouillage quasi-permanent des causalités s'ensuivant. Les sociétés seraient-elles trop complexes pour que nous puissions les percevoir par nous-mêmes ? Beaucoup se joue sur cette idée. Mais seule est prouvée celle de la segmentation des spécialités qui se mettent en scène. Sur un plan plus fondamental, le terme de « changement conservatoire » pourrait être un oxymore qualifiant au mieux les tensions soumettant les forces politiques. Face à cela, celles qui parcourent la société civile ne s'expriment encore que par les potentialités qu'on peut y déceler, à la faveur d'outils de transformation nouveaux. Les modèles émergents d'autonomie et d'initiative priveront-ils les couches sociales en décrochage d'un accès à ces moyens ? La formation, enjeu central sur ce point, loin de se maintenir dans son rôle de moteur de progrès, a été négligée. Un problème d'acculturation générale est ainsi posé, avec une tendance nette à l'aristocratisation des sociétés occidentales.

L'opinion sent-elle... Rien d'étonnant donc à ce que l'opinion, sentant confusément le découplage du « récit » et de la réalité, se désintéresse de la politique dans son incapacité à le reconstruire d'abord, à agir ensuite... Ou à ne comprendre qu'une relation d'assujettissement à des réponses trop techniques avancées par la classe politique ? Pour les philodoxes, la crainte d'une élimination de la scène s'ils établissent des vérités que beaucoup ne veulent pas voir, s'amplifie certainement par l'impact d'enjeux électoraux trop rapprochés. Et le problème réel, et assez intemporel, lié à tout engagement politique dans notre fonctionnement démocratique et *a fortiori* lors de périodes de renforcement des démocraties d'opinion, engendre une temporisation, puisqu'on ne peut opérer sur des solutions difficiles en se faisant mettre sur la touche... La stratégie politique induite des « petits pas » de ces gouvernements d'alternance est tout aussi dramatique par ses effets opacifiants, montrant donc que le problème politique dépasse celui des politiques. D'où l'actuelle crise relationnelle entre « le peuple » et son personnel politique (l'abstention) qui, selon moi, masque chez le premier une réalité contrariée, traduisant la demande suivante : où sont les philosophies politiques ? Où sont les hommes d'idées ? Où sont ceux qui nous feront admettre les « vraies vérités », afin de nous donner, en retour d'un choc profitable, l'autonomie nécessaire pour affronter une remise en cause salutaire, y compris en chacun de nous ?

Ce qu'elle ne perçoit pas ? Je sais donc par pratique et par une conviction basiquement politique que mes compatriotes sont prêts à affronter les changements nécessaires à la sortie de cette crise, résumée dans notre dette importante (enveloppe chiffrée et arbitrale de l'ensemble de nos dysfonctionnements), sous deux conditions élémentaires, nécessaires et suffisantes que je distingue comme suit:

Egalité réelle, et non formelle, des chances, renouant avec l'espoir d'être acteur et de comprendre le monde dans lequel on leur demande d'être producteurs.

Confiance renouvelée, avec une classe politique issue, elle, de ses rangs, et dans laquelle le peuple se reconnaisse.

Ce dilemme fait pratiquement le quotidien de beaucoup, et se résume dans cette image qui me revient inévitablement : pourquoi sommes-nous devenus ces hallebardiers de l'opéra ? Quid d'une soi-disant peur du changement ? Et quid de cette complexité du monde, aux mains de la technopolitique, si inaccessible au vulgum pecus ? J'ai en vain cherché un fondement et une réalité à ce discours. Rien de tout cela ne paraît exister. Changer pour conserver ou transformer ? Vu qu'un écart structurel se creuse entre l'appartenance économique, géographique « subjective » mais réelle des citoyens et de leurs dirigeants, contraints dans les limites de leur état, on peut alors opposer deux « options » de fond, l'une dans la forme institutionnelle, l'autre sur notre conversion postindustrielle. La première, victime d'une conception politique de stabilité, limitant son objet à la consolidation des changements nécessaires à la conservation de la situation actuelle - système trop complexe pour être revisité - et se contentant d'agir pour la bonne gestion du fait acquis, sous la pression sociale le plus souvent des plus faibles. L'autre, ayant pour objet d'intégrer les données extérieures et intérieures de l'économie contemporaine, et ce qu'on suppose qu'elle exige de nous. C'est une démarche assez contraire de mouvement permanent, d'individuation que l'on définira dans son rapport en transformation avec le principe d'obligation, qui fonde la légitimité souveraine de tout Etat, revendiquant en retour bien sûr la réadaptation constante de l'environnement institutionnel.... Derrière le choix de voies nouvelles se trouve un conflit potentiel. Parmi des questions très simples et socialement déstabilisantes pour les équilibres en place, en termes de rupture et de redéfinitions, se trouve celle-ci : serait-ce *in fine* les fondements de nos démocraties qu'il faudrait replacer dans la perspective de ces transformations ?

Compromis... La croissance a profité à tout le corps social, mais elle a aussi permis d'instaurer nombre de dispositifs de compensation aux victimes des changements structurels de l'économie (condition de stabilité). Elle a donc abouti aussi à masquer à terme les effets pervers d'un modèle de développement, parfois par une forme d'assistanat. Les couches sociales bénéficiaires de ce développement général sont celles qui ont actuellement le plus intérêt à prôner une sorte de « changement de conservation », par des aménagements de la sécurité de leur position. Tout ceci au prix d'un système chargé d'instabilité pour les autres couches sociales, en voie de paupérisation. Bien qu'hors des garanties institutionnelles du système salarial, elles ignorent qu'elles ont paradoxalement un plus grand intérêt aux mutations de l'économie du système français. En l'absence de perspectives, ce qui reste humain, elles jouent la conservation de toutes les garanties possibles. Les couches bien protégées, jouissant par leur position traditionnelle et leur poids électoral d'une rente de situation écrasante, associent souvent cette crainte des plus démunis à leur besoin d'inertie... Ce compromis a une limite que la crise nous montrera. En face, dépendant d'un modèle « en construction », l'avenir porte des potentialités que l'on sera amené un jour à ériger en modèle économique dominant, assimilant les distinctions public/privé, production/service... C'est alors la situation financière des pays qui en arbitrera de fait la dimension, en fonction de la capacité laissée par ses déficits, et on le voit déjà aujourd'hui. La rupture et la substitution des changements de conservation par des ruptures plus indispensables de refondation. On peut admettre que les challengers de la nouvelle modernité n'ont pas encore conscience de leur importance, et que les résistances opèrent toujours. La crise serait donc avant tout celle d'une cécité profitable à certains jusqu'à l'action de la loi du nombre, de la puissance de la multitude. Mais quand ?

L'ignorance, l'individu, le politique… Les sujétions de notre système économique ont cantonné toute une classe politique dans une position déjà qualifiée (par allusion à Galbraith) de « technopolitique », formée sur le principe d'élites fermées à l'ascension et au mérite social, et dans les contradictions de cette alternative. Très aristocratiquement, ces élites n'ont eu qu'une préoccupation gestionnaire de la marche de la société, imposant, pour la maîtriser, des rituels et process fonctionnels, en face desquels les élections ne constitueraient presque qu'un rituel imposé. La manifestation de l'ignorance repose donc actuellement sur la convergence d'intérêts des groupes sociaux transversaux à éviter des ruptures trop risquées, et sur le vide politique résultant de cet effort de stabilité, au prix d'une insécurité réelle à terme, transformant l'Etat en une société de service à l'usage d'un équilibre intenable. D'un autre coté, la nouvelle identité démocratique, du moins telle qu'elle semblerait émerger d'une transformation de la matière sociale actuelle, dans ses pratiques et représentations, tendrait à assimiler le champ de l'individualité à celui de la citoyenneté dans un individu configuré selon une autonomie très outillée, apprise progressivement de l'individu civil. Mais même sous l'angle de son existence politique, sa transformation reste complexe. Elle relèverait, et de la transformation de l'organisation autonome du travail, et de la dynamique des outils nouveaux donnés à cette autonomie. La fusion résultant d'un individu « civil » et « citoyen », en rapport direct et spontané avec la gestion de sa société, son environnement et sa personne, manque pour être reçue, d'un cadre structuré de représentations comme celui des références idéologiques d'antan. Or, il faudra bien que ces pratiques de l'autonomie dans le processus d' « individuation » décrit par ailleurs, soient légitimées et inscrites consensuellement comme nouvelle donne du champ de liberté individuelle, reposant la question d'un des fondements du libéralisme nous servant actuellement de référence politique dans ses définitions : liberté et justice, équité et reconsidération théorique du problème de l'individualité. Dans la situation actuelle, ce nouvel espace est contraint par notre société, formelle et procédurale. Voilà, avec la primauté au changement conservatoire, une raison de plus d'un second conflit potentiel, qui aura comme paroxysme, la même limite que le précédent : les finances, l'endettement de notre pays. Quand le blocage sera-t-il complet ? Quand le conflit se révélera-t-il sous le masque de l'ignorance de notre situation réelle ? Quand serons-nous obligés d'affronter ce vrai conflit par des arbitrages dont la violence sera proportionnelle au retard que nous prenons ? Rien n'est inéluctable, mais les risques sont là. Nous serons bientôt en mesure d'effectuer les vrais choix, et la société civile nous intime de ne pas attendre d'être en condition de survie, le dos au mur. Voilà qui devrait reconstruire le « besoin » du politique. Vu dans son fondement comme une structure consensuelle d'interprétation et de représentation des faits que leur progression impose, notre système politique démocratique est indirectement mis en cause dans son rôle d'opérateur de la conscience collective. Les limites du paradoxe de l'ignorance et le process d'individuation poseraient à nouveau par voie de conséquence, le problème de leur traduction politique, et *in fine* du statut et de la consistance politique, comme projet collectif d'action, expliquant le réel par le rappel permanent d'une finalité à attribuer à nos organisations sociales. C'est le problème écologique mondial qui permettra à terme de revoir la structure de l'économie mondiale par le passage à la maîtrise des ressources et du développement, pas seulement comme résultat d'une inquiétude économique globale mais dans ce qu'il implique de quotidien et de retour réflexif collectif sur nos fondamentaux humains : la question de la finalité. La radicalité de cette question détermine la radicalisation plus ou moins brutale d'une redéfinition du politique sous l'emprise d'une urgente nécessité. Une culture politique tardivement construite sur la technicité économique a contribué au renforcement du paradoxe de l'ignorance. Et la surdétermination de la complexité économique, accrédite actuellement l'idée que l'appréhension de nos sociétés exige parallèlement une maîtrise technique de haut niveau. La technopolitique se nourrit de cette idée, l'ancre dans l'opinion, et l'y maintient... Non sans contradiction à terme. Mais l'ignorance reste une production collective. Vu que l'on constate au niveau politique l'incapacité d'une telle production à expliquer la violence du réel, pour le mettre en regard de finalités de vie posées en questions théoriques et philosophiques, rien ne peut être figuré pour l'avenir. Une économie de marché à laquelle tous adhèrent spontanément pourrait rester admissible pourvu que les règles d'équité y soient explicites. Le capitalisme est ennemi d'une vision libérale originelle de l'économie. Par crainte de perdre de la croissance, la participation des états à l'évolution de la « financiarisation » monopolistique de l'économie de marché contribue à préparer une contradiction extrêmement sensible et explosive, entre des modèles économiques homogénéisants et les préoccupations d'équilibre micro-économique qu'elle remettra en cause. Or les dualités politiques (résumées formellement en opposition droite/gauche en France par exemple, quintessence de la démocratie par l'alternance) trahissent le problème moderne de la société latente. L'expression des tendances politiques à court terme des hommes politiques actuels contrevient à l'expression d'un enjeu plus fondamental, construit par la société civile : celui du réel, de l'action, des finalités...

Vers des formes inexplorées de la démocratie ? Le syndrome du hallebardier ramène à une cristallisation défensive générale du corps social, à une temporisation aux raisons divergentes. Le contenu nouveau de l'individuation et de sa détermination civile pose constamment cette question : l'ignorance est-elle nécessaire pour rendre nos sociétés contemporaines supportables, et assurer leur cohésion ? Pourrait-on définir plus largement l'opium du peuple comme le prix à payer d'une cohésion à un moment T de l'évolution sociale, le prix de la consensualité entre partenaires? Tout choix collectif implique-t-il forcément d'ignorer certains paramètres, laissés pour compte comme prix de la délibération (objet de la doxa), en renvoyant aux conséquences fonctionnelles soit d'idéologies soit de mythes ? Mais au-delà d'un niveau mythique « primitif » prêté à l'état sauvage, une hypothèse lui affectant le même rôle de nos jours est-elle pertinente ? Car la différence de statut entre l'idéologie et le mythe se réalise bien par une démarcation entre le raisonné, l'écrit, et le non-raisonné comme un système d'idées tenues au même titre pour vérités. Sous des aspects que masque l'apparente complexité de nos structures, le consensus, qui renvoie toujours à des notions d'autant plus floues qu'il s'applique au plus grand nombre, trahit l'ambiguïté du récit collectif par la proximité qu'il révèle entre raison et mythe. Et qui pourrait revendiquer une conception vraiment rationnelle et opposable des concepts de développement, de croissance, face aux dérives écologiques s'annonçant ? Si les grandes catégories politiques ne se définissent que dans l' « implicite », la question du consensus devient essentielle, en œuvrant sur cette différence conciliable des pratiques et des conceptions très floues qu'a l'opinion de la consistance sociale. Par ailleurs, l'impact des outils d'individuation actuels peut nous amener à redécouvrir un mouvement de l'opinion reconquérant cette maturité politique, pour en arriver enfin à restituer cette part globalisante ou utopique d'un monde moins aliénant. Dans l'accomplissement d'une telle évolution se profile un problème politique induit des autres, d'autant plus qu'il peut paraître comme une constante de la porosité future du politique à la politique : rapport entre la politique comme activité d'une classe politique à un instant T, et le politique comme ce qu'en attend l'opinion à ce même moment. Compte tenu des systèmes transversaux de communication s'installant, les tendances actuelles peu convaincantes des expériences de démocratie directe ne constitueraient pas forcément les éléments d'un syncrétisme nouveau, en se contentant d'enrichir mécaniquement notre propre système démocratique. Une autre hypothèse, plus large, peut être émise quant à l'exercice politique futur : celle d'une évolution vers des communautés d'identités très volatiles, plastiques, très différentes, transnationales ou locales, agissant en cercles d'informations hors de notre système représentatif, caractérisées par la multi-appartenance d'un individu à diverses communautés d'intérêt, ou d'objectifs. Les nuages formés ne seraient plus la simple collection tangible d'individus réunis dans des groupes ou classes homogènes d'opinion, de partis, mais agrégés quand la construction en un tout repérable serait difficile, menaçant la démocratie participative (comme certaines tendances de la politique actuelle voudraient la voir s'exercer très académiquement) et causant sans doute son obsolescence. L'ignorance s'alourdirait donc de l'incapacité à rendre ces structures éphémères lisibles par les instances démocratiques en place. L'économie globale met en danger les états nationaux, mais la forme culturelle de cette évolution pourrait aussi menacer les vieilles assises les plus dogmatiques de la raison démocratique. Dans l'immédiat, nous resterons prisonniers d'un contexte d'autoreproduction de la technopolitique tant que n'émergera pas clairement d'abord une conception partagée de notre situation dans une économie libérale refondée sur la gestion concertée et équitable des ressources et de la redistribution. La neutralité de la raison face à la conceptualisation de la finalité concentre la démarche sur les fondements rationnels du juste. Or, s'il est difficilement concevable d'exprimer le juste en totale autonomie vis-à-vis de la détermination du Bien ou d'une finalité économique structurante, quelle construction économique nouvelle suscitera à l'inverse l'abandon de l'a-rationalité de nos conduites sociales ? La redéfinition du principe d'obligation, traduction démocratique de l'alliance d'équilibre entre citoyens et instances de pouvoir, en constitue un pilier.

Une acculturation en mouvement transformera probablement nos vieilles démocraties et sera l'œuvre d'une prochaine génération, dont on sent bien qu'elle n'acceptera pas nos compromis. Nous devons sortir rapidement d'une pensée soumise à des vérités dépassées qui les maintiennent, pour en ériger d'autres, en considération de l'avenir. Nous sommes sans doute à l'orée d'un renouvellement essentiel de la relation du peuple et de ses représentants, de la doxa, du mode consensuel apte à repositionner les grandes options de l'agrégation, de nos « systèmes » organisés.

Prolégomènes en quatre arguments.

Si l'on devait donner un qualificatif général à cet ouvrage, il en est un que j'accepterais sans aucun sentiment négatif : celui de bricolage. Ce terme, si bien défini par Claude Lévi-Strauss, explique comment, avec des emprunts divers pour des associations aussi diverses, bâtir des représentations qui soient non pas justes ou vraies – puisqu'en la matière l'incertitude fait règle - , mais au moins efficientes, heuristiques, constructives de cohérence et d'actions. Car l'instabilité de notre époque cautionne peut-être plus qu'avant ces essais empiriques, vu qu'ils ouvrent des horizons qui leur échappent certes, mais avec cet avantage de les avoir révélés. D'autant que le propos tenu ici bénéficie de la liberté que ce bricolage lui confère. Mais est-il si loin de ceux qui se parent de tous les chiffres, convoquent toutes les philosophies, pour en arriver à des assemblages qui ne diffèrent peu par nature, mais avec l'aplomb du vrai ? Et lequel ? Tout est là. Dans un souci de clarté, notre démonstration établira quatre arguments que la crise de la crise – sa représentation - nous amène à distinguer, constituant un découpage en catégories distinctes à l'analyse.

Nous serons hélas tardivement contraints d'admettre que derrière la crise qui nous mobilise tant, s'en cache une autre plus préoccupante, exigeant de nous, et dans l'urgence, des choix que nous devrions déjà être en train d'effectuer, ne serait-ce que pour permettre à nos enfants d'accomplir la mutation complexe de nos sociétés désormais interdépendantes sur les problèmes cruciaux écologiques, et d'accomplir enfin l'accord indispensable pour constituer entre elles, sur le plan de leur culture et de leur représentation, des modèles communs recevables de développement. Pour ceux qui ont besoin d'un rattrapage économique, situations et cultures inégales rendent la perception de l'urgence très relative, garantissant encore les beaux jours des pôles de puissance financiers.

Débarrassée de la complexe question économique et de cette idée écrasante que la gouvernance mondiale doit être dominée par une préoccupation régulatrice d'une fatalité de cette nature, la « chose » politique émerge dans une nue simplicité : ce que nous avons à réguler, à gouverner mondialement, ce sont nos ressources et non nos produits. Mais pour accorder intérêts et cultures sur ce point, l'objectivité de cette exigence doit se révéler dans une logique du plus petit commun dénominateur. Non pas celui des intérêts, mais au contraire, de ce qui est commun au fonctionnement de sociétés différentes, les invariants anthropologiques des organisations sociales, celui que nous défendons ici comme le niveau du systémique, et qui nous permettra de distinguer cette part téléologique du passage de l'agrégation à l'organisation ; car notre univers se désagrège et se réagrège plus vite que jamais. A ce propos, si l'on admet que cette invariance confère à nos cultures si distantes parfois, un impératif de communiquer, c'est alors à cette source qu'il faut puiser, pour irriguer les modèles dont nos enfants auront besoin. Agir sur les bases en somme, même si cette démarche paraît tellement plus abstraite que d'agir sur cette science immédiate du factuel que constitue le récit chiffré d'un réel vaguement probable.

La sortie de crise est, ainsi, conçue économiquement par les dangers qu'elle représente, la fuite en avant attachée à son modèle, ce qui n'est ni plus ni moins qu'une forme de dépendance allant à contre-sens de ce qui devrait être. Cette addiction prépare un ordre économique non loin de l'expression de puissances dont les acteurs anonymes la réclamant espèrent un bénéfice impossible… Mais cette rupture d'orientation du diagnostic accuse en amont d'autres mécanismes, qui devront être partagés progressivement par le plus grand nombre. Si l'on admet la nature politique de la réflexion, il reste à comprendre pourquoi aujourd'hui ce plan politique dérive conceptuellement. Toute pensée semble en avoir disparu. Pourtant, un paradoxe montre qu'il ne peut s'effacer, et qu'il s'agit bien, en l'occurrence, d'un déficit de représentation de « conscience ». De quoi ce déficit est-il constitué, quand le savoir, l'instruction et l'information du plus grand nombre paraissent l'emporter ? De conflits justement dérivés ou occultés dans ce même plan politique, imposant en retour de nous réapproprier une conception restaurée de celui-ci. Les trois premiers arguments qui suivent s'intéressent à ce qui fait l'essence de la production collective, cet équilibre résultant qui échappe pourtant à une interprétation complète depuis toujours.

L'argument **1** développe la représentation de la dépendance comme ignorance, cette incapacité à voir les limites de l'interprétation utilitariste.

L'argument **2** montre que des catégories de conflits dialogiques génèrent du sens dans l'opinion et son champ de conscience.

L'argument **3** émet l'idée de la récurrence circulaire de certains conflits, baptisée « boucle de l'inéluctable à l'inaliénable », où nos inaliénables conquêtes deviennent l'inéluctable.

L'argument **4** conclut sur le champ politique, domaine de l'empirie, et de la triangulation agrégation/transaction/organisation. La nature du politique est celle de la transaction. Le niveau politique négocie la dialogique nécessaire à l'accord de l'opinion commune et de ses désirs.

Pour quelle crise, quel inventaire ?

Il serait abusif de prétendre que nous vivons actuellement sous la dictature de formes auto-réalisatrices, même s'il est frappant de voir comment l'accélération du rythme de l'information, la diversité croissante des faits relatés par les médias, amplifient leur perception comme autant de « problèmes » de société. Non qu'ils n'existent pas, mais le cycle de leur diffusion et commentaires, puis leur présentation comme autant de solutions possibles, peuvent laisser l'impression d'une croissance exponentielle des dysfonctionnements de tout ordre dans nos sociétés, d'autant qu'ils sont tous traités à niveau égal d'importance et d'urgence. Cette capacité à empiler des figures de crise mesure la force des médias, et nous conduit, citoyens, politiques, gens de terrain ou observateurs à conclure au besoin inquiétant de changement dans tous les domaines, d'une révision globale de notre société. Dans un même mouvement et une extrême célérité, ces fragments se succèdent un peu comme des pièces de puzzle dont on percevrait les figures et les formes mais sans avoir le temps de voir comment elles se raccordent entre elles. Cette situation pèse sur la délibération politique, la doxa. Que faut-il craindre de cette accumulation ? Une puissante paralysie. Avec à la clé une conclusion de dramaturge : la régression. Argument d'économiste : si on ne progresse pas, on régresse. Donc, ne pas céder à la pression de la croissance revient à régresser. Donc, ne pas consommer revient à pénaliser l'économie. Conception infantile de la régression ? La Providence depuis la Révolution, n'est plus divine et c'est bien gênant. Plus de *fatum*. Alors, où est la crise ? En l'abordant par le détail, on constate que l'idée d'emploi, premier levier concernant le peuple, est maintenant ancrée de manière simple. Il est un droit irréversible que l'Etat doit garantir, au titre d'une liberté. Mais, les sociétés nationalisées disparues, celui-ci n'a plus le statut d'employeur. Peu à peu, les administrations publiques subissent une logique gestionnaire identique à celle des entreprises de statut privé. Les mésententes à ce sujet se multiplient. Et la perte des stratégies « d'employeur-tampon » coûte à l'Etat son crédit dans le seul domaine où le politique peut être efficient : l'expression du politique fondant l'action politique sur un des aspects contemporains du principe d'obligation, la garantie de la liberté de tous par la ressource économique individuelle. Une logique d'assistanat se renforce, proportionnelle à la perte de croissance. L'endettement fait ainsi figure de contrepartie négative à notre dépendance à l'économie de croissance, et vérifie quotidiennement le nombre redoutable de déconstructions sauvages de ce qui relève du rôle institutionnel protecteur de l'Etat : éducation, formation, emploi, santé. On comprend qu'elles engendrent de légitimes interrogations circulaires, aux conséquences prenant leur concrétude dans ce sentiment très vif : quoi qu'il arrive, toute initiative risque implicitement d'empiéter sur le bon système sécurisant en place. L'histoire récente ayant diabolisé les idéologies, nous héritons d'un discrédit des idées politiques. De plus, avec l'évolution de nos systèmes productifs, les principes et le besoin de démocratie s'étendent à des champs élargis de l'activité sociale, en ne se cultivant donc plus exclusivement comme rapport politique discursif, mais comme intervention sur l'organisation de la vie sociale, au plus près de l'individu, conquête à mettre à l'actif de la science administrative. Comme autre conséquence, il faudra progressivement sans doute admettre l'idée d'une plateforme de démocratie autorisant dans le monde du travail les membres actifs des entreprises à participer à des décisions lourdes, à permettre à certains mandats de décisionnaires d'être électifs, à gérer plus consensuellement la distribution de certains profits. Avoir une approche plus « coopérative » de l'objet d'entreprise, mais en le contrebalançant par le retour à une idée simple, touchant sa raison d'être : fabriquer des produits, des services, et non exclusivement créer de l'emploi pour rentabiliser du capital. Sur un plan général, on sent bien que confusément l'enjeu dépasse le court et moyen terme, au profit d'une reconstruction cruciale dans cette perspective. Mais en raison de la légitimité du droit à un système protecteur, l'Etat se voit obligé d'imposer aux entreprises de le garantir aux yeux de la France salariale « du bas », prolétaires nouveaux des services laissés pour compte de cette évolution, livrant ces groupes aux mains des mythes fonctionnalistes sécuritaires. En se conformant progressivement à un rôle institutionnel d'agent de l'investissement capitalistique des marchés, l'Etat est tombé dans le piège d'objectifs lui échappant, et ne relevant pas fondamentalement de ses attributions. Dans les années 90, la « victoire » historique du capitalisme sur son concurrent idéologique peut nous paraître très relative (elle était assurée depuis longtemps, forte d'une logique ascendante du consumérisme) face à celle s'installant au même moment grâce à une formidable rupture d'échelle de l'économie. L'analyse se recentre alors sur une question supplémentaire, amenée par les dissymétries constatées dans le monde de la société civile. Dissymétries public/privé, multinationales/PMI/PME etc. Les dissymétries public /privé concernent le statut, celles des multinationales/PMI/PME la pérennité contre les risques, la dépendance et la fragilité économiques par exemple. La distribution des difficultés épouse les effets d'un consensus global de sécurité, tributaire de la concurrence mondiale de la main d'œuvre comme cause externe, et contredit les évolutions positives. L'inventaire de la crise, sa situation structurelle compterait donc deux éléments contradictoires :

- d'un côté, l'accès au travail comme condition de liberté. La légitimité inhérente au principe d'égalité démocratique que l'Etat doit garantir activement : l'obligation d'élever les plus démunis au niveau financier et culturel reconnu normal, et ainsi de considérer que la condition de base, un travail rémunérateur ouvrant à la société d'aisance, doit être accessible à tous. Elle est à l'origine de toutes les équivalences construites dans un sens ou dans l'autre, au profit d'un droit que nul ne conteste, et qui apparaît bien dans nos sociétés modernes comme une condition de liberté ;

- d'un autre côté, les dangers d'une économie qui le renégocie, d'ailleurs entravée par la tendance à concevoir l'acquis comme modèle de ce qui doit être conservé, en vertu de la légitimité susmentionnée. Préserver celle-ci du risque de mitage encadre le changement de conditions qui le restreignent, alors qu'il est accepté, voire demandé. L'acquis comme modèle légitime issu d'une histoire, tend à exclure de sa réflexion, toute démarche réformatrice introduisant cette renégociation économique.

Ainsi, des forces s'opposent, et le modèle hypothétique de leur équilibre reste incertain quant aux solutions possibles et à leur pérennité. Si l'on considère d'abord cette dualité sous l'angle des rhétoriques respectives de différents camps, comme institutions et syndicats, les discours traduisant la première représentation confortent les thèmes de ceux de la seconde, dans une construction appropriée aux problématiques de crise généralisée donc de pression à l'ajustement inéluctable, certes, mais dans des sens diamétralement opposés. Ce constat, banal, n'est toutefois pas l'objet de ce développement. Régression des moyens d'Etat, égalité de plus en plus formelle, médiatisation du politique, acculturation dégradée s'additionnent. Et l'impasse que l'on mesure actuellement par ses conséquences sur la dynamique économique ne s'est jamais exprimée politiquement comme un problème d'abandon culturel, de déculturation. Non du fait d'un manque de conscience des élites et du peuple, mais d'une conception sans doute exclusivement technique du traitement social du problème. L'instrumentalisation réciproque des médias, politiques et élites d'opinion (instituts de sondages, grands publicitaires) renvoie aux doutes de l'opinion face à des réponses qu'elle juge loin d'être adaptées à notre avenir ; et la production culturelle politico-médiatique, ce vide rempli d'étoiles filantes, a renforcé le fait d'ignorance au profit de la stabilité. Cette situation par défaut, cette neutralisation globale des deux points d'équilibre mentionnés plus haut, concrétise par une adhésion diffuse et grégaire le résultat d'une dynamique conservatrice d'un nouveau genre, négociant le maintien des modes acquis, sécurisés, par une vraie déculturation politique, imputée à tort à « la fin des idéologies ». L'absence totale de perspectives offertes par les élites cantonnées au champ technique de la gestion des affaires courantes, a produit un Etat aux allures de « société de services » exerçant un mandat politique sans exercice du politique ; et la logique de l'alternance renforce les surenchères dans le sens du ronronnant « c'est mieux chez nous que chez nos adversaires », induisant la pérennité consumériste et le culte de la communication politique sur le modèle de la parabole publicitaire, consacrant jusqu'à maintenant, mais dans un contexte de dégradation constant, la paralysie de cette forme d'alternance. Ainsi présente-t-on comme une fatalité le désintérêt des Français pour la politique pour ne pas admettre que cette politique n'a plus d'intérêt, que les Français ont peur de tout. Pour ne pas voir que le personnel politique souffre d'une paralysie d'idée et d'action assez inquiétante, que les Français ne veulent pas le changement. Pour ne pas reconnaître que le changement fait surtout peur aux élites.... A différents niveaux, le plus simple comme le plus sophistiqué, la représentation de ce regret partagé du sentiment de perte de contrôle par la collectivité de sa vie sociale, relève d'une curieuse transformation de point de vue des acteurs eux-mêmes. Une simple mais regrettable manipulation autorise souvent à y voir une conséquence négative de ce libéralisme de convenance, dans un sous-entendu qui reviendra, par une inversion immédiate à cette équivalence : libéralisme=égoïsme, en expression parfaite de l'inhumanité. Dans le domaine des catégories morales, l'argument joue auprès des gens les moins armés culturellement, en position précaire ou les plus attachés à la nécessité des conceptions communautaristes du lien collectif, et au-delà de cette déformation interprétative, cette culture nouvelle –le travail comme droit, l'autonomie individuelle, l'irréversibilité des acquis- bâtie sur des variables économiques, pousse à l'endettement. La part « mythique » du récit de la situation actuelle, nous conduit, pour en finir avec les paradoxes, à décliner les thèmes de l'individualisme, de cette fameuse peur des Français appliquée à la mondialisation, aux délocalisations, à l'immigration et aux cités, à la formation et à l'innovation, sur des thèmes majeurs ayant tous le pouvoir hypnotique des causes extérieures aussi incertaines et globales que les « marchés » peuvent l'être, consacrant des rituels d'une vie politique de plus en plus virtuelle dans notre pays.

Situation et rapports.

Étape inévitable du raisonnement : l'impact de l'économie dans nos démocraties impose plus fortement qu'avant ses dérives. Les crises de son système ont un effet déstabilisant sur celui des démocraties qui lui sont totalement extérieures par leurs déterminants, leurs « fondamentaux ». Car c'est à elles que l'on demande de réparer les effets du premier, même si – toujours en raisonnant en termes de systèmes - son espace est évidemment restreint à un territoire. Le fait de concevoir cet état global comme le jeu de deux entités autonomes, quoique liées, a un effet théorique simple. Il pose la question de mode et d'échelle, sur lesquels nous reviendrons. Constatons simplement que le territoire et mode de l'un est en dissymétrie complète de l'autre : système ouvert sans limite physique du système économique mondial, et système fermé des Etats-nations. En fait, sous raison économique et sociale, la situation des rapports se caractérise par le fait qu'ils adressent et structurent leur prescription sur des dispositions internes à un système fermé, pour prévenir les effets déstabilisants de l'évolution de cette dissymétrie. Or, cette réorganisation peut être plus profonde que le caractère économique qui en est l'occasion première. La montée en puissance de l'auto-restriction entame progressivement les fondements du système, par exemple administratif (même si celui-ci doit se moderniser, ce qui arrive de toute manière), car il n'est plus perçu que comme un système de coûts. En « réorganisant » toujours plus, et dans l'urgence, l'exigence de rendement, nos démocraties voient s'amorcer sans doute la limite de leur capacité à jouer. Je crains que la suite s'enchaîne dans la violence. En France depuis 30 ans, les alertes ont été nombreuses, ponctuées de rapports très officiels et d'une littérature abondante. Il est compréhensible qu'à la sortie des trente glorieuses le besoin de prospective se soit fait sentir, l'économie de rattrapage touchant à sa fin. Quatre rapports en jalonnent les principales étapes : 1990, le rapport de Jean Boissonnat sur l'avenir du travail, *La France de l'an 2000* d'Alain Minc 10 ans plus tard, le rapport Pébereau en 2005, celui de Jacques Delors en 2006, ainsi que d'autres plus techniques ou plus ponctuels. Depuis, la crise des subprimes de 2008 a fait sortir le loup des bois, et la crise, à l'occasion de cet accident, s'est mise à exister, ou du moins à être avouée comme telle. Lui succéda de manière lisible l'assujettissement des états à un système financier qu'ils ne contrôlent pas. Bien avant, « un choc pétrolier » significatif poussa, dans les années 80, à cultiver une relance accompagnée de besoins financiers engageant du déficit. Depuis, le tableau d'ensemble ne rassure pas, et fait figure de descente progressive aux Enfers. On connaît la suite… Caractéristique de ce préalable en tout, la nécessité inexorable de la croissance, qui structure tous les rapports sous la primauté de l'économique, montre à quel point il a formaté le politique, en asseyant cette nécessité systémique de croissance comme unique solution à nos maux. Par cette voie étroite, ce ne sont plus le bien commun ou la redistribution des richesses qui sont visés, mais, progressivement, le rendement économique.

Cette logique exclut évidemment celle contraire de la prise en compte de l'épuisement des ressources, du renchérissement inéluctable des matières premières. Là aussi nous n'en avons plus le contrôle. Ce deuxième paramètre est celui des difficultés à venir, qui rendent actuellement le modèle de croissance utopique à terme… Il faut donc remplacer ce modèle, mais personne ne détient à l'heure actuelle de solution de transition, qui romprait avec ce processus purement économique, à l'avantage d'options plus larges et plus compatibles avec un modèle plus syncrétique, plus moderne, basé sur la relocalisation de l'activité, sur des ruptures d'échelles et de l'équilibre dans les masses de production, en regard de redéfinitions de besoins plus qualitatifs. L'opinion ne peut être sensible, ou au moins attentive, à ce problème, car on ne donne à ce qu'on appellerait ailleurs une « demande latente » de l'opinion, qu'une dimension strictement économique. En France, et en perspective des situations européennes, les quatre rapports cités permettent d'établir avec le recul nécessaire qu'en 2010 :

- le diagnostic est récurrent depuis trente ans,
- le corpus de solutions, réduit à l'économie, dans l'hypothèse où il nous conforte techniquement, nous fragilise socialement,
- l'élargissement aux prescriptions politiques de la modernité reste virtuel, purement technique. Par principe, le schéma adaptatif politique n'y est pas défini.

Entre diagnostic … « *Telle qu'elle est, avec son histoire et son système de valeurs, la France doit trouver une traduction raisonnable de la société de compétition.* »

1994. *La France de l'an 2000* « *La France est à la recherche d'un « compromis de combat » qui rende compréhensible et acceptable pour tous la course à l'efficacité et ses sacrifices. Ce compromis se substituera à celui des années de forte croissance.* »

« *Le ratio dette/PIB de 60%, retenu parmi les critères de convergence de*

Maastricht, sera dépassé à l'orée de l'année 1997 ».

2005. 8 ans plus tard, le « rapport Pébereau » prévoit : « *Pour la première fois, en 2006, l'impôt sur le revenu payé par l'ensemble des ménages français ne servira pratiquement qu'à rembourser les intérêts de la dette publique au lieu de servir à préparer l'avenir et à renforcer le service public.* »

« *Depuis 25 ans, la dette financière des administrations publiques augmente sans cesse. Elle a été multipliée par cinq depuis 1980 et dépassera 1100 milliards € fin 2005.* »

« *Face à cette situation, on pourrait considérer qu'il y a deux possibilités : continuer à nier le problème, ou l'assumer et en tirer les conséquences. En réalité, il n'y a pas d'alternative. Persister à nier le problème ne serait pas seulement une erreur, mais un comportement coupable.* » (p.12, introduction).

2006. Le rapport « *La France en transition* » (rapport Delors) vise d'autres cibles : démographie, croissance, prélèvements sociaux, transformations, cohésion sociale.

« *Ombres et Lumières* » rapporte que de 1994 à 2006 le PIB a progressé de 21% et le pouvoir d'achat de 22%. Le revenu monétaire étant donc en 2006 de 1315 € par personne seule et de 1972 € par couple. La relative impression de début d'appauvrissement qui s'installe dans le pays, vient en fait d'une érosion par la hausse des prix imposée par la vie urbaine, les déplacements, le temps qui leur est consacré etc. Développement « *d'un emploi à temps partiel et/ou à durée incomplète dans l'année.* »

En ce sens, les conclusions du rapport Pébereau mettent en perspective les conclusions d'*Ombres et Lumières.*

Les chiffres de la croissance sur 40 ans[2] soulèvent un doute sur la capacité à reconstruire l'ordre économique passé, augmentée de la nécessité de réduire la dette, sous condition d'adapter cet ordre à l'environnement présent.

2008. En Mars, la dette est de 1291 milliards d'euros et d'environ 66% du PIB (« *dette implicite* »). L'encours de cette dette a « *été multiplié par 18 entre 1978 et 2008 ; sur la même période, sa part dans le produit intérieur brut (PIB) est passée de 21,1% à 67,4%* ».

2010. Les difficultés économiques actuelles sont venues aggraver encore ces déséquilibres budgétaires, avec « *un déficit de 7,5% du PIB et une dette*

---

[2] (Années 60 : 5,6% ; années 70 : 3,4% ; années 80 : 2,6% ; années 90 : 2,0% ; années 2000 : 1,5%)

au sens de Maastricht de 77,6% du PIB en 2009 », nous dit le rapport Champsaur en 2010.

Et réalités. Fin 2010, la dette est de 1 574,6 milliards d'euros selon les critères de Maastricht et 81,5 % du PIB. Notre déficit est de 8,5 % du PIB.

« *Toujours selon les prévisions de l'exécutif, la dette devrait continuer de grimper à 86,2% en 2011 avant d'atteindre un pic historique à 87,4% en 2012 puis de refluer à 86,8% en 2013 et 85,3% en 2014.* » *Le Parisien* « *économie* » du 28/12/2010.

Mais les équilibres et les ressources naturelles, leur exploitation régulée, la mise sous contrôle des monopolismes de tout ordre, le contrôle des flux monétaires, l'ensemble des codes sociaux d'équité et de redistribution dans l'économie mondiale, le respect des cultures d'accueil et de ces critères de gouvernance, pourront-ils encore être les véritables objectifs politiques des Etats-nations ?

Le 10 Octobre 2010, Maurice Allais, prix Nobel d'économie, qui n'avait cessé pendant dix ou vingt ans, de dénoncer les erreurs qui se préparaient et leurs conséquences, s'éteignait, sous les louanges d'une institution qui l'avait outrageusement ignoré.

Argument 1

De l'utilité à la finalité. Crise et dépendance économique.

1.1 La crise.

La crise, comme technique et modèle... S'en tenir à une causalité financière cantonne le système d'explication de ses dysfonctionnements à un diagnostic de régulation, de réparation – le cas actuellement -, sans rendre compte de ce qu'on pourrait appeler sa condition d'efficience politique... Nous sommes loin de nos modèles idéaux-typiques ayant formé notre système, ainsi que de son modèle libéral. Ce glissement vers une sorte d'éco-démocratie consacre effectivement une contradiction. L'obligation de croissance ne pouvant se justifier d'elle-même, sa représentation se réfère à celle du développement comme déterminant extérieur. Ce dernier – pour anticiper sur un point ultérieur de notre démonstration - tient de l'inéluctable et légitime ainsi la croissance, dont il est un effet naturel. En somme, retrouver la croissance, c'est la pérenniser indirectement comme rendement capitalistique sous la raison de l'inéluctabilité du développement. L'illusion du statu quo amoindrissant les risques structurels et irréversibles, que de grandes remises en cause provoqueraient inévitablement, se perd dans ce choix pendulaire : réformes structurelles pour reconstruire la croissance, ou absence de réforme avant une consolidation de la croissance, pour pouvoir en prendre le risque.

Ainsi réinterprétée en contingence sociale, la croissance prend la forme d'une sorte de composite, de dérivé (d'un développement lui-même inéluctable), que le consumérisme a essentiellement caractérisé par sa traduction au plus près de l'individualité. Qui alors ne se sentirait pas concerné par son maintien à un bon niveau ? Dans ce schéma, la consistance de la pauvreté disparaît, la norme lui donne sa concrétude, sa dimension, car la croissance en assure le maintien. Le consumérisme trouve là son plan d'efficience, et l'homogénéisation des modes de vie l'assise d'une continuité dans la logique de la baisse des coûts par des productions toujours plus massives.

L'économie de rattrapage, celle des trente glorieuses, serait-elle la seule situation viable donnant toute sa puissance à une logique de développement, combinant les appuis de la demande intérieure et émergences de grandes unités industrielles ? La crise n'est-elle pas là, dans cette récurrence développementale vagabonde, ayant fui de l'Asie du Sud-est en Chine, et en Amérique latine ? Mû par une boucle des coûts et de la distribution de masse, le marché intérieur a disqualifié notre production nationale. A la fin des années 2010, les arguments politiques recevables aptes à cautionner cette évolution sont épuisés. Comment exiger alors des citoyens, de se comporter en bons contributeurs d'un système qu'ils ne reconnaissent plus, et même qui les condamne ? La crise est dans le discrédit... Comment sortir d'une telle dépendance ? Sur quelle base réinventer le travail nécessaire ? Ne faut-il pas plutôt réinventer en amont ses finalités, son objet social ? Avec quels modèles d'entreprises ? Ce déficit de crédit n'est pas sans conséquence sur la capacité que les citoyens accordent à nos représentants, d'engager un processus vertueux sur ces points.

D'une certaine manière, la crise souffre avant tout de s'ignorer elle-même comme telle.

Vers quelle crise ? En 2008/2009, les peuples ont fini par payer ce qu'ils ne devaient pas. Au-delà du préjudice, voici un signal assez fort que ce qui précède, annonce, malgré les apparences, l'explication d'une crise ayant d'autres réalités qu'économiques et financières. L'Etat n'a pu gérer le bien commun, non tant par le sauvetage de ces enfants gâtés (ou tricheurs) mais en ayant failli à son rôle de surveillance et à l'anticipation des risques encourus. La crise a ensuite révélé au plus grand nombre le fait d'organisations hors contrôle de l'institution représentative, hors garantie des règles nécessaires au bien commun. Des domaines grandissants d'activité, sont maintenant eux aussi par nature transnationaux, hors du contrôle de la puissance arbitrale de l'Etat, donc par extension de la collectivité. Comme d'un autre côté, les conséquences économiques de la construction d'un système en voie d'homogénéisation mondiale ne se structure que sur d'uniques impératifs de rentabilité (financière) des investissements, la diversion à la déstructuration des économies nationales dont cette forme tyrannique se pourvoit, en présente les dommages comme réparables, mais sous la raison de la perfectibilité de l'Etat et de l'effort des citoyens. Ce qui sous-entend qu'il ne peut y avoir derrière cette puissance en voie de constitution qu'un seul soubassement économique, auquel les Etats et citoyens doivent répondre de manière appropriée. Les voilà en charge de rétablir les dégâts et de se mettre en conformité avec le nouvel ordre des nations à crédit. Mais ce geste nouveau est politique et culturel. Les Etats légitiment les effets de crise en termes de réparations d'une stabilité sociale ainsi entamée. L'alliance d'intérêt à un type de développement (consumériste) auquel le peuple, le citoyen, la « multitude » se trouvent en théorie naturellement associés, constitue l'assise, par l'unique lecture économique d'une crise plus large, qui enferme les notions de développement et croissance dans la catégorie de l'inéluctable puis dans celle de l'inaliénable. Inéluctable par le développement, inaliénable par les conquêtes auxquelles la croissance s'apparente. Dans cet état nouveau, la multitude, identifiée aux efforts du pouvoir souverain qu'elle supporte, se trouve actuellement éloignée par cette échelle de puissance nouvelle, distante et peu « traçable », à laquelle elle se trouve pourtant confrontée. Le peuple donc ne s'adresserait plus à un tyran, mais à la tyrannie de la servitude économique qu'il s'impose par son propre appétit. Comme trahi après avoir été séduit et égaré. Et ces entités aux contours transnationaux mal définis l'obligent à un dépassement (dont l'altermondialisme témoigne) de la forme dans laquelle la philosophie politique reste généralement enfermée, dans sa conception de la représentation de termes du « contrat » social, désadaptée du futur d'un statut de l'Etat. Si cette substitution force la démocratie à redéfinir son contrat politique sur un autre plan que celui montré jusqu'ici par la philosophie politique, le terrain du politique glissera alors plus directement en une opposition entre puissance économique et « puissance de la multitude ». Mais alors avec quel statut de la souveraineté nationale ?

« (...) Il y a là une puissance nouvelle formidable qui, si elle n'est pas contrôlée par l'opinion, si elle n'est pas contrôlée par des gouvernements indépendants d'elle (vifs applaudissements à l'extrême-gauche), si elle n'est pas contrôlée par des démocraties éclairées et autonomes, peut prostituer des prétextes de paix à des combinaisons misérables, mais qui, si elle est éclairée, contrôlée, surveillée par des grandes nations indépendantes et fières, peut ajouter à certaines heures, dans l'équilibre instable du monde, aux chances de la paix. »

Discours de J.Jaurès à la chambre des députés le 20 Décembre 1911[3].

La difficulté certaine que l'on peut éprouver à se représenter Jaurès faisant une telle déclaration sur le capitalisme à l'assemblée, système économique qui nous semble de nos jours tellement perverti, illustre l'impossibilité de prévoir les évolutions tendancielles des changements d'échelle du capital industriel et financier dorénavant fusionnés. Les « *démocraties éclairées et autonomes* » ont été dépassées. Et le sens commun « sent » une sorte de conclusion violente aux contradictions et à l'inefficience totale de notre régulation politique actuelle. Or, que peut-on « sentir » de cette manière ? Tout ceci m'amène au constat de ce paradoxe : l'importance des enjeux de mise en équilibre que notre orientation économique nous fait prendre a inversé les rôles de la détermination du politique. Les grandes catégories de stratégies de conquêtes, de défenses, d'alliances, les conflits n'ayant plus de raisons directement géographiques et humaines, cette catégorie du politique s'est de fait trouvée retranscrite dans

---

[3] *À propos du capitalisme*. Œuvres de Jean Jaurès. Textes assemblés et annotés par Max Bonnafous. Ed.Rieder, 1931.

l'instance économique. L'espace des Etats-nations étant occupé par ce que l'acception courante appelle « la » politique, les partis livrent une lutte pour le pouvoir représentatif, curieusement le plus souvent sur le terrain économique. La dimension de la dépendance est là, en ne voulant plus les choses pour le bien commun, mais au contraire en formatant le bien commun sur ce que la performance économique autorise ou impose. La croissance, que l'on voit figurer à ce titre dans toutes les têtes des bons citoyens comme créée pour le bien commun, est devenue - pour beaucoup – la solution pour « sauver leur peau ». Mais cette dépendance a des conséquences : plus nous créerons de la croissance salvatrice, plus nous nous mettrons en danger, et ferons prospérer ce qui constitue le cycle futur de la destruction-réparation. Il n'y a qu'à regarder ce cycle d'un œil « écologique » pour voir immédiatement qu'il faut y mettre un terme. Or ce terme n'est envisageable que par une « désintoxication » par le bas, modifiant le poids des paramètres pour que ce cycle s'inverse. De l'addiction consumériste qui a forgé les empires, à la dépendance qui leur est contraire, l'opinion des pays les plus riches doit être convaincue autrement que par une indignation de bon aloi ou une inquiétude sans objectif que le monde, qui est aussi celui des moins riches, ne peut continuer à être le champ d'une rente financière de plus en plus centrée sur le petit nombre à l'abri des désordres à venir. Sortir de cet état consisterait à concevoir de nouveaux modèles de transition - avant tout réglant notre quotidien - et de désintoxication, nous désengageant d'un consumérisme qui n'est pas à notre profit. Il faudrait ensuite poser le problème de la primauté du politique par le même retournement modélisateur de sa consistance, garant de finalités assurant notre liberté, équité et équilibre social sur le monde financier. En somme, mettre un terme à cette instrumentalisation croissante. L'ensemble du personnel politique, en ouvrant la porte aux interprétations globales et parfois faciles à des situations qui le dépassent, en fait une méthode d'interprétation offrant des diversions commodes à ceux-là mêmes qu'elle touche, par le monopole de l'explication économique. Or, à quoi se réfèrent les aberrations, les abus, et l'énormité d'échelle des excès qui la provoquent ? A la puissance rationnelle des outils servant la puissance des marchés comme une échelle du calcul et du réglage économique imposant une matrice conceptuelle, mère de toutes les autres, seule à répondre à la gestion indispensable des équilibres qui s'installent. À l'inverse, la méthode se manifeste souvent du côté du pouvoir politique sous la forme d'une intentionnalité passive, en face d'effets de crises dont il faut tirer parti, dans un process de maîtrise globale abandonnée à cet équilibre des marchés. Chaque crise déplace ainsi un peu plus à chaque fois non tant le réglage économique du monde que son emprise systémique, politique, nécessaire à l'efficience économique ultérieure. Au-delà des formes contrôlées de pouvoirs institutionnels formellement identifiés par leur restriction géographique, la crise s'installe actuellement en stratégie non révélée d'une conquête du pouvoir, dont les agences de notation évaluant le mérite des économies sont le dernier avatar d'une condition *sine qua non* par laquelle la mécanique des marchés financiers dimensionne son échelle d'efficience.

1.2 De la dépendance économique comme seule réponse.

« Renverser l'imaginaire économique dominant qui nous fait penser que nos sociétés s'affairent à produire des biens (et à faire croître leur PIB) pour satisfaire nos besoins – alors qu'il apparaît, sous l'éclairage qu'ils nous font porter sur le monde contemporain, que nous nous affairons surtout à produire des besoins (ou plus précisément : de la demande) capables de justifier le maintien et l'expansion de nos capacités productives. »

A la différence d'une simple rupture de continuité, l'émergence dans la concrétude (informationnelle) de l'intelligence collective, en se constituant un champ critique - celui de sa quotidienneté - semble aboutir aux effets contraires, à plus de radicalité. Peu à peu, les vieilles routines de l'intermédiation ne se maintiennent qu'au prix d'un remaniement d'une ancienne vocation : interpréter les sentiments du peuple, exercice vivant du journalisme populaire médiatique actuel, mais au bénéfice d'une interprétation d'immédiateté de son rapport formel au pouvoir. Telles sont les premières formes d'érosion de la rivalité conquérante de l'économie. Au contraire de tout ce qui a été philosophico-politiquement dit en lieu et place de la « majorité silencieuse » des années 80, le fait qu'elle le soit de moins en moins réduit la force de la parole des élites sur sa consistance, et l'opportunité de ses relais. Les apparences de la protection formelle de la constitution des Etats ne garantissent plus leur autorité. Le politique perd progressivement sur deux plans : celui de l'échelle, celui de la légitimité de son message. Cette situation laisse la force d'une opinion mondiale seule face à la stratégie du monstre. Cette économie installe pour le futur, face à lui, une « *puissance de la multitude* » dont Spinoza aurait pu refaire la lecture, et dont les dictatures ont cerné l'enjeu. Car les moyens de l'intelligence collective montent en puissance ; réseaux sociaux et artefacts de la toile ne se sont pas révélés à elle-même comme tels. La prise de distance entre la représentativité politique et son exclusivité d'intermédiation s'affirme néanmoins du fait de cette nouvelle rivalité. La gestion de la boucle interactive ne fut sans doute jusqu'alors qu'un mode d'acquisition profitant aux plus informés, pour ne pas dire cultivés : cette acculturation se met à peine en mouvement. Probablement sera-t-elle l'œuvre d'une génération, en contribuant à transformer nos vieilles démocraties. Nous allons donc très logiquement vers un nouveau conflit, transversal. L'économie ayant mis en place des contradictions, il sera très vite dépassé par l'exigence politique de la remettre sur la voie d'un modèle démocratique nouveau. L'état de crise, en raison de la difficulté à régler ce que Pierre Manent aurait appelé la « *sacralisation des faits contre une sacralisation du droit* », soumet le réglage permanent des individus à la collectivité, à une exigence inédite d'autonomie. L'identification de la dimension polysémique de la crise reste à interroger à partir de ces éléments, face aux raisons d'une dépendance s'imposant à cette autonomie nouvelle. Au contraire donc des raisons purement endogènes de la crise (l'essentiel des explications économiques), la réceptivité de l'opinion à ces thèses (l'intelligence collective), augmentée de la crainte écologique et de l'éveil à la finalité de nos modèles développementistes, se questionne, et veut que nous interrogions cette évolution autrement que par un simple état des lieux du sens commun. Nombre de ces process de « puissance » en cours ne sont absolument pas explicites comme transformations embryonnaires dans l'opinion. En ce sens, toute crise est immensité et échappe à l'exhaustivité du recensement narratif. La vérité de la crise financière, comprenant tant d'occurrences fondatrices convergentes maintenant dans le champ social, nous trompera de toute manière si l'on se place en situation de la décrire. Les économistes sur le terrain de ces transformations induites, sont assez discrets, dispersés dans diverses tendances : les adhérents au mythe de la main invisible, de la sélection naturelle du développement ; les libéraux critiques réformistes éclairés comme Stieglitz et Amartya Sen amorçant des ébauches sur la finalité (*L'économie est une science morale* d'Amartya Sen)[4] ; enfin les critiques, reformulant et contestant les modèles cognitifs de notre économie via l'état de crise engendrée et son contenu, comme Daniel Cohen dans *La mondialisation et ses ennemis*. Selon moi, la conception politique de la dépendance économique actuelle ne peut se concilier qu'avec une orientation proche de ce dernier : l'économie ne peut épuiser sa forme propre, et n'atteint jamais aucun objectif par ses propres artefacts. 630 économistes ont d'ailleurs signé le *Manifeste d'économistes atterrés* pour réagir plus globalement à l'instrumentalisation financière du monde, avec une pertinente simplicité : s'opposer aux évidences économiques d'usage dans lesquelles on entretient l'opinion. Les vingt-deux propositions qui le concluent sont toutes d'inspiration régulatrice et nous laissent en face de cette question : à quoi sert de réparer un système qui comporte tant d'archaïsmes dangereux, (par exemple la propriété privée de capitaux à une

[4] Amartya Sen, *L'économie est une science morale.* Edit. La découverte/ poche 2004

échelle hors d'atteinte des états), au vu de nos aspirations sociales et de l'urgence face aux dégradations de la planète ? Ce manifeste, outre les fausses évidences qu'il dénonce, décrit 10 facteurs de contre-productivité économique.

1 La contre-productivité des marchés financiers qui, loin de trouver leur propre régulation, n'ont aucune efficience. Cette transposition au financier de la théorie des marchés ne fonctionne pas et cache les effets de rendement du capital financier qui mène à l'instabilité récurrente de l'économie.

2 La contre-productivité industrielle, qui par mutation se trouve instrumentalisée par le rendement du capital, concluant ainsi un vieux conflit entre deux formes capitalistiques.

Au-delà de ces deux points généraux vient le diagnostic de leurs effets sur les économies nationales, et ici européennes :

3 Les effets négatifs de l'évaluation des dettes d'Etat où « *l'évaluation financière n'est pas neutre* », engageant et construisant « *le futur qu'elle imagine.* »

4 Les dettes publiques résultent de dépenses inconsidérées et contre-productives des Etats, à réduire. La réalité est paradoxale et due « en creux » à la réduction des rentrées fiscales par la moindre croissance ajoutée aux concessions fiscales concurrentes des Etats (Irlande par exemple).

5 La diversion contre-productive des thèses des dépenses d'Etat excessives prescrit un gel des dépenses d'investissement global nécessaires à la sortie de crise. Les pays européens, à la fois concurrents et clients, organisent ainsi leur propre récession.

6 Les baisses des impôts sont donc contre-productives, sans relance de la demande. Les faits montrent qu'elles dégagent des disponibilités supplémentaires au profit des hauts revenus, « *ceux qui en ont le moins besoin* ».

7 Enfin des mécanismes inquiétants qui touchent cette fois la puissance financière comme système de pouvoir global et concurrentiel aux Etats-nations.

Les banques nationales et la BCE, ne peuvent (par traité de Maastricht) souscrire aux emprunts de leurs propres Etats nationaux. Ce sont les capitaux issus de pensions, crédits hypothécaires etc. qui vont sur les marchés financiers.

8 L'Europe financière s'est affirmée aux dépens de l'Europe sociale, par les mécanismes imposés en matière de gestion de crise retournant la mise en concurrence des marchés européens contre elle.

9 La monnaie européenne.

10 Dans le futur, ces conditions imposées par les dogmes précédents augmenteront les effets de crise : le piège se referme. Avec le risque de passer de la restriction à la récession (cas grec).

Ces symptômes convergent vers la même maladie, et rejoignent en cela d'autres voies de diagnostic que complètent ceux de l'écologie, de la nouvelle gauche, des altermondialistes, introduisant ainsi ce « derrière la crise », si déterminant. Comme pour beaucoup, l'économie nous indique qu'elle n'est autre chose qu'un changement d'échelle dont l'effet systémique doit être pris en compte, qu'il s'agit d'un enjeu de pouvoir, donc de politique, transposable en stratégie de conformation du monde actif en un monde stable, prévisible et homogène. Depuis vingt ans, cette tendance à faire du monde un champ stable d'intervention, optimisant la régulation financière par la cristallisation des structures sociales à son effet, s'affirme et devient visible, lisible par ses conséquences comme un risque structurel politique majeur, et non seulement matériel, environnemental et de déséquilibre. La suite, s'attache à l'interprétation possible de la notion de système, qu'il faut véritablement travailler pour raisonner au niveau juste de l'impact d'échelle que constitue cet enjeu mondial. L'inquiétante perspective d'une « gouvernance mondiale » peut finalement représenter le point d'orgue de cette prise de pouvoir, si elle devient sa traduction systémique organisationnelle et stable. L'axiomatique restreinte de l'échange (l'utilitarisme) aboutit donc au non-sens de ses capacités d'adéquation au monde par des conceptions mécaniques des sociétés exclusivement conformées aux critères des opérations économiques. L'illusion conceptuelle économique définit dans la cécité de la technique des normes de fonctionnement à usage systémique, ce « *futur qu'elle imagine* », selon l'expression du manifeste. La financiarisation construit les seuils d'échelle nécessaires pour préparer les grands monopoles touchant les fondamentaux (la maîtrise alimentaire, de l'eau et des énergies, l'avenir des destructeurs-réparateurs). Les stratégies actuelles montrent ces évolutions. Ce risque majeur pour les peuples, leur culture et leurs conditions d'existence en équilibre écologique, ne pourra être contenu dorénavant qu'au prix d'une adhésion à des idées claires de sa situation par l'opinion, par des décantations comme celles de nos économistes atterrés. Puis, par une perception de la boucle infernale et destructrice que produit la logique de croissance ; autrement que par un maximalisme associant décroissance et régression. Une telle évolution, misant sur la volonté, soulève des questions ; et les élites, plus théoriciennes et informées, transmettent un message clair, en hiérarchisant les difficultés d'un tel passage pour ne pas attendre qu'il génère de la violence. Ainsi, toutes les formes de remise à plat convergent vers un retour nécessaire à la conception systémique de certains traits fondamentaux de l'articulation des sociétés entre elles, et à l'intérieur d'elles-mêmes vu les tensions évolutives très fortes qu'elles subissent. Nous ne pourrons plus raisonner en termes d'adaptation à un environnement qui change ou nous agresse. Et si nous voulons comprendre ce qui arrive, c'est au contraire en raisonnant à l'inverse, et sur les traits invariants que l'on retrouvera dans les petites et les grandes structures sur ces sujets. L'échelle constitue une thèse d'approche défendable, introduisant dans notre approche des dualités investigatrices comme agrégation/organisation, organisation/échelle, stabilité/instabilité, susceptibles de fournir des opérateurs non sans pertinence face aux chocs qui attendent nos cultures démocratiques dans l'avenir ...

1.3 De la politique au politique.
Le politique : alchimie de l'interprétation, de l'affectation et de l'adhésion ?

Cette alchimie couvre une bonne partie de la littérature politique et plus fondamentalement d'une philosophie politique qui se cherche actuellement sans espoir de se trouver. Le sujet a donc une large « couverture » comme on dirait en journalisme. On le comprend, puisque les enjeux de fond sont déterminants sur le plan des transformations de l'ensemble des sociétés, qui, au-delà de la forme de nos crises, représentent l'irréversible à long terme. Mais comprendre est un art non négociable. Et comprendre n'est pas savoir, alors aucun savoir n'a de fondement réel s'il ne renvoie chacun à sa culture intime du comprendre. Comprendre, qui impose d'en savoir toujours plus, suscite une quête sans fin que le savoir n'épuise pas. Et un des enjeux de notre siècle sera sans doute d'éviter de faire du second un objet d'échange marchand sans risque de confiscation de ses moyens d'existence. Le négoce entre connaissance et applications, expertise et vulgarisation, vérités et mythes présentera des risques que les citoyens auront en charge de gérer en partie à leur niveau. Le culte actuel de l'information nous pousse dans l'illusion du savoir autosuffisant ou auto-réalisateur, en déséquilibrant la dialectique du savoir et d'un comprendre sans espace de maturation. Ces orphelins-là devront assurer en eux, et pour la collectivité, la part vraie du comprendre. Mais si la culture de chacun accomplit en lui ce schéma dans une clarté relative, le mécanisme qui règle l'intelligence collective, le « comprendre collectivement » et son retour en chacun, reste lui assez obscur. Et sans raison de se convaincre qu'il existe quelque part une somme de quoi que ce soit à trouver, cette inconnue nous ramène sur le territoire d'un enjeu du comprendre, qui *a priori* en cette matière sous-entendrait l'idéal d'une identité de savoir égale chez chacun, ce qui n'existe pas. Alors qu'est-ce qu'un « intellego » collectif ? Comment obtenir l'adhésion à des catégories également comprises et partagées ? Comment gérer ces rapports entre les autres et moi, puis notre milieu, les autres-moi-le milieu et enfin la « nature », qui constitue probablement le lieu-origine de toutes nos questions ? Difficile à concevoir, ce jeu fondateur de l'essence collective, se perçoit par des formes soumises à des schémas logiques autonomes utiles pour constituer un système lisible. Ensuite se formalise et se communique entre individus l'ensemble des déterminants communs explicites des principes d'échange, de pouvoir, dans une gradation allant de la connaissance, des usages, aux mythes. On a souvent débattu ces déterminismes, jusqu'au mythe de l'individualisme destructeur des liens sociaux, l'aliénation consumériste ou hédoniste. L'hédonisme consumériste et la condamnation déceptive dont parle N. Lipovetski n'instrumentalisent pas « *l'identité narrative* » de chacun. Le recentrement individuel fait de l'individuation un véritable sujet. Spinoza en conceptualisant la joie dans son système philosophique ne connaissait pas la fonction et l'importance de la dopamine, les dépressions et leur impact, la sociabilisation des maladies psychiques etc. Hannah Arendt accuse les philosophies politiques d'une maladresse traditionnelle dans l'écriture politique : les théoriciens réassignent le préalable d'un modèle idéal à la théorie politique, au prix d'un effacement de la problématique exigeant de se pencher sur un process concret et multipolaire, celui de la fabrication de tout équilibre consensuel, celle du statut de la multitude, du peuple, en mythifiant d'emblée celui-ci par son allégorie. Cet embarras n'est pas nouveau. Aristote limite l'autonomie du collectif : *« les gens se sont mis ensemble de même que cela donne une sorte d'homme unique »*[5] . Mais une telle restriction ne suffit pas. La « *puissance de la multitude* »[6], relevant aussi de « *l'effort par lequel chaque chose s'efforce de persévérer dans son être* » conforte, bien sûr, l'intérêt de la relecture du « *conatus* » dans tous les domaines de l'action sociale : la gestion noble et moins noble d'un équilibre des intérêts, avant même que l'interprétation macro-politique de Machiavel ne la réduise à une logique de pouvoir. En général aux limites des situations de conflit, l'intérêt manifeste cette mise en concurrence de l'obligation rapidement évoquée, entre peuple et Etat, général et particulier. Il sous-entend également, une forme perceptible d'un autre type de violence ontologique, commun cette fois à tous les acteurs : cette impossibilité d'appréhender et de maîtriser l'ensemble

---

[5] *« (II) Au sein d'un grand nombre en effet, chacun possède une part d'excellence et de prudence, et quand les gens se sont mis ensemble de même que cela donne une sorte d'homme unique aux multiples pieds, aux multiples mains et avec beaucoup d'organes des sens, de même il en est ainsi pour les qualités éthiques et intellectuelles. »*
Aristote, *Les politiques.* Livre III, ch. 11. Extraits.

[6] Spinoza, *L'éthique* III, proposition VII

des dimensions du réel compliquant les rapports entre individus à la société globale, et le poids d'une incertitude inquiétante, révélant ainsi à tous sa condition d'impuissance par une violence fondamentale et irréductible...relayée par les mythes. Raconter, refaçonner l'histoire et ses leçons, les histoires plus quotidiennes et leurs leçons, y revenir et en faire un récit sans fin, jusqu'à la mythification commune d'objets plus larges l'intégrant : nos chères catégories morales et philosophiques. Evidemment, expliquer aussi que la fin des souffrances dépend de la reprise de la croissance donne à toute la chaîne de causalité économique la force trompeuse qui atterre tant nos économistes. Et lire l'histoire pour en tirer des leçons d'avenir cause les premières victimes du premier de tous les mythes. Cette situation de l'individu dans le modèle économique d'aujourd'hui ne diffère guère de celui qu'il était à la naissance de l'ère industrielle ; et ses transformations, la redistribution d'un mieux au plus grand nombre, n'agissent en somme que sur des formes que la réparation consumériste a rénovées si relativement dans l'échelle des richesses. Pas d'aliénation nouvelle, si ce n'est celle déjà installée il y a longtemps dans le rapport économique.

D'où l'idée de cet essai, dont on pourrait énoncer l'axiome ainsi : l'économie ne contient pas l'échange, c'est l'échange qui contient l'économie. Il permet de relativiser toute la sempiternelle lecture de la structuration sociale, à partir de l'échange marchand. Perdant de vue le sens de ce rapport, l'échange économique n'aboutit qu'à la désincarnation de la finalité. L'échange est un générique, qui ne s'adresse pas au marché, mais dont le sens, dans ses variantes étendues, évoque une logique allant, lapidairement dit, du bilan comptable à l'identité. Et il faut voir notre propos comme une mise en ordre, non seulement d'une notion de dépendance économique déjà évoquée, mais aussi d'une contribution à la définition du politique. La grille de lecture que la classe politique actuelle nous propose, traduit une résonnance de la primauté de l'économique sur le reste, centralise l'interprétation courante autour d'un système que ne définit qu'une unique fonctionnalité : l'échange marchand. Encore faut-il pour arriver à s'en dégager, se rendre capable de faire une distinction entre fonctionnalité politiquement rationalisée sous la contrainte d'assujettissement issue de la dépendance, et le réel des pratiques et des intentions sociales. La pratique quotidienne par la dureté de vie imposée à beaucoup rend à la crise tout son relief. Réfuter la nature exclusivement économique de la crise économique, demande à identifier un ensemble de causes qui lui sont externes. A reconnaître que sa lecture actuelle est liée à un décentrement interprétatif de ses causes. Il convient de reconnaître par ailleurs que nulle forme de connaissance ne peut, dans son espace conceptuel, rendre compte de l'ensemble de celui plus large qui l'inclut, et pour ainsi dire par ses propres moyens. L'économie, dont les modèles rationnels et scientifiques sont basés sur des postulats d'équilibres, n'a jamais vraiment pu justifier ou légitimer la valeur de ses calculs dans les systèmes conceptuels plus larges que lui imposent la complexité de la société et ses traits culturels. Or, construire sur des modèles déterministes réversibles, c'est-à-dire intemporellement définis, et sous-entendant une société qui n'existe pas, car sans mouvement, sans histoire, sans diversité culturelle, aboutit à une aporie. L'exposé qui suit est construit sur le principe de cette tautologie économique, en y incluant un point de vue particulier : plus notre société se fragmente, plus la représentation de ce qui en constitue l'ordre se trouve « réparée » dans le domaine de l'imaginaire, que certains ont longtemps cru porté par le consumérisme. Le goût du paradoxe ne motive pas ce postulat : la manière dont prédominent dans la *doxa* les énoncés sur l'immigration, l'économie, les besoins en bien, voire l'écologie, peut être regardée sous cet angle. La crise tiendrait alors dans ces conflits naissants entre l'interprétation de cette primauté économique mise en avant, et son « encadrement » par des éléments que l'on doit classer dans l'ordre culturel, mais dont la puissance représentative qu'elle mobilise est désorganisée, déficiente. Par effet de fragmentation. Si la modélisation économique se développe dans l'ordre systémique excluant le non-modélisable, qui fait la vie même de la matière des pratiques sociales (les schémas symboliques, l'imaginaire), le niveau primaire du consumérisme en a constitué sous nos yeux, des décennies durant, un illustre exemple, avec cette conclusion : la description du système économique par de nombreux économistes, officines parallèles de marketing, aboutit toujours à post-formater ou à sous-entendre des modèles sociaux réduits à des archétypes, et donc à faire appel à l'imaginaire. Ce mode paradoxal, souvent réducteur et coercitif, a contraint le statut transculturel et universel de la valeur. D'où un conflit latent pour nous entre l'ordre systémique réducteur et l'ordre culturel. Et dans ce conflit, l'économie qui ne crée pas de richesse, détruit la valeur. Par conséquent, soit les grands concepts économiques trouvent une résonnance dans l'opinion par transformations de qualifications générales – celles de l'échange - préexistantes dans la collectivité. Soit la science économique n'a d'autres ressources qu'une structure langagière et mathématique trahissant un fondement restreint, a-rationnel, dans son recours incomplet à la valeur, fondé sur la matérialité, dans une pauvreté constante de ses références à la complexité sociale. Et nous voilà d'ailleurs au moment où le marché, le capitalisme, vont apparaître comme des systèmes d'autant moins crédibles que la redistribution s'avérera progressivement moins réelle, devant une pure croyance imposée. Les sciences économiques ne gèreraient en rien l'aspect principal, humain, social, empirique et subjectif de l'échange. Les crises actuelles et à venir remettront en question le refondement de la détermination de la valeur, des ressources (le prix par la rareté) jusqu'au don. Elles éclairent plus nettement un système de concentration de richesses, d'une oligarchie latente, restreignant la multitude à un système de contraintes et obligations capitalistiques et assujetties. Le système de l'obligation revendiqué par les politiques diffère de celui prôné par les économistes. Quand le politique se voit enfermé dans la dépendance de l'économie de marché, il entame l'essentiel de ce qui en fait le but du « *principe l'obligation* »[7] par de fausses raisons : le peuple se trouve exposé à des conséquences auxquelles des représentations consensuelles ne le préparent pas, accréditant par ce manque, l'importance du consensus comme essence du politique. Or, quoi qu'il arrive, les déterminants consensuels (par la procédure de la *doxa*, du débat) ont une primauté structurante sur cet Indéfini qui cherche une finalité. On voit pourquoi alors ma conception de sa consistance oppose deux catégories dont le politique est constitué, pour trouver un point d'équilibre légitime entre deux pôles implicites : l'utilité et la finalité. Mais ce résultat relève du culturel dans son mode, ses traditions mêmes, et la diversité de ses outils. Par ailleurs l'ordre « culturel » apparaît comme ce qui rationalise et reconstruit les événements, miroir de cohérence et de stabilité dans ce process consensuel. La recherche de la finalité dans notre pratique actuelle de l'économie, dont la théorie vise à instaurer l'exemplarité d'un ordre systémique, se justifiant comme inéluctable devient obligatoirement croyance, et consomme son effondrement. Aucun système ne peut produire la légitimité de son fondement. C'est pourquoi la finalité de ce système est inexistante. Alors la crise va précéder la rupture. Toujours pour provisionner la suite, l'utilisation du terme « inéluctable » réclame une explication. Il est construit sur le point de vue suivant : notre représentation du monde est sous-tendue par l'idée que toute situation consensuelle relève d'un process en boucle, assurant le réglage permanent et la mise en ordre légitime de la pérennité de la recherche de stabilité sociale. Ces deux mots du langage naturel, « inéluctable » et « inaliénable », figurent les deux extrêmes d'une réalité simple dans laquelle l'ordre concret, que permet d'organiser l'appréhension systémique, rend cette exigence permanente par les évènements qu'il occasionne. Le consensus, peu décrit à ma connaissance, est donc conçu ici comme une valeur centrale de la production collective, en lui conférant une identité qui le distingue d'une addition d'opinion ou même d'une généralisation d'opinions individuelles. S'ajoute à

[7] Le principe d'obligation est une expression de Bruno Bernardi, et dont la conception est partagée ici. Bruno Bernardi. *Le principe d'obligation*. Ed. VRIN/EHESS, collection Contextes. 2007

cet édifice, un autre soubassement : toute agrégation, ici représentation neutre et conventionnelle de l'être ensemble considéré hors de toute finalité ou intentionnalité, détermine mécaniquement (systémiquement) une nécessité d'organisation, pour qu'une réification de ce « être ensemble » puisse exister, perdurer. En faisant de l'organisation une condition générique et fonctionnelle saisissable selon le mode systémique.

Originellement, l'organisation du monde est rêvée à l'image de celle du groupe, et celle du groupe est agie selon celle du monde qu'il rêve, nous racontent les mythologies. Et « l'être ensemble » constitue la raison fondatrice d'une image devenue la condition de sa pérennité. Si l'agrégation, dans sa situation conventionnelle neutre reste un état virtuel de société, alors la dynamique systémique de l'organisation génère de son fait les représentations sa structure « concrète ». Mais on ne revient sur la reconnaissance de ce système, que dans la limite de nos représentations de son existence, entraînant la dissolution de son identité dans les questions qu'elle soulève, comme celles du moi et de l'autre, de la relation à autrui et de la complexité de la formation en nous de l'animal social. Cette image d'organisation, seuil du concret, reformule ces repères pour induire les principes de la stabilité globale, de la manière de régler, d'arbitrer collectivement ces évolutions, et pouvoir les inscrire dans la continuité. Et maîtriser aussi celle des désordres de la structure, qui produisent les événements, l'imprévisible et l'instable. Le consensus règle donc les conflits dans le sens de cette stabilité. Et observer les principales oppositions conflictuelles de sens que le débat assigne aux paramètres d'une même donnée, revêt ainsi une importance capitale. Qu'un assemblage, seul, trouve une qualification commune qui constituera l'opinion n'effacera pas toutefois la diversité d'options non retenues.

Du pathétique réglage du conceptuel politique au réel… Comme hypothèse invérifiable, le conceptuel n'épuisant jamais le réel, la confrontation des concepts ne tendra jamais que vers une probabilité totale de sa traduction. Dans cette situation d'inévitable incapacité de l'interprétation à épuiser le domaine qu'elle appréhende, la démonstration vise l'adhésion, en quête d'une interprétation d'une réalité décrite ayant valeur d'arbitrage. En n'épuisant donc jamais la réalité des faits, et pour devenir un système d'interprétation cohérent et logique, ces constructions exigent de constituer dans le récit des figures donnant de la crédibilité, sur le plan de communication de leurs destinataires. Si les sciences sociales, proches cousines de la conceptualisation politique peuvent s'armer de garants épistémologiques, les formes politiques du discours sur la société, privées de ce recours, s'arment des outils communicatifs de la subjectivité, ceux de la *doxa.* Par analogie, je dirais que l'expérience d'architecte est faite d'une boucle créative suivant ce modèle, en partant des présupposés que constitue une intention sur le réel physique, économique et social, pour donner une réponse issue d'une construction rationnelle d'enchaînements de causalités - choix de structure et de solutions économiques en congruence avec l'esthétique - fonctionnant comme une mise en artefact social. En définitive, c'est un discours. Avec le réel, la vocation du politique a la même exigence de rapport créatif, de fabrication d'artefacts hautement socialisés, pour « optimiser » cette probabilité par la gestion de tous ses aspects. Mais les catégories logiques permettant d'articuler plus globalement le sens des évènements ou des raisons d'une situation dans toute relation avec l'opinion, conduisent souvent à réduire le complexe à une dimension communicable au plus grand nombre, au risque de la stéréotypie. Ou, comme actuellement, à gérer ce rapport selon une palette allant de la technicité éclairée à la démagogie. Reste que ce mode irréductible ne peut être *a priori* appréhendé par la moyenne d'une somme d'éléments divergents ou contradictoires représentant de mêmes évènements. Et cette incapacité à savoir comment gérer cette probabilité vers la certitude a toujours constitué l'essentiel de l'impasse théorique du politique. Violence à l'encontre de notre désir de comprendre et maîtriser les figures de l'incertain. Violence du réel. Celle que la quête de « l'entendement » cherche à relativiser sans relâche ; celle que l'humanité finit par réifier dans le monde physique, avant de comprendre la mort comme son incarnation majeure. Or la modernité a ajouté de la complexité à la gestion, par les évolutions que l'on verra plus tard. C'est par la nécessité d'assimiler des évolutions de fond générées – démographiques et environnementales -, qu'une « pulsion » d'équilibre indispensable, nous pousse à restructurer toutes ces intrusions dans une représentation stable du monde, allant parfois jusqu'à la rêver, en donnant à cette restructuration une forme rationnelle. Le politique conçoit donc cette remise en équilibre de tous les fragments qui forment cet accident récurrent - caractérisé par une instabilité tendancielle - comme la recherche d'un tout homogène et stable. Une restructuration à l'inverse de celle qui fait l'objet des sciences, qui regarde l'instabilité comme un paramètre révisant par là même la conception de structures stables. Dès lors, l'évolution tendancielle vers la fragmentation est celle de la déstructuration-restructuration de ce contenu global que la raison opposa historiquement aux arbitraires. Elle n'en altère pas la valeur, mais gère les contradictions touchant la plupart des catégories de représentations antérieures de nos sociétés : le progrès, la modernité, l'égalité, le primitivisme, l'altérité, pour ne prendre que quelques exemples parmi tant d'autres. Plus rien ne se fonde désormais dans la confrontation du

divin et de l'arbitraire, de la rigueur scientifique. Plus rien n'instaure un ordre des choses. En principe sans que rien ne s'impose, un monde s'organise. La raison des Lumières ne l'explique plus par ses postulats fondateurs, mais implique une pensée née des valeurs de la structuration de l'actualité, plus collective et diffuse, presque transculturelle, syncrétique, selon un process majeur d'une boucle récurrente, appelée plus loin celle de l'inéluctable à l'inaliénable. Ainsi, contrairement à la politique, qui concerne ce combat de la difficulté de comprendre, vécu en bandes organisées, le politique se matérialise par un certain nombre d'apories et découpages contradictoires naissant sous la forme d'interrogation des termes, de leur sens, et dont la gestion ouvre aux conditions constitutives du consensus social. J'aperçois donc une fissure laissant filtrer un peu de lumière dans le mur du dépassement de la crise qui nous fait tant d'ombre. A travers la fissure se figurent des distinctions à mener, préparant le discours qui suivra.
Ce recensement est celui d'oppositions difficiles à concilier, et parmi elles les plus déterminantes pour les temps futurs. Elles représentent ce qui comptera dans l'entendement collectif. Elles feront sujet et débat, relatives aux fondements à retrouver de nos démocraties. « Conflit » signifie ici seulement que les notions que j'oppose ou associe sont des termes parfois antinomiques d'une même acception consensuelle. Rien d'étonnant (suivant cette règle qui veut que sa formation soit d'autant plus large que ce dernier est flou) à ce que ces notions conflictuelles puissent tenir en équilibre de telles antinomies. Rien de rationnel ne règle donc cette alchimie dont on a distingué trois paliers. Elle relève de l'intensionnel. Interprétation, affectation et adhésion sont donc trois catégories remises en perspective dans cette différence que le politique marque avec le reste. Il n'est pas utile dans ce cas de développer le point de vue selon lequel le politique est essentiellement l'histoire de la genèse de la représentation de notre univers social par nous-mêmes et son résultat, et que les démocraties fondent cet acte par une délégation à des représentants qu'elle se choisit, par division des tâches. A la fois genèse et ampliation, cette dynamique est en transformation. L'assimilation du politique à ce qu'est la délégation politique s'estompe, par le fait de la révolution technique de l'interactivité, qui donne une autonomie plus grande au citoyen, dans un rapport plus direct à la souveraineté. Dans ce qui suit, les conflits sont donc les dualités structurantes de cette représentation telles que j'en conçois l'importance vis-à-vis de l'avenir. En voici l'exposé.

Argument 2

Les conflits comme dialogique du politique.

L'éclaircissement de la notion de conflit amène à exposer en préliminaire ce qui constitue la charpente, l'idée centrale autour de laquelle s'articule ma constante inquiétude. A l'occasion des crises que nous traversons, nous ne pouvons lire pertinemment les déséquilibres de nos sociétés si nous ne nous représentons pas cette instabilité comme des conflits dans l'ordre culturel d'un partage entre conceptuel et systémique. Tout tient dans cette hypothèse qu'un système, en étant défini par des mécanismes invariants, (ceux que les sciences exactes modélisent, cf. JL. Le Moigne) se trouve confronté aux intentions et interprétations de notre héritage culturel. En fait ces intentions, qui ne sont l'expression manifeste que de probabilités d'être reconnues à un état, une situation, attribuent au niveau politique la construction potentielle de l'action, d'une action conçue comme potentialité traductible, transformable à l'usage des interventions sur les organisations, donc sur le niveau systémique. L'intention contient l'action, mais est exclue du niveau systémique... Les conflits ne sont que ceux des alternatives qui se présentent sur l'état de ces probabilités d'être, dont on va tirer les conclusions et les principes d'actions. Dans une démocratie, le plus grand nombre est impliqué par définition dans le débat qui s'organise autour d'intentions contradictoires (ou pas), substance même de la *doxa*, à la fois débat et opinion. Souvent, ces « conflits » instrumentent des antinomies, plus comme alternatives que comme incompatibilité de sens, et chaque période génère les siennes… Mais la nouveauté est ailleurs : c'est cette situation de dédoublement virtuel du débat, qui, victime en somme des changements d'échelle des grands sujets qui l'alimentaient jusqu'ici, en brouille les termes. D'où cette insistance à identifier comme une condition générique le premier des couples formant et déterminant le politique : la transformation entre un état neutre d'agrégation vers la nécessité d'organisation, où l'agrégation précède toujours l'organisation. En prenant pour exemple la naissance d'une simple association et ses motivations, on comprend mieux que c'est avant tout l'identité de situation dans un contexte, qui réunit par ses caractères particuliers ceux qui les partagent. Le corps agrégé devient une potentialité qui, sous l'impulsion de quelques-uns, se transformera en une organisation statutairement socialisée. Mouvements autonomes devant les usines, soutien à des victimes, communautés non reconnues etc. Agrégation des hommes, agrégation des idées, organisation des hommes, organisation des idées. Les conflits dont nous parlons (qui ne sont pas les conflits sociaux) naissent alors d'une désadaptation de la manière dont le discours figure le désordre, l'instabilité des systèmes organisés, identifiés dans l'analyse, quand ils ne peuvent en réalité recevoir l'intention et la traduire. C'est simple : la crise (économique), celle qui nous cache l'horizon, vue sous cet angle, n'est que celle d'une difficulté à percevoir le système financier mondial comme très cohérent. La crise découle donc de cette insistance à le percevoir comme devant répondre au bien commun. D'où l'idée de sa désadaptation à sa destination sociale ; la logique de la redistribution cache celle de la prédation. D'où le relevé des conflits qui sont distingués ici comme caractéristiques de notre période, tenant d'une symptomatique (praxis ?) particulière, construite sur la base conjoncturelle d'un conflit dominant dont nous avons donc dressé un état des lieux : la restriction de l'échange à l'échange marchand, et par conséquent, la structuration de notre société dans la dépendance économique et financière. Evidemment les distinctions établies ici peuvent être discutées à l'infini, puisque c'est justement dans l'intermédiation du langage, lieu de toutes les confrontations conceptuelles, que ces opérations se font. Lapidairement dit, à la suite des crises récentes, les sciences économiques qui n'ont fait montre d'aucune capacité prédictive, en ne tablant que sur des modèles eux-mêmes configurés dans une convention de stabilité systémique, ne peuvent percevoir et anticiper les termes des conflits, les agréger et les organiser. Pour une raison majeure que l'on rappellera encore : la discipline limite d'elle-même ce champ, avec cette idée très consensuelle que c'est le propre du politique que d'opérer une retranscription sans interdiction épistémologique d'induction, de la situation à l'action. Dans cette composition raisonnée du culturel et du systémique – de l'intention et du mécanique - on diagnostique ici une sorte de renversement, caché à notre perception pour les raisons évoquées d'échelle, de bruit et de complexité, de difficultés à exprimer l'intention, en constatant enfin cette dynamique qui assoit l'ignorance. Si l'on étend l'exemple de nos associations – spontanées ou pas - à des phénomènes plus contemporains, ceux qui concernent les réseaux sociaux par exemple, c'est alors la volatilité de ces états pré-organisationnels constants qui les caractérise avant tout. Car ils ne contiennent des potentialités organisationnelles que dans l'exercice de la virtualité. Et le destin de la *doxa* s'en trouve modifié. Son exercice recèle une alternative qui échappe aux conflits que le débat des citoyens gérait jusqu'à présent. Par conséquent, une réflexion nouvelle est à mener sur l'objet, la consistance, le fonctionnement du consensus. Enfin, ces propos préliminaires sur les conflits doivent se conclure par cette remarque : dans l'induction subie par le niveau systémique, le conceptuel ne règle pas l'action, qui ne reste qu'intention dans son intention d'être, une sorte de traduction matérielle, tangible d'elle-même. Si tout s'exprime comme fait de culture, l'organisation est une intention réifiée, et les hommes se trouvent alors en position inverse de celle qu'ils croient tenir. Ils deviennent objets de procédures, de comportements à observer. L'état de crise est essentiellement une perte de contrôle de l'intention et de ses potentialités. Une perte des objectifs, de la procédure, de l'organisation.

En dernier lieu, le besoin d'une meilleure compréhension de ce qui suit, nous amène à anticiper l'exposé fait plus loin de la relation récurrente allant de l'inéluctable à l'inaliénable. Entendons par là une relation de passage de l'inéluctable - caractérisé par l'incertitude propre aux raisons existentielles et ontologiques de notre condition - aux certitudes de l'inaliénable, propriété totale des artefacts acquis par notre intelligence. Comme si en somme se condensait en elle tout entière, par des constructions certaines, une volonté d'exorciser l'incertitude. Ce que la condition de l'inéluctable nous conduit à admettre, c'est que toute vérité de ce fait ne peut être tenue que pour probable. Les couples formés dans ce qui la suit dépendent de cette relation de dialogue entre ce qui est hors d'atteinte de la volonté – l'inéluctable - et ce que la volonté conquiert – l'inaliénable - mais sous l'angle d'une tendance à réduire cette probabilité, à rendre le vrai plus vrai. On verra par exemple que l'individu dans toutes ses dimensions est un paramètre inéluctable par l'individuation, pour être sous différents autres aspects une conquête inaliénable dans la vérité probable que l'individualité pose aux hommes (dialogue qu'entre autres le statut d'individu et plus tard l'abolition de l'esclavage illustrent).

Pour ce, nous nous servons des mots avec leurs limites. Les « nuages » sémantiques de chaque terme sont en quelque sorte des relations d'ordre les plus probables dans les discours touchant les thèmes que nous distinguons. Mais ils ont cet avantage : non seulement ils appartiennent à notre quotidien actuel et ont une résonnance certaine avec nos inquiétudes (qui sont l'essentiel de la communication politique actuelle), mais ils illustrent en plus ce que l'on vient de dire sur deux autres plans. D'abord, l'organisation des choses et des hommes est omniprésente sur le terrain de ce dialogue entre ces deux pôles, et forme l'objet final de la *doxa*, de l'avènement de cette potentialité dont on parlait. De cette boucle naît donc – dans le conceptuel, le culturel - l'image constamment renouvelée des conditions systémiques qui la gouvernent. Sans jamais être, par nature ou définition, le système. Or l'organisation, en étant comme la doxa à la fois la procédure (le débat) et le résultat (l'état de l'opinion), se livre comme un résultat, en complète autonomie « mécanique » de sa procédure. Nous montrerons plus loin que le niveau systémique de l'organisation est en fait doté de ses propres mécanismes. Qu'il n'y a pas de perméabilité entre les intentions formées dans le débat social et certaines lois systémiques. Ajoutons en dernier lieu que le pivot de la relation d'agrégation à l'organisation reste cette ontologie impliquant l'individu. La seule relation du Moi à l'Autre détermine ce passage, comme la formation du corps social, sans cesse questionnée, revue et redessinée par cette boucle de l'inaliénable et de l'inéluctable.

2.1 Quatre thèmes du moment.
L'exemple des conflits de l'utilité.

Développement, croissance, changement, droits acquis. S'il ne s'agit là que de quatre termes, ils auront néanmoins une importance toute particulière par leur valeur exemplaire, dans ce que l'on tentera d'illustrer et de conceptualiser comme mythification d'une sorte d'assise référentielle et notionnelle de notre dépendance économique. Ce choix, bien qu'arbitraire, se justifie malgré tout amplement par le fait que nous jouons sans cesse avec cet assemblage de mots dans le quotidien des commentaires que nous faisons de notre crise. Le parti d'une présentation presque synoptique de ces quatre notions fortement liées est volontairement traduit sous la forme qui suit pour les montrer comme interdépendantes et participant à une même chaîne de raisonnement. Il peut paraître curieux par ailleurs de présenter dans une conception de la dynamique des conflits quatre notions caractérisées à l'inverse par leur complémentarité de sens, mais ce sont malgré tout les variantes à l'infini des interprétations possibles de sens qui leur sont attachées, qui en font l'intérêt. C'est dans la déclinaison et les dérives de sens ou des relations ressenties entre chacune que les conflits résultant d'interprétation peuvent jouer. Cette situation n'est pas si paradoxale : chaque « niveau » se caractérise par l'univers distinct du « nuage » sémantique auquel lui-même renvoie, en même temps qu'il organise le suivant, dans un rapport dialogique ouvert. L'interprétation de la crise économique est sémantiquement organisée par cette concaténation, tout en étant comprise entre deux pôles constitués par la boucle inéluctable-inaliénable, illustrant un niveau mythique contrôlant la rationalité logique des conflits dialogiques. Le développement étant inéluctable, les droits acquis inaliénables, les catégories intermédiaires règlent la pérennité de ce rapport d'équilibre ultime.

La conception la plus répandue de développement en fait l'héritière légitime de l'idée récurrente d'une propension humaine naturelle inéluctable à découvrir et créer, condamnant en quelque sorte l'humanité - de l'élan propre de son intelligence - à une inévitable marche en avant. Si le développement est inéluctable, la croissance en est une sorte d'obligation induite. Auparavant qualifié de progrès, actuellement de développement, ce schéma générique caractérise tant l'économie que le reste d'une condition d'être : c'est inéluctable. L'économie utilitariste a réinterprété ce fatum en un modèle fondé sur le besoin, qu'un consumérisme de croissance a traduit dans les faits à ses conditions, en instaurant l'adéquation de l'accroissement des besoins à cette force irrépressible de l'inéluctable.

« ***Développement*** » : **inéluctabilité** (niveau ontologique)

Situation admise : existentielle. (Impact inévitable de la connaissance sur l'organisation sociale).

Univers sémantique associé : progrès, connaissance, idéal, modèles constitutifs : politiques, sociaux, culturels, économiques. Libéralisme, capitalisme, collectivisme, mondialisation etc.

Du progrès au développement… La différence entre progrès et développement tient plus à la nécessité d'établir un lien entre la synchronicité des variations de sens qu'à opérer une différence conceptuelle entre les deux termes. Ainsi, le sens actuel de « développement » contient tout ce qui définit un ensemble de conditions réunissant connaissances et moyens constituant une dynamique au profit des hommes en société. Son utilisation dans la terminologie courante est relativement récente, et sous-entend qu'accumulation, échanges, capitalisation, inventions s'inscrivent inévitablement dans un mouvement indissociable de l'histoire de la société. De ce fait, qu'ils soient tribaux, féodaux, pré-capitalistiques industriels ou postindustriels, les modèles d'organisation sociale, sous la condition du binôme système/culture (échange/connaissance), définissent le développement comme la marque existentielle de la réunion des hommes en sociétés. Avec pour donnée évidente, que ce qui est, doit toujours être mieux que ce qui fut. Mais cette acception est récente, si l'on examine les thèmes de cette relation de la connaissance à l'échange. A l'origine, « progrès » était le terme précurseur mais le développement l'a dématérialisé en lui ôtant l'espoir placé dans la connaissance. Ils se différencient par la disparition de la continuité temporelle que l'on s'oblige à lire. Le temps orienté autorise une dimension cumulative, il est l'échelle de mesure de la substance. Sa perte consacre une rupture. Le constat est là, implicite : seule une forme de considération diachronique peut régler l'estimation d'une acquisition de valeur, et le progrès comme conceptualisation de cette acquisition, en est indissociable. Le progrès s'impose alors synchroniquement comme fausse paternité du développement, en se soustrayant non seulement à sa position d'héritier des connaissances, mais en lui opposant en plus une obligation presque compulsive de l'humanité à avancer… L'axe synchronique du développement a effacé la diachronie heuristique du progrès.

Et à la fin des idéologies progressistes. Une fois encore, la fin des idéologies et de l'idée de progrès ne découle pas directement d'un repliement « déceptif » des individus sur eux-mêmes, aidés par l'individualisation des codes, la désillusion consumériste. Mais au-delà, du fait de l'explosion de l'arborescence des spécialisations des disciplines scientifiques et humaines et de la science médicale, une sorte d'incapacité opératoire à accréditer le lien espéré entre amélioration de la condition humaine et connaissance s'est avérée. L'horreur scientifique guerrière a ensuite renvoyé dos à dos les partisans d'un progrès illusoire formaté par la coercition idéologique, attachés chacun à la valeur intrinsèque et universelle de leur système. L'économie développementiste en naissait, gagnant son autonomie de la disqualification du concept de ce progrès-là. En s'inscrivant dans l'ordre de ce qui est donné – l'inéluctable - elle sous-entend un process neutre, débarrassé de toute exigence morale. Pourtant, si le consensus définit le développement comme la mise en commun de l'intelligence des hommes organisés en société selon une nécessité qui les dépasse, alors il réfute la finalité. Il est en soi sa propre condition d'être, mais rejette aussi l'exigence de la volonté. Il introduit le risque de la prédation…

« ***Croissance*** » **systématicité** (niveau systémique)

Situation admise : structurelle. (Adéquation entre système social et système économique).

Univers sémantique associé : marchés, capital, ressources, travail, redistribution, progression, compétition, compétences, organisation, régulation, innovation, intelligence économique, consommation, besoins, conquêtes etc.

Systèmes d'accumulation (bien, revenus), systèmes de sécurité (santé, protection), systèmes de connaissances (sciences, techniques)…

A la différence de « l'inéluctabilité » du développement, la croissance est-elle un facteur conditionnel de la nécessité d'être en société ? Sa conception et sa modélisation convergent vers son mûrissement par un process historique né de la maturation de modèles économiques qui l'ont conceptualisée : le modèle libéral. En termes d'image, la croissance est cette invention économique qui crée une condition globale incontournable d'ampliation, comme un tunnel dont on ne sort évidemment qu'à condition d'avancer, mais dont la sortie s'éloigne quand on s'en approche. On ne pourrait donc en définir le statut par le fonctionnel mieux que par ses mécanismes en regard exclusivement de ce qui le justifie en amont : le développement. C'est cet inéluctable besoin d'avancer vers la sortie du tunnel qui ferait de la croissance la solution et le résultat de cet élan. Ce tunnel produit de l'entropie, la croissance la néguentropie nécessaire au maintien d'efficience des systèmes. D'un point de vue purement structurel, la fonctionnalité des procédures de changement sert à résoudre ce problème. Tous coûts sociaux confondus, la croissance est théoriquement fondée sur le réajustement de l'entropie, l'usure. Et les révolutions viennent lors de trop grandes dissymétries du système, quand il n'y a plus de réajustement possible, mais en en remettant en cause parfois le fondement conceptuel, ré-exprimant l'énoncé d'une finalité : en la renouvelant graduellement ou radicalement. En serions-nous parvenus à ce seuil sans le savoir, à ce défaut de réajustement, et à la difficulté à nous donner des objectifs autres que définis dans ces fonctionnalités ? Dès 1945, M. Allais écrivait avec raison (mais les siennes) dans *Economie pure et rendement social* qu'en économie pure, la question d'une économie moderne est indépendante dans ses principes de « *rendement social* »[8] du système politique qui le gère. Ainsi, l'économie ne peut ni ne doit intégrer les problèmes de finalité pour exister comme connaissance rationnelle. Enfin, comme on vient de le souligner, contrairement au progrès qui tend vers l'expression d'une finalité donc de la prise en compte de la volonté humaine vers l'action pour le bien commun, l'économie s'obligerait à être finaliste. Mais historiquement cette opération n'eut hélas pas lieu. Même si des économistes se retournent aujourd'hui sur la valeur de cet isolement de leur discipline, en observant le problème de la valeur tout court, et de sa polysémie, il est trop tard. Et la tendance contraire a joué sur la base pérennisée des économies de rattrapage, qui ont encore de beaux jours devant elles comme modèles. Les théories de l'école de Chicago, exacerbant la primauté économique en tout, ont ravagé l'Amérique Latine, imposant la croissance au profit de quelques-uns, et la misère au plus grand nombre, sous l'égide de la dictature.

La prédation s'est mise en place en restructurant cet enchaînement entre développement, croissance, changement et des acquis sociaux que la dictature a permis de détruire. Ainsi, la dissymétrie entre nos deux pôles a défini une monopolarité assujettissant tous les autres pour arriver à ce que l'on sait, montrant indirectement que l'équilibre de cette boucle règle le cycle d'autres équilibres plus fondamentaux, plus politiques.

D'un point de vue général, la caractérisation de la croissance, et surtout l'identification fonctionnelle du besoin de changement, vont porter des revendications sans que s'établisse de relation avec l'énoncé possible d'une finalité implicite que l'on objective par un acte de volonté, car ces catégories n'activent que des fonctionnalités. Seule l'écologie arrive par moment à échapper à cette perspective en nous alertant sur les ressources. Mais parallèlement, les thèses de la décroissance peineront à ouvrir de réelles perspectives tant qu'elles stagneront dans un schéma vide de théorie politique. De la même manière, les thèses de l'entropie postulent

[8] On pourrait résumer le rendement social comme la pleine efficience de la redistribution, en fonction de tous les paramètres qui constituent l'environnement de l'économie. Ce sont, pour Maurice Allais, les choix sociaux autour de la redistribution qui amputent cette efficience de sa pleine valeur.

principalement, comme nos économistes, des constructions qui s'isolent de la finalité. En effet, nous ne devons pas mettre fin à ce système seulement parce qu'il a pour base énergétique générale des ressources finies. Cette alerte apocalyptique ne peut plaider utilement à la reconversion. Il s'agit encore de la même inefficience de l'expression de l'intentionnalité sur un système non décrit, sur un modèle d'avenir. Les transformations ne peuvent s'opérer ainsi. Croissance et décroissance ne sont finalement que des pôles opposés de la même situation d'ignorance. En revanche, hors de ce champ, bien des courants de la société civile érigent une autre situation au quotidien, comme les « nouveaux culturels » ou les praticiens de la « simplicité volontaire », sans que ceci ne concerne une possible stratégie collective à terme. Il est intéressant qu'ils dérivent de notre société d'addiction, mais reconstruisent le sevrage qui servira sans doute un jour de modèle aux générations futures. Même si l'échelle de ces phénomènes n'a encore rien d'inquiétant pour les pôles de puissance en constitution, qui misent sur le maintien de l'état massif de l'addiction au confort, à l'intérêt, à l'utilité.
Actuellement, la manière dont les systèmes et leur fonctionnement sont perçus porte en elle les paramètres concrets de la crise. Une traduction technique des opérateurs du système économique pérennise l'idée de croissance et ses réajustements. Dans cet ensemble, ils requalifient continûment la relation de l'inéluctable et l'inaliénable en confirmant indirectement sa raison d'être : la démocratie ; les dictatures ou les théocraties dépendent de ce niveau de maturation collective sur la décision et la place dont le consensuel gère ces paramètres. A l'extrême, l'enjeu des totalitarismes fut toujours d'hypertrophier l'impact des éléments systémiques exclusivement fonctionnels sur ceux de la créativité conceptuelle, de la culture, en ne faisant fonctionner l'adhésion que par l'objectivation imaginaire d'un système fermé sur l'organisation. Il ne s'agit pas de la folie de quelques-uns seulement, mais bien de l'adhésion massive à des radicalités systémiques qui émergent, par l'étouffement de l'intention. La dérive technocratique est loin de ce danger, mais en présente un autre. La neutralité gestionnaire, malgré les paravents programmatiques qui la protègent, n'apportent guère plus de finalité à la finalité. Dans ce rapport-là, la récurrence fondatrice de l'inéluctable et de l'inaliénable se brouille comme spirale salvatrice. La boucle causale réformatrice se referme sur elle-même en provoquant la récurrence d'un débat inutile sur des réparations utiles. La croissance, le changement sont les traductions d'une rupture. Mais ils ne sont jamais la rupture.

Croissance et dépendance. Nous finançons notre hypothétique enrichissement par l'endettement de nos enfants. Armé des arguments qui précèdent et d'une mauvaise foi que je partage avec beaucoup, je me dis que je soutiens principalement la croissance des pays d'Asie, des pays émergents… Et de la grande distribution, de l'agro-alimentaire transnational, du déficit recettes/dépenses tout court. Se réjouir que la croissance baisse ? Acheter moins de voitures pour moins polluer, ou en acheter plus pour soutenir un emploi qui va de toute manière disparaître est une question stupide : nous serons perdants des deux côtés.

Peut-être faut-il une régionalisation économique sur des critères d'homogénéité de niveau de salaires, coûts de production etc. Un protectionnisme calculé par macro-pôles (européens), définis par secteurs de production. Cependant, la croissance subit ce prédicat invérifiable, mais d'évidence : la mondialisation déclinée dans la catégorie de l'inéluctable est inévitable. Soit, mais si le développement est inéluctable, la croissance, en tant que mécanique destinée à obtenir sur une durée déterminée une quantité plus importante d'éléments d'un ensemble défini, va voir échouer son cycle (historique) sur des obstacles de taille, marquant une fin qui s'annonce. On discerne d'abord des causes structurelles avec le vieillissement de la population (et pas seulement en Europe), le coût du travail, l'inadaptation de nos organisations sociales dans leur conception actuelle (administration formelle de nos démocraties autour de la dépendance économique), et la limite de croissance des ressources. Des déséquilibres structurels interviennent aussi comme une redistribution différentielle insupportable, une déculturation des minorités et une recomposition des patrimoines nationaux (distribution générationnelle des richesses). On ne peut affirmer bien sûr l'universalité des causes et déséquilibres structurels. Ces traits renvoient pourtant souvent sous des formes diverses et différenciées, aux mêmes origines. A travers eux s'expriment tous les problèmes qui se mondialisent (ressources, énergie, nutrition, santé) face auxquels il y aura lutte entre des prédations monopolistiques issus des process d'exploitation-destruction-réparation, et en face l'élaboration d'une stratégie plus longue, et floue pour le moment, de concertation mondiale pour le bien commun. L'ensemble des populations court, en laissant fuir le temps, un risque immense. Un conflit lié à un tel choix, en opposition à l'absurdité sociale de stratégies induites par la voie capitalistique, néfaste et dangereuse dès le court terme, rend l'échéance d'un choc imminente. Ainsi, l'amplification de la croissance nous rapproche de l'exacerbation des conflits que l'on a cernés. Nous nous devons donc d'agir bien et vite, plutôt que d'agir vite seulement, face aux urgences actuelles. Or nous sommes, en matière d'arbitrage de ce conflit potentiel, loin des recettes politiques de la régulation traditionnelle, mettant en jeu des solutions de redistribution, voire d'équité. Cette régulation manquerait dans l'immédiat d'un recentrement sur ce qui a toujours constitué le cœur de toute théorie politique : remettre en cause, puis en perspective le politique, avant même de reconsidérer l'adaptation, le vieillissement, ou la réforme de nos démocraties. L'ensemble de la littérature sur tous ces sujets est très éclaté, fragmenté selon l'appartenance des auteurs à une discipline (écologie, économie, droit...). Pour le moment, cette faiblesse d'énoncé, de structure théorique, joue sur l'adhésion du plus grand nombre à la croissance, bercée par l'idée naïve de jours meilleurs encore à venir, faisant bien de la sortie de dépendance, non un problème économique, mais politique. Quand on ne croit pas qu'à terme la croissance puisse confirmer le développement humain comme catégorie de l'inéluctable, il faut recommencer à espérer dans le progrès.

« **Changement** » / mode d'évocation : **structuralité** (niveau fonctionnel)
Affectation admise : structurelle. (Adaptation aux situations nouvelles).
Univers sémantique associé : organisation, réformes, adaptation, évolution, transformation, extinction, déclin, régression, redressement, etc.

Il est difficile d'éviter de considérer le changement comme une sorte d'opérateur direct de l'organisation. Ce point aurait pu aussi s'appeler réforme. Mais la réforme est trop marquée comme antinomie de la révolution. L'adaptation, elle, est trop technique. Le changement est plus politique. La conception qu'il implique, la relation binaire système/fonction dans lequel on l'implique le plus souvent, sous-entend toute organisation humaine comme une structure concrète « orientée » vers un objectif. Cette conception se réduit donc à la fonctionnalité de ces relations, où une entité équivaut à une fonction. Pour cette raison, sa mesure est concevable sous une double opération : celle d'un mouvement identifiable par la différence dans le temps de deux états de cette organisation, et celle d'une dynamique, d'un process se déroulant entre ces deux états, initial et final. Pour le premier point, la première difficulté à laquelle on se heurte est évidemment le niveau de complexité éventuelle d'une structure et celle de ses capacités à interpréter des symptômes orientant un repositionnement d'ensemble, selon la représentation relative que celle-ci sera capable de s'en donner à un instant T. Comment juger l'état l'initial et déterminer l'état final ? Ce qui en retour désigne cette obligation de position d'extériorité donnant à l'analyse la faculté de percevoir ce qui concerne ces deux états. En impliquant donc une stratégie de vigilance (veille) qui intègre une mise à jour volontaire de cette représentation. Une règle qui définisse donc un statut d'extériorité d'une autre organisation. Et ainsi de suite…

Pour le deuxième point, le problème d'échelle de l'organisation des systèmes concernés surajoute à son tour un niveau de complexité à la fragmentation interne des grandes organisations en structures de sous-ensembles, dont le bassin est à la fois l'ensemble de cette dernière et son « hors-limite ». Les échelles et les territoires dont on pressent les changements n'offrent pas de prise réelle aux dispositifs systémiques que ces changements exigent. C'est bien le problème de la crise actuelle. Ces changements ne peuvent être gérés comme des procédures finies et certaines. C'est une réelle difficulté pour les institutions d'abord, pour les structures secondaires économiques ensuite. Les paramètres gouvernables « à portée d'intervention » se sont fragmentés. Il suffit pour s'en représenter l'étendue, de se référer au problème mondial de l'évasion fiscale, montrant à quel point la récupération de ce qui est dû, échappe aux dispositifs ponctuels et règlementaires fiscaux des Etats. En général, « l'optimisation fiscale » s'effectue en toute légalité formelle. Elle est surtout rendue possible par des opacités organisationnelles basées sur la complexification des relais intermédiaires, hors d'atteinte des Etats. Michel Crozier, dans *L'acteur et le système*[9], résume l'organisation à trois paramètres que sont les acteurs, le pouvoir, et le jeu. Globalement, pour maintenir le système, les liens d'équilibre entre ces trois sommets opèrent des transactions avec leur environnement, ainsi que pour le contrôler et définir les bases en retour d'une restructuration dynamique quand il l'exige. Sa démarche est particulièrement significative car la forme même de l'action organisée amène une formulation du changement « *comme phénomène systémique* »[10] dont l'existence s'explicite par les raisons mêmes de son adaptation, exigeant que performance et mouvement s'accomplissent par un apprentissage propice à digérer toute nécessité de changement. Car le diagnostic sur la manière d'envisager dans le cas courant des options déterministes et volontaristes, indique des stratégies inopérantes tant *a posteriori* qu'*a priori* ; échecs venant du défaut d'intégration de ce qu'il appelle « *l'apprentissage collectif* ». Son absence, l'absence de sa mesure dans les organisations par ses promoteurs, font du changement des motifs de résistance ou d'inertie. Trop de rationalité détruisant dans la praxis ce qu'il appelle l'incertitude, dont chacun peut se servir comme marge de manœuvre pour négocier son intérêt à changer de pratique. D'où le retour obligatoire chez lui au concept du jeu. L'apprentissage collectif lui permettant de se régler sur de nouvelles pratiques. Même s'il implique de se tenir dans les frontières d'organisation dont on puisse rendre les structures lisibles, ceci est très riche d'enseignement. Car dans ce que nous appellerons ultérieurement cette opération centrale du mouvement, la transaction se trouve implicitement définie. Envisager un élargissement conceptuel à un

[9] Michel Crozier et Erhard Friedberg, *L'acteur et le système*. Points éditeur, 1991
[10] Cf. ch. 13 « *le changement comme phénomène systémique* » où le changement est d'abord annoncé comme « *problème* ».

environnement qui soit celui de l'espace social dans son intégrité (ne le considérer que comme objet organisé), demande à être mieux cerné, si l'on veut en retour enrichir la consistance de la notion de transaction. Et adopter ainsi ces conclusions pourrait introduire, avant même tout énoncé conceptuel, des impasses sémantiques inextricables. En réalité, on développera qu'elle est nécessité du jeu, et non consistance du jeu. Elle est actrice du lien unissant les trois acteurs de la manière que nous verrons par la suite : l'agrégation, la transaction et l'organisation. Elle est le jeu, pour faire nôtre cette thèse. Sans qu'il y ait à mon sens de trilogie véritable mais un rapport binaire entre les acteurs seuls et le pouvoir, ce qui redéfinit la transaction comme le politique. Ce rapport s'apparente au principe d'obligation mais ne l'est pas. L'environnement crée la règle qui provoque instabilité ou stabilité dans leur lien. D'autre part, rappelons que ce schéma trilogique (M. Crozier) ne fonctionne parfaitement que quand il s'agit d'intégrer cette méthodologie de lecture à des organisations circonscrites en structure dans des environnements restreints et prédéfinis, presque conventionnels. Mais cette trilogie pourrait s'avérer impossible alors à cerner, ou du moins risquerait de rendre l'approche incomplète, s'agissant de communautés volatiles, d'intérêt ou de pensées, qui se forment ou se reforment sans structure vraiment identifiables, comme le permet Internet (Anonymous), et comme le montre la structuration des mouvements tunisiens, puisque l'efficience de la puissance communicationnelle s'est trouvée démontrée à un moment donné, pour disparaître comme effet d'organisation. Les apprentissages de ce type sont encore immatures et mal connus. Nous avons tendance à les lire sous l'action d'outils classiques permettant d'identifier des formes organisées, et là est peut-être l'erreur, mais il se peut qu'elles ne soient jamais véritablement émergentes comme telles tout en se révélant efficaces. Le changement social dépasserait alors le process que nos démocraties codifient comme l'exercice doxique de la relation politique, de la représentation, en ne regardant que ce qu'elle identifie, c'est-à-dire des formes organisées en droit. D'où cette distinction conceptuelle de l'agrégation, comme état préexistant à l'organisation, rassemblant par identité d'état de ses futures entités constitutives et ce qu'on traduira du jeu (de M .Crozier - E. Friedberg) comme relation-type et transaction. Le statut de l'environnement se résumant dans ce cas à une représentation cohérente et partagée – consensuelle - des événements qui caractérisent les identités d'état.

La conclusion intermédiaire que l'on peut en tirer, fait du changement une catégorie tout à fait relative à l'heure actuelle par la conception assez évolutionniste qui a cours. C'est en grande partie le problème du réformisme (selon ses versions déterministes ou volontaristes, senties d'ailleurs par M.

Crozier et E. Friedberg) tel qu'il émerge à l'heure actuelle. D'autres outils viennent concurrencer la forme d'intermédiation politique classique de nos démocraties, et, de ce fait, son autorité institutionnelle à gérer les attributs du changement. Parmi ces outils, issus ceux-là de l'économie, et devenus impératifs de vie (ou de survie) presque compulsionnels pour pouvoir perpétuer notre situation dans le rang des nations : l'innovation. L'innovation, ressentie comme une dynamique du réajustement, résout là un problème spécifique : répondre par l'invention de procédés nouveaux à des impasses organisationnelles, sur l'incitation de la démarche industrielle, marchés nouveaux/ nouveaux produits. Or, quand il s'agit de produits et de renouvellement nécessaire de l'offre, l'environnement dont il a été question est un système fini d'éléments, soit par exemple ceux qu'un industriel produit, soit qu'un ensemble d'industriels produisent sur des réponses similaires aux « besoins » d'un marché latent. Or, en matière d'organisation sociale, les acteurs ne sont paramétrés par aucune situation de ce type. Ils sont, pour résumer, objets de cultures, et ne peuvent uniquement être ceux de simples nécessités fonctionnelles. Quand on élargit le cercle à un corps social, innover revient au politique mais sur des formes qui lui échappent. L'exemple de notre alimentation actuelle (et ses problèmes) est caractéristique. Si un jour, un certain McDonald avait poussé la porte d'une banque en déclarant vouloir créer une chaîne internationale de restaurants, où l'on mangerait toujours les mêmes repas, au même goût, quel que soit le pays, en 15 minutes en moyenne, dans des salles entièrement décorées de formica, où enfin les clients se serviraient de leurs doigts et iraient eux-mêmes vider leurs restes à la poubelle en partant, aurait-il eu du succès ? Ce sont donc principalement le changement de rythme du temps disponible et les coûts réduits répondant à l'attente d'une tranche d'âge qui ont « fabriqué » le succès de cette entreprise. Le changement a été l'effet de réplique, générant l'apparition de toutes sortes d'enseignes de restauration rapide. Quand le changement se place sur le plan du politique, il ne peut être différemment configuré. Comme la restauration rapide, il doit épouser l'environnement. Ce rôle de l'importance du consensus, aussi évident peut-il sembler, était à rappeler.

Pour l'opinion, l'innovation est ce qui résulte d'un effort de recherche appliqué à un domaine de la production, de l'industrie, ou d'une discipline, comme dans la recherche fondamentale. « *L'apprentissage collectif* »[11] de M. Crozier et E. Friedberg est totalement pertinent. Mais les organisations non visibles restreignent la pertinence et la compréhension du problème du réformisme, en l'excluant de cette logique. En tout état de cause, le changement que nous cernons se confirme dans son orientation systémique,

[11] Michel Crozier et E. Friedberg, *L'acteur et le système* ... édit. Points 1991

dans la mesure où l'intention de réforme se propose d'agir sur l'organisation. Par extension, celui de l'économie politique se laissera aussi regarder comme l'exercice majeur de cette catégorie, où la « *transaction avec l'environnement* » sera en quelque sorte le centre de gravité de ce triangle à trois sommets de M. Crozier : acteurs, pouvoir, jeu. Entre restructuration dynamique et consensualité, la transaction trouve son aboutissement dans ce qu'il a en principe d'intérêt durable pour la collectivité. Sur ce plan, nous sommes actuellement en situation de transaction difficile avec un environnement manquant de lisibilité. C'est pourquoi, comme le disait un expert, on se cantonne à une démarche réformiste, « *tout au plus, vers l'amélioration graduelle de l'existant.* »[12] ...

« **Conquêtes sociales**» **inaliénabilité** (niveau consensuel)
Affectation admise : conjoncturelle (Ce qui est retenu de l'histoire à reproduire, maintenir ou ne pas répéter).
Univers sémantique associé : progrès, santé, sécurité, redistribution, revendications, luttes, conquêtes etc.

Les conquêtes sociales... Il est intéressant de voir au quotidien la différence de traitement donnée aux thèmes de la « mondialisation » par le politique et l'opinion. Du côté politique, on utilise des termes qui implicitement cautionnent l'inéluctable, l'irréversibilité de la guerre économique. L'opinion consacre le poids du *fatum*, de l'abandon d'une éthique industrielle consensuelle, sacrifiant ce qui marche et fait vivre l'humain, à une meilleure rentabilité financière... Ces thèmes ne sont pas antinomiques, et génèrent les transactions sociales de l'organisation. C'est justement la consistance de ces dernières qui situe les conquêtes sociales dans l'ordre culturel et légal. Ses éléments constitutifs découlent de l'histoire de combats ayant modifié le contexte législatif par les conditions d'exercice de nos démocraties. Il y a donc sous ce terme de conquête, la convocation de toute l'histoire sociale humaine et particulière des nations, de leurs influences réciproques. Une culture de la volonté positive humaine. Mais la nation, économiquement piégée, n'est plus maîtresse que de stratégies adaptatives. Le pouvoir peut-il expliquer à l'opinion que l'intérêt en retour des délocalisations permet une plus grande performance consumériste, à l'avantage du consommateur ? Le paradoxe attaché à ce qui reste à conquérir est là : si à la fin des trente glorieuses, les conquêtes s'arrachaient au patronat et au gouvernement, les droits nouveaux s'arrachaient dans une logique d'échange dans un territoire économique largement limité à la

[12] Hamid Bouchikhi dans une interview. Hamid Bouchikhi est professeur à l'Essec et directeur académique à l'ESSEC Ventures.

territorialité nationale. Les consensus se négociaient sur des bases que tous les partenaires maîtrisaient. Les acquis arrachés à l'Etat-patron modélisaient ceux des entreprises privées. Le fait que l'évolution économique contemporaine ait évacué et le statut d'Etat-employeur et celui de territorialité a donc établi une situation de chaise vide dans cette logique partenariale, en consacrant historiquement cette situation de mise hors-jeu des réalités référentielles dont disposaient les discours sur les modèles de droits établis. La structure technopolitique a hérité *in fine* d'un rôle approximatif d'arbitre par défaut, de garant de ce qui peut encore être garanti. C'est donc dans cette situation de perte du pouvoir de régulation capitalistique de l'Etat, que le discours sur la défense des droits acquis et de modèle social français a intégré la transnationalisation. L'aspect le plus intéressant de la rhétorique qui accompagne cette régression de fait, se caractérise par le gain d'autonomie complète que les thèmes développés dans de nouveaux discours ont avec l'objet historique originel. Cette substance historique (mouvements ouvriers jusqu'en 1936) ne demeure que par l'ensemble de ces liens rhétoriques qu'entretiennent les notions invoquées (comme lutte, revendications, grèves, classes laborieuses, droits légitimes, patronat, exploitation, capitalisme, droit au travail, coût de la vie etc.) avec celles qui, au titre de transformations, conserveront la légitimité de revendiquer, notamment la garantie de l'emploi, la garantie du niveau de vie, la garantie des droits sociaux fondamentaux comme la sécurité sociale etc. Et pourtant, il est frappant de voir à quel point les directions syndicales sont compétentes et au fait des dispositifs socio-économiques et des paramètres de crise actuels. Sur un terrain mal appréhendé, revu et réinterprété par les mots et les cibles : ultralibéralisme, capitalisme et financiarisation, et en somme, à défaut d'une véritable vie industrielle et d'ennemis transnationaux, ce mode culturel de transaction a connu une sorte de transfert de propriété, s'est collectivisé, en fondant comme inaliénable un nouveau droit de tout citoyen : la garantie de sa liberté par celle de son travail. Toutes choses parfaitement légitimes au demeurant et que personne ne conteste dans son principe, c'est évident. Mais, la réalité des défenses d'intérêts concerne un cercle d'action d'une telle dispersion et d'une telle complexité actuellement que l'ennemi concret a disparu. L'exercice de cette culture frise la virtualité.

L'inopérance entre l'évolution, l'homogénéisation des normes capitalistiques et les conquêtes sociales à ranger dans la catégorie que l'histoire anoblit comme devenues inaliénables, est devenue palpable. La renégociation des droits sociaux, sous la raison de la souplesse et de la flexibilité, qui sont par ailleurs modernes et positives, tend à être interprétée comme une revisite, par la contrainte économique, de ce qui a constitué un équilibre politique d'avant-crise. Les tendances qui, à ce titre, dénient actuellement les contraintes économiques communément représentées comme « vraies » en face de l'endettement, ont ce mérite de remettre en surface la primauté du politique dans la solution de ce problème, tout en libérant d'autres pistes, non assujetties à la pression de la dépendance économique. Cependant, les solutions demandent encore une mise à l'épreuve. *La Dissociété* [13] de J. Généreux montre comment ce changement conjoncturel est soumis à une évolution beaucoup plus profonde, ayant trouvé racine dans la rationalité des modernes. Il amène à voir comment cette simple solution de conjoncture est assujettie elle-même à une révision de tout le couvert idéologique du courant néolibéral, permettant une représentation très établie de la dépendance économique, et donc, une fois encore, des solutions qui nous asservissent. L'inopérance actuelle met en jeu une course d'acculturation de ce domaine du politique, puisque l'ordre d'un système social ne lui est pas intrinsèque, mais se limite bien à n'être que l'ordre de sa représentation. En l'absence de quoi, il n'y aurait pas de transformation possible par retour sur les dispositifs systémiques, sur l'intention économique. Cette impuissance actuelle à en bâtir une plausible dans le sens du bien commun, confirme une crise en émergence derrière la crise (économique) avouée, et reflétée par cette difficulté à ne pas se représenter la pauvreté autrement que comme conséquence, la nutrition autrement que comme confort, la pollution autrement que comme rançon, ou la main d'œuvre autrement que comme coût.

Un système de relations logiques unit ces quatre catégories, et les traits évoqués précédemment trouveront une conclusion commune énoncée sous deux conditions inhérentes à son existence.

Une condition d'extériorité, représentée par l'ensemble infini des organisations organiquement ou non liées à une entité organisationnelle, formant un environnement en évolution, et des ressources communes (la somme des connaissances entre autres) produites par et dans l'articulation de ces ensembles.

Une condition de circularité, induite dans la durée par l'évolution de toute forme organisée, s'accomplissant en boucles, différentes de purs mouvements circulaires, car il s'agirait plus de spirales que de cercles se refermant sur leur point de départ. En les illustrant ainsi, on saisit que dans la durée, des formes en évolution ne sont pas traduisibles en un cercle fermé représentant celles qui n'auraient pas à évoluer (pures formes procédurales). On retrouve cette notion dans *l'Acteur et le système*[14], toujours dans le

[13] J. Généreux, *La dissociété.* Edit. Seuil 2006, Points/essais, 2007

[14] Michel Crozier et E. Friedberg, *L'acteur et le système*. Edit. Points 1991

chapitre du changement, à propos de « cercles vicieux » soumis à une nécessité de se modifier. La première seule a un intérêt, puisqu'elle échappe à cette pure détermination mécanique de la fonctionnalité, par le fait d'être composée d'hommes et incluse dans un environnement qui en crée la dynamique.

Ceci étant, et hors de cette relation logique et théoriquement négociable à l'infini, il est difficile d'établir que cette interdépendance soit « contrôlée » par un ensemble de prédicats, extérieurs et plus généraux, que l'on a présentés sous la forme de notre boucle. En fait, si la visibilité de ces rapports et la différenciation de ces catégories sont assurées par les niveaux fonctionnels sur lesquels l'action des hommes peut se porter, essentiellement (ou exclusivement ?) les organisations, ceux que l'on juge dans le discours courant comme fondateurs, sont l'objet d'autres déterminations dans le consensus social. Elles appartiennent bien à une catégorie subjective. Elles relèvent de l'implicite qui règle le niveau du politique. Elles réintègrent un statut de notre spirale et suggèrent une organisation des organisations, dans une invariance régulatrice d'équilibre du corps social.

Une seconde difficulté consiste à établir cette dialogique du politique par celle de la dynamique des conflits. Si l'on accepte l'idée que la société par ce niveau du politique soit réglée dans l'implicite, et la régulation de son « homéostasie » par celle de son commun entendement de la finalité sociale, la dialogique liée à la dynamique des conflits constituera alors l'échange permanent que les citoyens auront avec eux-mêmes pour réinterpréter et s'accorder sur ce même entendement. Cette dynamique est dans la durée une spirale de même type que son équivalence concrète, à cette différence que la nature subjective des interprétations est conditionnée par des invariants qui, sur le plan fondamental et ontologique, posent plus de questions qu'ils n'apportent de réponses. Ces réponses font-elles la matière des mythes ?

2.2 Plaidoyer pour une dynamique des conflits.

A propos de la nature du conflit, me revient toujours un exemple issu de l'architecture. Une ouverture dans un mur est un fait constructif, systémique, intemporel, hors du champ de toute culture. Quelle que soit sa dimension, elle est déterminée par sa qualité essentielle d'être la rupture d'un plein par du vide, figurant un accident dans une forme continue. Mais, dans l'ordre de la culture, organisée dans le contexte architectonique (porte, fenêtre, baie, porche etc.), la traduction de cet accident systémique trouvera une intention exprimée (particularité technique et décorative) et reflétant des traits particuliers dans la totalité des civilisations. Symboliquement, esthétiquement, toutes porteront des artefacts destinés à exorciser cette blessure faite à une continuité qui abrite et protège. Et donc, par ce qui appartient à la culture, la gestion symbolique et esthétique de cette relation de rupture la cicatrise. Non par inéluctable nécessité, mais par volonté de construire le sens de cette opposition. Le système constructif en invente sa traduction locale, selon des codes, des matériaux, des connaissances, des tabous. Je ferais volontiers une analogie entre ce qui précède et cette relation de culture dans laquelle le politique trouve sa raison, son efficience : réinterpréter les ruptures que la société connaît. Celles qui consistent en des relations tangibles entre la récurrence des conditions de « l'agrégation », son mode organisationnel, et l'instabilité systémique des modes organisationnels courants. Pas dans la solution directe des problèmes systémiques justement. Les conflits ne sont pas donc directement des conflits d'intérêt d'individus et de groupes ou classes sociales mais de dysfonctionnements, de désadaptations de modes créant de l'instabilité. De plus, chaque période connaît des transactions sur des conflits différents, mais dont on pourrait dire qu'ils procèdent d'une certaine invariance qualitative. Ils touchent les oppositions de sens sur le statut de l'individu comme celui de l'ego et de l'altérité, celui de sa finalité et les objectifs de l'organisation sociale, et de l'extériorité virtuelle – analytique - de situation pour, en somme, revenir par « autocontrôle » vers la stabilité du système. Or, il appartient depuis l'Antiquité au raisonnement, à la raison, aux connaissances de tous de parfaire les éléments constitutifs de cette invariance.

2.3 Les conflits de l'altérité
De l'individualisme à l'individuation.

Individualisme comme alibi ? Très « occidentocentrées », exprimées sur les critères de l'individualisme, nombre d'opinions nous expliquent les dérives du monde par le renfermement de chacun sur la sphère de ses intérêts personnels. Est-ce si simple ? Se demander si une telle émergence de l'individualisme, fortement déterminée par une culture consumériste, n'est pas inverse, conduit de la même manière, à se demander s'il ne s'agit pas d'une manifestation supplémentaire d'ignorance par les actuels *baby-boomers* des réalités d'un héritage dont le quotidien les (nous) effraie, car il est finalement bien embarrassant. De plus, n'installent-ils pas une opacité commode pour masquer leurs erreurs à leur descendance[15]. La fausse constatation d'une évolution socio-économique inéluctable sert de bouclier face à la passivité actuelle, justifiant au mieux cette opposition

15 P. Artus et M-P. Virard, *Comment nous avons ruiné nos enfants.* Ed. La Découverte, 2006

générationnelle. « *La France prépare mal l'avenir de sa jeunesse* »[16] affirme un ouvrage sur le sujet. En fond de ce conflit générationnel, mêlant réalité de répartition inégale des richesses et chances d'émancipation des nouvelles générations : l'accomplissement d'une phase d'expansion du consumérisme. A cette dérive individualiste, s'ajoutent les thèmes convergents de la dérive « néolibérale » de notre développement, impliquant la disparition chez chacun de l'homme social, au profit de l'individu, par l'opération destructrice de l'obligation morale, favorisée par l'intrusion économique que l'égoïsme de chacun encouragerait. Quant à l'impact consumériste, la génération du rattrapage, potentiellement urbanisable, n'est pas celle qui consomme actuellement de l'I-pad, définitivement urbanisée. Des objets de confort ou de l'efficience personnelle, tous ont pu dégager du temps et donc un potentiel de productivité. Comment se réinvestit-il au profit de la société globale ? Par exemple, l'entrée massive des femmes dans la population active entraîna le développement du travail tertiaire, et le début d'une culture d'autonomie. Dans la majorité des cas, un bien-être réel et incontestable. Il faut donc, dans cette optique, voir plus loin qu'une phénoménologie de confort fabriquant de l'aliénation. Par ailleurs et par affinements progressifs, des domaines antinomiques au rapport marchand ont été désanctuarisés, notamment ce qui relevait de la culture. Si tout échange ainsi rationalisé contraint la sphère des liens sociaux, en la réduisant à l'unicité du modèle marchand, à l'utilité, l'idée d'un conditionnement du consommateur a installé, bon an, mal an, l'idée d'un narcissisme déceptif, induisant une individualisation plus profonde. Les officines spécialisées, qui cultivent l'art de maîtriser le désir, savent le requalifier en besoins ordinaires légitimes, en élargissant constamment l'offre autour de la sphère individuelle. En faisant de ces désirs une escalade d'anticipations constantes de ce que le malaise social peut provoquer de présumés « besoins » de réalisation individuelle, et qui se termine dans la coercition économique objectivée : la croissance. Et l'hyperfragmentation qui en définit les stratégies s'adresse à des comportements alliant la participation individuelle active (comme « *l'effet longue traîne* »[17] le montre actuellement) à la puissance des réseaux. Mais l'individualisme caractérisé selon ce process est une tautologie : l'individu cultive son individualité pour être un individu. La véritable aliénation, plus globale, trouve sa réalité dans la dépendance de systèmes économiques actuels plus qu'à la forme consumériste. Cette dépendance même est aliénante, car elle engendre cette tautologie ; mais à l'inverse d'être sujet de son aliénation, l'individu est objet de cette dépendance, une dépendance à un

[16] Michel Albert, Marcel Boiteux, Gabriel de Broglie, *La France prépare mal l'avenir de sa jeunesse. Académie des Sciences Morales et Politiques.* Seuil, Janvier 2007

[17] Chris Anderson, *La longue traîne.* Ed. Pearson, 2009

système qu'il sera contraint de pérenniser. Ce sera le problème de la génération future de s'en dégager, et en regardant la relative répartition du patrimoine actuel, et cette sorte de conflit larvé générationnel dont parlent certains, on a du mal à croire alors à des générations nouvelles devenues tout à coup égoïstes ou ethno-centrées... L'individualisme est un habillage de son inverse, l'exigence à laquelle il faut que les générations futures se préparent : une plus grande solidarité et le sens du bien commun. L'individualisme est l'argument de ceux qui n'en veulent pas.

Individu, part indivise du pouvoir... L'universalité des droits naturels, que la raison prête à toute entité humaine, revendique la liberté de l'humanité. Il a pourtant fallu attendre 1848, soit 59 ans après la déclaration universelle des droits de l'homme, pour que l'esclavage soit aboli dans nos îles. Une certaine relativité conceptuelle, attachée à l'histoire de nos démocraties, a pu montrer une contrevenance à l'universalité du modèle, à travers l'examen de l'altérité, du statut de l'autre. Le consensus y est sujet d'un process d'interprétation mettant la légitimité de l'autre en position d'objet, dans une réalité ontologique issue de l'entendement collectif. Par ailleurs, la conception moderne de la logique de détermination du pouvoir, en restant sans doute difficile à abstraire des grandes étapes que le récit historique nous lègue, se construit en même temps qu'elle ne concède, dans une dialectique faussée (par le consumérisme) de la liberté individuelle, qu'une éthique sans référence solide d'obligations attachées à un droit naturel. Le capital herméneutique édifié depuis l'Antiquité au bénéfice de la question de la formalité du pouvoir et de sa relation à l'individu ne fonde plus que sur des formalismes divers la démocratie actuelle. Où est la source actuelle constitutive d'une perception que la collectivité peut se faire d'une invariance du rapport des individus au pouvoir dans une organisation démocratique ? Si le jeu théorique fait abstraction par nécessité naturelle, de la dimension sociale que le consensus donne aux enjeux de principe, tel que le « *principe d'obligation* », (Bruno Bernardi), quelle audience ce problème a-t-il dans sa pure expression théorique auprès de l'intelligence collective ? Comment ce schéma trouve-t-il sa traduction consensuelle et en atténue-t-il la distance « polysémique » tout en lui conservant sa portée fondamentale ? Par l'intermédiation éclairée des élites ? L'actualité conserve-t-elle le socle du statut individuel énoncé dans ses théories ? Confirme-t-elle une traduction toujours aussi fidèle d'un énoncé politique antique et immuable ? Les élites politiques les ont-elles laissées se dissoudre dans les évolutions des pratiques transversales de la collectivité ? En d'autres termes, l'individu de référence est-il toujours vivant, identique à lui-même dans la représentation que la « *multitude* » s'en fait, opposant celui de la démocratie telle qu'elle devrait être, à celui de la société telle qu'elle est ? Puisque l'invention de l'environnement a fait disparaître la nature comme une catégorie matricielle et nous en a d'ailleurs privés, l'homme bon au naturel et la naturalité du droit ont perdu leur socle référentiel imaginaire. Et au-delà de la thèse rousseauiste d'une société pervertissante, comment le danger que les hommes représentent pour eux-mêmes se conjuguera-t-il désormais dans leur conscience, selon une causalité enchaînant finalement ce statut fondateur à deux paramètres assez simples : ceux des seuils d'échelle (transculturalité du statut individuel), et de la contrainte utilitariste de l'économie (instrumentalisation de l'individu consommateur) ? Du haut de notre responsabilité environnementale, la nature déterminante n'est plus que le renouvellement d'une image générique que cet individu réclame de fonder sur la volonté, comme un certain retour à la méfiance rousseauiste. Toute la problématique des formes actuelles en transformation, entre autres celles provoquées par la reconfiguration techno-économique de nos démocraties, soumet la question du pouvoir à un paradoxe simple, figuré par une inversion de termes de l'équivalence d'origine : la primauté d'un homme libre consentant la force à une autorité qui en retour la lui garantisse, se transformerait en une obligation de principe pour cette même autorité de mettre l'individu à l'abri des conséquences des évolutions du monde extérieur, dans un contexte de perte de primauté induite dans la dépendance économique, l'Etat n'exerçant plus de pouvoir légitime que sur la base de ce qui lui est dicté par des états critiques de nos conditions économiques et sociales. Dans ce contexte, l'aliénation consumériste se dégrade en dépendance. L'Etat, bien ou mal noté dans sa capacité à pérenniser cette transformation, est en obligation d'exiger de cet individu qu'il rentre dans ce processus, pour justement pouvoir l'en garantir. Dépossession globale d'une condition nouvelle de la liberté de tout individu ? En réponse, la plasticité notionnelle de l'histoire analyse, et se cantonne à dresser une liste d'entraves non conformes à une situation philosophiquement idéale devenue absente des esprits. Mais comment pour la « *multitude* », reconnaître cette aliénation dans un processus où l'on s'occupe de plus en plus du Moi, qui par un mode d'échange consumériste se distingue de mieux en mieux chacun de nous ? Qui fournit donc une contrepartie formelle de liberté à cette négation de la liberté elle-même ? Nulle révolution n'en découlera. L'économie nous impose une autonomie toute virtuelle, fondée sur l'épanouissement individuel et la performance, la qualité à faire plus et mieux par nos objets-outils, à communiquer mieux et universellement avec autrui. Le terrain du conflit originel, celui du partage de la liberté et du pouvoir va-t-il se déplacer ? L'altérité sera-t-elle revue sur les critères d'une « identité narrative » que les crises pourraient remodeler ? Ira-t-elle vers une autre forme de compréhension de ce pouvoir, de cette relation ? L'individu universel ne peut exister, l'échelle actuelle des échanges apportant aussi les éléments contraires à la constitution de son universalité, dans le respect de principes du multiculturalisme qu'il s'impose. La complexité de la situation dans laquelle l'idéal-individu universel est plongé, les risques de la rompre au prix d'une perte de substance de la citoyenneté qui affaiblirait cette liberté, ne maintiennent-ils pas en place ce pouvoir dans son principe d'obligation, entraînant une situation de légitimité devenue toute virtuelle ?

Individualisme... forme morale d'une nouvelle contrainte. Si l'évidence tend à rappeler cette contradiction « moderne » se dégageant actuellement des pratiques, l'échelle du multiculturalisme, de l'utilitarisme, de l'environnement, a tué l'universalisme naturaliste ou du moins l'emporte sur celui-ci. L'universalisme environnemental est apparu. Son existence non ethnocentrée, affirmée par la mondialité de ses conséquences, adaptable aux cultures, ne prouve pourtant pas que l'affirmation constante de notre responsabilité en tout n'en arrive pas dans son excès, à éroder celle de la primauté d'une volonté exigible désormais dans tous les actes de la vie citoyenne. Dans l'action environnementale, la valeur structurante et oppositionnelle à toutes les forces de dégradation des puissances irresponsables est certaine, mais il n'est pas concevable qu'elle globalise le crime. Nous avons étudié ce qui forme, plus généralement, une dégradation et une contrainte globale et individuelle dans cette intrusion des contraintes économiques dans la primauté du politique, par une dépendance systémique non compatible avec le primat politique. C'est un retour aux sources que réclame cette perte-là. D'autre part, si le ciment incontestable et multiculturel de l'éveil environnemental est souhaitable, car il prépare la cohérence des formes réactionnelles et légitimes opposables à l'homogénéisation du monde par les puissances destructrices, le respect des ressources, des équilibres, une perception intrinsèque positive de l'humanité par elle-même, à travers la conservation responsable de la beauté du monde font de ce postulat esthétique un geste d'intelligence, car il reconnaît la matrice. Cependant, son interprétation moralisante de l'acte individuel, sous la contrainte de gestes nécessaires face aux urgences, n'est pas sans conséquence sur la contribution par le plus grand nombre à vivre la diminution du risque, laissant en place une diversion par la perte de lisibilité des responsabilités qu'il opère. L'intrusion stratégique des groupes de puissance sur l'argument « tous responsables et nous, comme vous, faisons un effort » a formidablement contribué à pouvoir vendre des voitures moins polluantes et en plus grand nombre en toute bonne conscience, avec un œil rivé sur les résultats trimestriels de ventes et leur contribution à la croissance. Pour quel bilan ? L'acheteur, sous réserve d'une énergie à bon coût, pourra faire beaucoup plus de kilomètres en ménageant – en principe - la planète. Ainsi victime et sincèrement investi de l'obligation morale d'indignation (quitte à s'aider d'excellents ouvrages sur la question), notre homme pourra plus aisément jouir des objets nouveaux que la consommation, nouvellement investie de la même obligation, lui fournira.

L'individuation, forme dynamique et autonome d'intermédiation.

Entre une référence théorique et une forme stéréotypique de constitution de l'individualité dans le discours politique et social, l'individuation se propose de le regarder comme une dynamique de relation et d'intermédiation de toute individualité à la totalité de ce qui fait son univers moderne, actuel, social, physique, mental. Car il ne peut y avoir de théorie non réductrice et donc valable de l'individu comme tel, sinon en termes d'adéquation ou non à un système politique, à une objectivation statistique socio-économique, et encore plus difficilement selon des typologies générales de la psychologie. Ce terme d'individuation que j'avais formé pour le distinguer de ce que le langage naturel entend par individualité et le sortir partiellement de son « nuage sémantique » convenu, vise à lui assurer une certain élargissement conceptuel. En fait, la première raison de ce néologisme fut motivée par le fait de décrire autour de la forme de l'individualité, l'instabilité constante et unique qui la concerne, en la rendant théoriquement incompatible à la modélisation socio-psychologique et sociopolitique, pour résumer cela à deux grandes catégories. En réalité, ce terme existe déjà chez des auteurs aussi divers que Jung, Ricœur, Schrödinger et d'autres sans doute. La découverte du lien que l'on peut faire entre toutes les acceptions qu'ils lui ont données est passionnante, comme un assemblage d'éléments épars. Elle est au centre même de plusieurs contextes théoriques que l'individuation concerne : ontologique, psychologique, systémique, trois composantes essentielles de la dynamique d'intermédiation que tout un chacun entretient avec son milieu. Elles se préciseront toutes trois dans d'autres chapitres, consacrés à l'extériorité, et à l'instabilité dans une « systémique sociale », pour risquer ce terme.[18] Paradoxalement, je commencerai quand même en prenant l'individuation junguienne comme référence.

C.G. Jung. Dans *Présent et avenir*[19], écrit en 1956 sous traumatisme de la guerre froide, Jung consacre de longs développements à l'aporie, au réductionnisme de toute théorie, et à cette sorte de polysémie individuelle, irréductible par sa nature d'unicité à tout modèle. La crainte de Jung à

[18] *Le plan psychologique sera prudemment laissé à l'écart par le fait de mon manque cruel de compétences en la matière.*

[19] C.G. Jung, *Présent et Avenir*. Livre de poche/références, 2010

l'égard de tout système s'avoue permanente, qu'elle soit d'ordre laïc ou confessionnel, et ne peut être levée qu'à condition de ne pas négliger les méfaits inhibiteurs ou destructeurs de la rationalité. Les instincts, formes archétypales, « *facteur dynamique*[20] » autant qu'intentionnalité (donnant du « *sens spécifique* »), équilibrent le rapport du croire et du savoir. L'énergie de l'inconscient bloquée par la contrainte sociale, la rationalité et le contrôle par refoulement créent des états de conflits chez l'individu (que certains voient interceptés par la culture du désir consumériste). Dans la faille du croire et du savoir se situe la dissociation de la conscience qui, pour les institutions autant religieuses que laïques, autorise l'autonomie du « *connais-toi toi-même* ». Cette dualité bloquée, qui mène presque métaphoriquement à des dualités opposant instinct et raison, inconscient et conscient, nature et culture, se réfère aussi à une Europe de 56, sortie d'une dictature aberrante pour s'en voir aussitôt imposer une autre, que les protagonistes, d'une sensibilité particulièrement exacerbée (je pense à Hannah Arendt) identifient bien à la dimension aliénante d'un risque futur par celui du passé. Au-delà, Jung voit la dérive qui s'annonce à travers une sensibilité égale à ce qui devait devenir notre société de consommation. La critique qui en fut faite par nombre d'auteurs guère plus tard l'aurait sans doute conforté dans sa vision de la « *dissociation de la conscience* », dans la capacité de la pression sociale non seulement à contrevenir à la gestion par chacun de cette « *double face*[21] », facteur d'équilibre personnel, mais à observer ensuite cette intrusion dans le désir auquel procèdent les affinements de la connaissance psychologique au service de la marchandise. Bien que le mot individuation n'apparaisse dans *Présent et avenir* qu'une fois, et dans un sens préalable à l'incarnation, il représente néanmoins le process conflictuel latent que l'institutionnalisation de la raison instaure. Loin d'être une réalisation personnelle vue comme un bien être trivial, cet équilibre personnel contraint chez chacun correspondrait mieux à la mode de la recherche de la conscience issue de la tradition orientale telle que les occidentaux la réinterprètent. Il n'y a pas de raison à ce que le conflit junguien ait perdu de sa valeur de principe. Une facette de cette individuation-là reste bien dans l'actualité de cette dimension politique du conflit individuel[22]. L'inconscient

---

[20] C.G. Jung, *Présent et Avenir*. Livre de poche/références, 2010

[21] C.G. Jung, *Présent et Avenir*. Livre de poche/références, 2010

[22] « *(...) l'inconscient est un processus et les rapports du moi à l'égard de l'inconscient et de ses contenus déclenchent une évolution, voire une métamorphose véritable de la psyché. Dans les cas individuels on peut suivre ce processus à travers les rêves et les phantasmes. Dans le monde collectif, ce processus s'est trouvé inscrit dans les différents systèmes religieux et dans les métamorphoses de leurs symboles. C'est à travers l'étude des évolutions individuelles et collectives et à travers la compréhension de la symbolique alchimique que je parvins à la notion clé de toute ma psychologie, à*

dans un process de partage de sa dimension « politique », dans sa contribution à « l'inconscient collectif » - s'il existe - et malgré les débats que suscite le terme jusqu'à aujourd'hui, est omniprésent. Sans l'aide de ce concept, on ne pourrait que difficilement expliquer bien des aspects de l'intrusion calculée du consumérisme chez chacun, et surtout de sa contrepartie déceptive. Plus qu'avant, les objets d'aujourd'hui nous le montrent.

P. Ricœur. Je me risquerai à dire que je conçois la constitution de l'individu comme inscriptible dans l'individualisation par un mouvement venant de l'intérieur, où l'interrogation serait inverse et néanmoins parallèle. Le process de constitution de l'individualité, l'identité narrative qui reste une dialectique du conscient, n'exclut pas l'individuation définie comme on vient de le voir, c'est-à-dire dans un process plus global du Soi, comme la négociation – l'échange - permanent que l'individu entretient avec les forces de constitution de son récit personnel, actes imposés et libres de ses pratiques, dans une dialectique du moi conscient et des « énergies » archétypales jungiennes. Si nous ne sommes pas loin de cette dialectique, c'est avec une dimension ontologique qui alors dépassera cette totalité englobante visant la quête du soi junguien. Pourtant, une fois l'ipséité, l'idemnité, et l'altérité conjuguées aux fins d'un Soi constitué dans ses rapports avec l'Autre, Soi-même se rapporte à une dynamique qui lui ressemblerait, à ceci près qu'elle implique principalement l'action d'un Moi conscient. Le recoupement devient alors complexe, mais peut rester pertinent.

Ceci étant, ce « conflit » de niveaux, de perception et d'affectation, intéressant un process unique que résumerait une dynamique de l'individuation, entre en compte dans notre bilan seulement comme état latent de crise, ou de paramètre de crise, au même titre que les autres. Il faudrait ainsi conclure que cette dynamique, sans doute vérifiable dans ses excès par les pathologies mentales directement diagnosticables comme induites de la pression sociale (comme les suicides en entreprise), indissociable et indicative donc de l'évolution de la structure sociale, entre dans une autre dialectique, que l'on évoquera par la suite au sujet de la dématérialisation des échanges. Toute la difficulté analytique consiste à faire la part, selon la pertinence de ce découpage, entre ce que l'intelligence collective – exprimée par les mécanismes de la consensualité - articule entre

la notion du processus d'individuation. » CG Jung, *Présent et Avenir*, Livre de poche/références, 2010 les trois pôles différentiables : l'individu politique, l'individu moral et l'individu comme Lui-même.

Individuation chez Schrödinger. E. Schrödinger - et avec lui toute la problématique de la physique contemporaine - nous rend ici le service de nous fournir un élément introductif à l'instabilité, appliqué à la lecture politique sociale, sur un mode sinon métaphorique, du moins analogique. C'est une anticipation basée sur le fait que la substantialité « individuelle » n'est, dans la réalité du politique, pas plus démontrée que celle de l'infra-atomique en physique. En fait cette appellation n'est pas exacte. Ce qu'en 1935, puis 1950, Schrödinger appelle l'individuation concerne la perception que l'on forme faussement, mais pour des raisons toutes anthropomorphiques, de la substantialité de la matière à une échelle qui ne lui en donne plus : « *La forme remplace la substance comme concept fondamental* », titre d'un développement de *Science et humanisme*[23]. Et soudain, c'est l'ensemble de la matière sociale que peut questionner la quête de l'individualité sur ce même modèle, comme l'équivalent d'une forme remplaçant l'insaisissable substance perdue dans la dimension du tissu collectif. Perdue parce que les objets sociologiques dont la statistique pourrait rendre compte en instruisant des aspects fragmentaires et fortement contextualisés, construisent en fait des macro-formes. Soumises à la critique de propositions analytiques qui induisent une révision épistémologique constante, dont nous n'avons pas la charge, les sciences humaines retournent le plus souvent à ce problème de la détermination de la « forme sociale » individuelle, en construisant des formes substitutives de la substance, qui ne peuvent pas retourner à cette substantialité individuelle autrement qu'en tant que forme.

Nous vérifions donc constamment que d'un point de vue scientifique la limite formelle à l'individuation « atomique » nous rend incapables d'établir ce qui constitue la forme finale, récurrente, stable et reproductible que nous voudrions en connaître. Existe-t-elle ? La suite logique (et poétique) de cette analogie nous pousserait alors à y voir la manifestation limite d'une « énergie » mouvante, produit du hasard et de la nécessité, imposant une manière d'interpréter les difficultés précédentes en ne considérant cette énergie que d'un point de vue extérieur, des courants qui traversent, dans une infinité d'états, la construction constante de la société. Puisque d'un point de vue politique, regarder la société c'est considérer l'objet dynamique en transformation, nous en serions un peu au même stade qu'en physique : « formaliser » des états sans matérialité. L'individuation se transformerait ainsi non en volonté individuelle construite par l'état de conscience ou la

[23] E. Schrödinger, *Science et humanisme*. Editeur, Année

conscience de l'altérité, mais en formes probables, en tendances que les transformations individuelles exerceraient constamment par additions, exclusions, ou opérations de type logique à l'intérieur d'un système neutre, d'agrégation élémentaire. A ce niveau d'analyse, on comprend la valeur paradigmatique qui résulte de l'incapacité de réduire l'individuation à une particule élémentaire du collectif, en considérant le collectif comme la traduction « microphysique » de la société et sur laquelle seule, il serait possible de considérer des structures stables.

Ainsi, ces trois approches, qui donnent pour les deux premières une idée de la complexe constitution de l'identité personnelle, en établissent aussi l'instabilité relative dans un « moule » social. Toute la question est donc de savoir, comme le dirait Jung, quelle est la question de l'importance relative des formes archétypales (le croire), qui interviennent dans ce dosage, sous la forme politique entre croire et savoir. Le dernier point n'est pas des moindres : la forme au sens de Schrödinger s'applique parfaitement au statut de la matière sociale et corrobore la notion d'agrégation développée ici. Cette absence de matérialité individuelle à laquelle nous donnons une forme induit ce concept d'agrégation. On ne peut en dire autre chose. Elle n'existe pas comme matière. L'individuation, à ce titre, est une idée plus aboutie de cette forme. On développera en partie conclusive ce que cela implique sur la relation structurante entre agrégation et organisation, c'est-à-dire cette image tangentielle constante des systèmes qui se créent, puis des organisations qui les matérialisent, et de la logique transactionnelle qui les met en équilibre. D'autant qu'elles peuvent être, comme de nos jours, provisoires, mal circonscrites et volatiles. Dépassant l'équilibre du croire et du savoir, transposable ici en inéluctable et inaliénable, l'instabilité, les règles de probabilités d'état, voire la flèche du temps des physiciens seraient des modèles bien plus adaptés à l'interprétation du fonctionnement de nos sociétés contemporaines.

L'agrégation ainsi conçue amène à une forme intemporelle d'une conception non cyclique des formes sociales. Cette intemporalité s'opposerait-elle à tout ce qui a fait l'une des préoccupations fondatrices de l'émergence du sens de la condition sociale humaine dans nos sociétés occidentales : la question d'une logique d'évolution, amenant fatalement celle de son origine ? Quand un seul prédicat d'inéluctable exercice de l'intelligence implique du développement, du progrès, l'idée de l'existence de cette origine s'impose. Comment sommes-nous donc devenus des « zoon politikon », mais aussi à quel moment ? Si pertinence du concept d'agrégation il y a, l'interrogation rousseauiste devient relative.

2.4 Les conflits de la pérennité

« Le hasard seul a fait naître parmi les hommes cette variété de gouvernements ; car, au commencement du monde, les habitants de la terre étaient en petit nombre, et ils vécurent longtemps dispersés comme les animaux ; la population s'étant accrue, ils se réunirent ; et, afin de mieux se défendre, ils commencèrent à distinguer celui qui parmi eux était le plus robuste et le plus courageux ; ils en firent comme leur chef et lui obéirent. De là résulta la connaissance de ce qui était utile et honnête, en opposition avec ce qui était pernicieux et coupable. » N. Machiavel, *Discours sur la première décade de Tite-Live.*

L'actuel et sa source, ou l'aporie des origines… En substitution à l'absence de ces connaissances, aujourd'hui si évidentes, illustrant ce que P. Manent annonçait d'emblée dans les premières lignes de son ouvrage *Naissance de la politique moderne*[24], la philosophie abandonnant la vérité à l'histoire, la notion de développement organise donc à rebours une autre catégorie très particulière des mythes des origines associée à l'époque des Lumières, parcourue de la dualité individu/collectif issue d'une chronographie. L'opération sous-jacente de cette démarche était simple : comment le soudain éveil à notre vie collective avait-il formé la conscience de notre propre liberté ? Mais l'histoire de cette histoire commence mal. Des êtres déchus du divin furent d'abord punis par le plus puissant tourment philosophique imaginable : la privation d'accès au sens de leur propre existence. Le récit de cette déchéance, se trouvant décanté par la suite de toute vérité théologique, mobilisera la force des arguments pour une vraie reconquête : l'œuvre de la raison qui, en évacuant alors les arbitraires, aura recours par substitution de repères chronologiques déterminants de l'histoire humaine, à une chaîne de causalités redistributrice des termes de cette quête originelle de sens. Un débat plus fondamental s'organisera alors autour de ce qui fut un enjeu stratégique de cette relation des hommes et de leur collectivité, dans une évidente vérité de la raison sociale et de ses obligations. Sous la contrainte bien sûr d'assurer une réponse collective juste et légitime à cette violence latente d'un homme solitaire, qui, faute de se reconnaître dans l'échange, serait livré aux pulsions de sa propre réalité et à une violence autodestructrice. Le conatus qui l'y engage, puisque l'intelligence fut là comme celle de son intérêt, rendit son exercice inévitable. Mais en dépit de nos connaissances sur les premiers gestes de l'humanité, la frontière chronologique entre l'agrégation tribale des pré-hominidés et celle des hominidés, devenus conscients de leur état et la naissance du réel, ne nous en révèlera jamais l'acte fondateur. Car depuis, la

[24] P. Manent, *Naissance de la politique moderne.* Edit. Gallimard, 2007

connaissance paléontologique des origines, nous privant de nourriture sur ce plan, a définitivement fermé la voie à toute tentation de construction mythique du sujet, nous laissant donc orphelins de la dimension historique nous permettant d'attribuer un point origine, et donc du sens à « développement ». Il est probable que nous n'ayons jamais – même sous l'éclairage d'une théorie contemporaine - de description de ce point de rupture qualifiant la genèse de l'intelligence sociale. Ce qui constitue par défaut une faiblesse pour une théorie classique qui a néanmoins rempli une fonction majeure : la conceptualisation progressive d'une distinction à tenir entre individu et collectivité, sous l'angle soit de la volonté des hommes, soit d'un déterminisme qui les dépasse, en identifiant progressivement un individu doté d'une capacité irréfutable à pouvoir revendiquer son autonomie, sa liberté. Cette affirmation majeure de la volonté individuelle comme valeur indéfectible de la collectivité fait de l'individuation son héritière moderne indirecte puisque dépositaire de cette liberté à pérenniser. Mais sur le plan de cette valeur, aucun des éléments de ce débat n'est véritablement consommé. Pour ceux qui suivent la grande boucle (cycliste), notre représentation de l'intelligence collective pourrait s'assimiler à la stratégie du peloton. Cette machine en marche va plus vite que les champions, rattrape les échappés grâce aux prises de relais puissantes, orchestre des jeux d'intérêt entre équipes du fait de la position propre de leur champion, des individualités qui en sortent, pour cette construction d'une histoire qui n'est en aucun cas celle d'individualités, mais d'un système cohérent activé par l'objectif de chacun : son intérêt dans la course. L'effet d'agrégation seul permet la vitesse résultante, chaque jour. Ainsi s'exprime sur ce sujet, la « *puissance de la multitude* ». Cette métaphore n'a pas pour objet d'illustrer ce triste lieu commun que la vie est une compétition, mais de dégager pour s'y s'arrêter cet aspect agrégatif, celui de la formation d'un système provisoire agissant pour atteindre un but défini. Si l'on admet qu'autrui est « utile » car il nous permet d'exister par le système que toute relation induit, l'utilité s'impose-t-elle comme un préalable ou comme une conséquence ? Si, à cette fin, la philosophie politique (les sciences humaines) admet difficilement une dissociation entre culture et système sur lesquels joue la volonté humaine, comment sortir d'un dilemme pour le sens commun visant à articuler l'expression du collectif à la nécessité préalable – et fondatrice - de rapports sociaux ? Tout ceci revient à poser une question des plus surprenantes : comment concevoir l'émergence d'une culture faite d'un tel état de conscience collective sans que préalablement les conditions de son émergence soient lisibles par chacun dans la matérialité d'un système ? Si le peloton met en jeu au profit de chacun des « structures » qui n'agissent qu'au niveau de cette agrégation d'individus, tout en reproduisant des procédures, il ne le fera jamais de la même manière. L'œuvre collective est ainsi sans cesse parcourue de l'action de ces pelotons, qui se forment, s'agrègent pour une œuvre construisant une histoire d'agglomérations d'histoires. Mais nous ne serons jamais éclairés sur l'émergence de l'exercice collectif de notre intelligence du fait même de cette forme dissociée sur laquelle il s'appuie. Dans le peloton, l'objectif vise à porter un équipier en première ligne. Socialement, tous les individus doivent être vainqueurs et accéder à leur liberté. Et il n'y a pas d'origine à cela. Nous ne pouvons que faire le récit d'une origine qui nous explique notre sentiment collectif comme une genèse qui n'existe pas. Cette genèse-là est intemporelle.

Consensus et doxa… En effet, réduire toute genèse de l'organisation sociale à un effet de la volonté nous ramène à ces préjugés selon lesquels tout est préalablement effet de la raison. La *doxa*, comme procédure de débat, et son résultat nous laisseraient très démunis face à une lecture des purs effets de cette volonté. S'il faut bien, pour que la raison dégage des raisons aux faits, que les préalables soient pour la communauté un acte d'identification de ses états, ou dysfonctionnements, l'intention de la raison ne certifie pas qu'ils puissent être circonscrits en totalité. C'est la légitimité de la *doxa* d'être une alternative à l'exercice d'une raison sublime, qui en principe se contenterait d'un gouvernement de sages. Et le désir de l'autre comme source de conscience, ne peut faire l'impasse d'une représentation du collectif chez lui. L'intemporalité, l'individuation, l'abandon de toute préoccupation des faits, de l'histoire comme vérité, amènent évidemment à considérer la marche de l'intelligence collective sous un angle différent. La *doxa* cesse d'être l'exercice commun d'une collection d'individus, comme le rappelait Aristote. Et la qualification d'intelligence collective qui en résulte s'étend généralement au-delà des limites que l'entendement commun lui reconnaît : l'addition d'avis individuels. C'est la particularité du consensus, par ailleurs, de faire en sorte que percevoir l'autre ne se limite pas chez chacun à l'intérêt d'accomplir sa propre « puissance », mais passe par le « comprendre » (au sens d'englober) comme un trait constitutif d'une individuation naissant aussi de l'Autre, incluse dans le débat, et son propre dialogue avec l'opinion.

Agrégation et pérennité. L'intérêt, vu sous l'aspect de l'intention d'exister et de comprendre condensant la quête de puissance, chargerait toute agrégation de deux raisons d'être : d'abord, cette « *joie* » spinozienne, puis une solution à une ontologie de l'extériorité. Pour que ce concept d'agrégation réponde à cette charge, comme condition première, cette réunion mécanique d'individus, posée comme préalable universel et « neutre » par son état, devrait être réputée par hypothèse ne contenir aucune détermination de la volonté consciente et raisonnée, en articulant en somme « *cet effort de toute chose à persévérer dans son être* » comme tendance et non intention en soi. Comprendre s'assimile à persévérer, et l'intention ne se manifeste qu'en organisant. En réalité, si l'on admet la difficulté que la plasticité de sens donne à cette notion d'intérêt, l'associer à une condition de pérennité en donnera la vocation sociale. Comprendre est persévérer, et inscrire le geste dans la durée. C'est dans cette durée que prend corps la relation à l'autre. Mais c'est aussi une symétrie de situation dans l'intérêt de chacun à l'autre et cette reconnaissance de symétrie qui établit l'agrégation comme état latent nécessaire pour manifester l'organisation. C'est enfin celle-ci qui le pérennise. Ce process est intemporel, et n'a pas de limite, l'événement définissant toujours de nouvelles conditions à son exercice. Dans sa fonction d'équilibre, l'intérêt génère cependant des contraintes d'ordre systémique dès lors que les hommes ont une emprise et une représentation suffisantes de la machine relationnelle qu'ils ont élaborée. Dans cette bipolarité, la pérennité des structures ne serait assurée qu'au niveau organisationnel, alors que la constante, l'invariance de la substance sociale le serait, elle, par son image latente. La primauté d'état indissociable de l'exercice de la volonté, se réfère donc sans cesse à la relation formée entre ces deux pôles dans un process réglant la figure de leur équilibre : la transaction. Nous sommes là à la racine du politique dans son essence et non dans sa traduction institutionnelle courante, dans son rapport à la *doxa*. Selon cette dynamique, l'individuation devrait profiter de ce que l'intérêt construit globalement chez les individus à chaque moment de la vie collective comme un retour profitable à la construction de l'individualité, ce qui n'arrive pas. L'essence du politique est en crise avec ce que le modèle dominant édicte. Le consumérisme, en ritualisant de manière presque théologique cet échec, continue encore à prendre provisoirement cette crise en charge, au plus près de l'individu. Mais c'est sans doute de cette conscience que la génération à venir admettra qu'elle ne renvoie pas aux tromperies d'un modèle économique mais qu'il s'agit bien d'un échec plus large de la modernité elle-même condamnée par son ambition universaliste à reconsidérer.

2.5 Les conflits de la représentation

Du rêve au mythe… En 1994 déjà, Michel Godet développait le thème de la collusion des héritiers, de l'Etat et des syndicats[25], du verrouillage du

[25] Michel Godet, *Le grand mensonge*. Ed. Fixot, 1994.

marché du travail par ceux qui bénéficient de rentes de situations sécurisées aux dépens des femmes et des jeunes. De l'oubli des « *invisibles* », de la baisse internationale du coût de la main d'œuvre non qualifiée, des quatre France, « *celle qui rame, celle qui brame, celle qui se pâme et celle du drame* ». Il serait intéressant de savoir comment se résument ces acquis historiques pour les jeunes générations, quel lien ils établissent avec la situation actuelle. Dans la manipulation des formes politiques, perçoivent-ils seulement des formes ou bien plus : la fin et la limite de l'intemporalité du statut politique ? La perversion d'un modèle social captif dont se plaint Michel Godet porte un paradoxe phénoménal. L'instrument central économique est, par essence et fonctionnalité, un modèle libéral. Il n'a pas vocation de s'ouvrir ainsi à la « mondialisation », sans un fort tissu productif national, qui assure un retour qualitatif vrai du libéralisme, dans sa double fonction sur le sens du travail comme celui du bien commun, et celui de la production de richesses et redistribution. Or encore une fois, bon gré, mal gré, nous participons à son contraire : nous ne produisons plus ce que nous achetons. Nous avons laissé à l'échelle transnationale de la boucle économique des produits, la déconstruction des notions de nationalité en économie et de structure organique de la relation industrielle protectrice que nous connaissions jusqu'ici de l'organisation sociale. Faute d'une préparation « culturelle » de nos citoyens, s'est donc perpétuée dans le discours politique la réalité de cet équilibre du tripode dispositif productif/État/syndicats, utile à la pérennité de notre modèle politique. Nous le rêvons encore debout, en l'absence de marques insuffisamment flagrantes de sa dégradation. Dans cette narration de la réalité, une inadaptation culturelle à la représentation de cette évolution - qui n'est peut-être pas celle des jeunes générations - en ayant construit un système de références négatives, donne une interprétation nouvelle à la situation de déconstruction à laquelle il faudra s'adapter. Il est évident que la sanction d'une telle dérive finira à un moment ou un autre sous la forme de lutte douloureuse contre l'endettement et la perte de substance de notre démocratie pour usage abusif de son ignorance. Au rythme des défiances à l'égard du politique qui ne remplit pas sa fonction, pas à pas, nous approchons de la fin des certitudes qui ont conduit jusqu'ici à ignorer les effets d'une transnationalité économique et d'une acculturation nouvelle qu'il est pourtant indispensable de voir.

… Et du mythe à la réalité. Il est surprenant de voir comment certains traits de cette dépendance économique font l'objet d'événements allant d'eux-mêmes, comme l'apparition des agences de notation. L'opinion a-t-elle eu droit à de quelconques clarifications sur leur émergence, leur nationalité et les raisons de leur formation ? Car derrière les marchés, dénomination de la nébuleuse de la finance, de ses prérogatives, et de ses exigences à notre égard, se trouvent des hommes et des organisations très concrets et très actifs. Penser aux vœux pieux de la gouvernance mondiale désirée par certains ne doit pas faire oublier que cette organisation des marchés dispose déjà de ministères de surveillance de nos pays à ses propres fins : ces fameuses agences. La gouvernance mondiale se met en place, mais le bien commun n'est pas sa finalité. En soi, cette alerte supplémentaire prouve au moins que le capitalisme de certains, loin d'être moribond, se réorganise suivant l'échelle d'un territoire mondial et transversal. Les moyens technologiques contemporains ont mis plus qu'ailleurs des ressources infinies de maîtrise de cette échelle en temps et en distance, dans tous les domaines. Car le pur aspect financier s'applique à tout comme seule raison. Le rendement financier recherché à travers la réorganisation de la production/commercialisation mondiale selon le vieux schéma des ressources en main d'œuvre aura sans doute une limite dans son état de marche actuel. L'Afrique sera-t-elle le prochain bassin de ressources que le monde investira à son profit, une fois le syndrome chinois (asiatique) amorti ? Là aussi un certain nombre d'indices cohérents montrent, à travers les acquisitions foncières, par exemple, dans ces pays pour l'agroalimentaire mondial, la préparation d'une stratégie de captation et mise à l'échelle de ressources alimentaires mondiales. Face à ces évolutions d'une institution nationale, le mythe consiste bien à rêver, comme bouclier dont l'institutionnalisation (les G20, G8 par exemple) ne fera que compter pour l'opinion au nombre des outils anesthésiques. A l'encontre des dispositifs de contrôles financiers comme préalables à la spéculation et aux paradis fiscaux, la démarche inverse est sans doute la seule parade tactique : transparence et règles de participation de certaines officines au bien commun, accompagnées de solutions futures de régionalisation et de relocalisation des ressources comme seule maîtrise et garantie contre toute mainmise prédatrice. Revenir à la réalité signifiera sans doute revenir à cette échelle régionale sans ignorer les règles nouvelles qu'elle implique dans l'inscription transnationale, et à des échanges réintégrés dans la logique d'un bien commun universellement élaboré, conforme au respect des cultures et des équilibres naturels nourriciers. Or, il semble que les économistes n'y réfléchissent pas, en grande partie sans doute car tenir compte à nouveau de l'échelle microéconomique n'entre plus dans leur champ de vision. Aux grands sujets, les grands modèles. Tous sont globalisants, malgré les distinctions micro/macroéconomiques, qui appartiennent à des fragmentations théoriques. Cette modélisation nouvelle les mettrait en rupture avec ce qui est en cours. Ainsi il est plus que difficile d'imaginer par exemple de voir comment, par le nombre, distinguer une économie de la distribution, de la distribution directe ou de la relocalisation. Les agriculteurs y viennent : distribution directe et mutualisation locale des moyens, contre la grande distribution. On peut espérer aussi que l'ingénierie du travail artisanal, en se numérisant, reprenne le chemin des filières courtes par petites unités de production équipées d'outils autonomes de nouvelle génération, leur permettant de s'affranchir de l'intermédiation. Mais les préalables de la relocalisation, autre qu'une simple réintégration des étages industriels perdus, restent encore à construire, sans doute différemment de l'organisation que nous avons connue, et sur la base d'un déploiement d'outils nouveaux. Gardons en tête l'expérience si significative de la longue traîne...

Réalité d'un empire transversal ?...Destruction-réparation... Si Machiavel revenait parmi nous en cherchant à confirmer la logique du *Prince* dans nos sociétés actuelles, c'est très probablement vers les grands empires financiers et industriels qu'il se tournerait, pour y retrouver l'axiomatique qui parcourt son ouvrage. Conquêtes des marchés et leurs stratégies, territoires, stratégie de communication, traitement des structures subordonnées lors de fusions, organisations aristocratiques et princières des dirigeants etc. En regardant nos démocraties, il repenserait à son jugement d'alors sur la République. Il y verrait sans doute deux systèmes bien distincts et coexistants, dont l'un, le premier, plus efficace par son organisation, aurait nettement pris le pas sur l'autre, et dont les princes le gouvernant s'attacheraient à fixer définitivement leur pouvoir. Il n'y a apparemment pas de grande logique décelable, en observant ce qui se passe dans le monde financier et économique, autre que celle d'une dépendance directe des nations aux prérogatives des « marchés ». Il est pourtant possible d'en avoir une autre conception, peu établie pour le moment, mais issue de convergences de faits (autoréglage des marchés) qui amènent à penser que l'arbre des aberrations financières cache la forêt de la restructuration d'un nouveau partage de notre monde, et dans lequel les grandes organisations réaménagent constamment la pérennité du rendement financier de leurs investissements, selon une logique et une stratégie cohérentes. Et je ne suis pas de ceux qui pensent que la mécanique financière est incohérente ou dérape. Les économistes eux-mêmes arrivent à convenir qu'actuellement sous les aspects que nous lui connaissons, c'est bien le pouvoir et la liberté de structures volatiles et hors d'atteinte de l'autorité des Etats, y compris sous la forme de « paradis fiscaux » de leurs dispositifs dont progressivement les marchés ont bénéficié, qui protègent cette mécanique. Cette mise hors d'atteinte, c'est l'échelle et l'auto-structuration très horizontale des marchés actuels. Mais ceci sous-entend cette homogénéisation du monde telle que l'on en a parlé, pour conformer des populations et des cultures dans le souci simultané de l'épanouissement hédoniste et égocentré, ce qui à un moment donné, dans l'exigence de mise en stabilité constante, trouve des limites et échoue : « l'homéostasie » n'est pas une tendance naturelle de nos sociétés. C'est aux appareils politiques locaux qui relaient ces impératifs de pérennisation de la rente que revient implicitement, sous la contrainte de leur dette, cette mission de stabilisation. Aux Etats, les investissements improductifs qui produisent une dette qui rapporte. Derrière la capacité à rembourser, c'est apparemment avant tout à cette capacité globale et à ses conséquences politiques de stabilité et de contrôle possible, que les agences de notation s'attachent, comme conditions préalables de fiabilité de la rente. Sur un autre plan, les économistes ne nous aident pas beaucoup à dresser le bilan des perspectives futures. Peu de prédictivité de leur côté. Cependant, tous les efforts conjugués des « marchés » paraissent se structurer pour conjuguer plusieurs aspects d'une même nécessité de contrôle des échanges transnationaux : maîtriser et accroître l'échelle de plus en plus importante de populations/consommateurs assurant un rendement croissant, agir pour formater les démocraties sur des principes d'équilibre, de stabilité et de prévisibilité par le contrôle de la dépendance économique des Etats (rôle futur et réel des officines de notation ?), enfin, réguler les formes juridiques transnationales dans le sens d'une conformation macroéconomique mondiale conçue pour remplir ces uniques exigences financières. Il est fortement probable que la prochaine grande conquête de l'humanité soit de rompre avec son état de rêve de développement matériel et d'affronter ces prises de contrôle progressives de notre liberté réelle sous couvert de notre liberté formelle ainsi vendue. Il ne s'agit pas d'un complot à démasquer, mais d'éviter les formes de violence que cette dynamique nous réserve. Conformation et contrôle sont les deux maîtres-mots qui pourraient se dégager de cette idée de l'empire transversal. C'est un empire sans territoire mais d'une géographie mondiale, sans souci de carte politique, sans Etat, mais spontanément coordonné par des structures cooptatives de gouvernance tacite, peu nombreuses et très élitistes, loin des appareils de façade offerts à l'observation du vulgaire. Cet empire est transversal dans tous les sens du terme. Mais il va sans doute contre les finalités qui s'installent en ce moment dans l'opinion. Il y aurait d'ailleurs du rêve des deux côtés, ce qui est l'essence même d'un marché de dupes. Car ce contrôle n'est opérable que dans l'optique d'une coercition telle qu'elle sous-entendrait une régression culturelle pratiquement impossible à envisager. Par contre, le temps du conflit, les délais de sa digestion auront sans doute – c'est à craindre - pris trop de temps pour nous permettre une réaction pertinente au dérèglement des équilibres naturels et de l'exploitation des ressources. S'il était besoin de s'en convaincre, le développement actuel de l'agroalimentaire nous permettrait d'en dresser un tableau complet. Destruction des marchés locaux, des petites productions, de la qualité, apparition de nombreuses pathologies, coût social de la santé préoccupant etc. Les dégâts innombrables ne seront alors réparables que par le volume des moyens que pourront fournir ceux-là mêmes qui nous auront conduits à les subir. Nous connaîtrons la logique des destructeurs-réparateurs. Tel est le piège qui nous attend très probablement.

La raison comme image du probable. L'augmentation du « bruit » de l'information crée un paradoxe qui paraît s'amplifier proportionnellement au développement de la communication de masse que nous connaissons, en se traduisant étonnamment, par la difficulté à former un consensus reflétant une bonne assimilation de ce capital disponible. La nouveauté, c'est donc la forme récente et émergente de ce paradoxe, autorisant l'énoncé de l'idée suivante : l'abondance pratiquement illimitée des informations que la société globale livre sur elle-même, finirait par créer un écran dont l'opacité serait faite d'une incapacité à les articuler en un tout lisible. L'ignorance se nourrirait ainsi de cette abondance. Cette évolution, essentiellement anxiogène et destructrice de constructions anciennes et globalisantes même très approximatives sur la société, contribue sans doute à calcifier progressivement un espace consensuel possible et souhaitable dans ce qu'il aurait de fécond, de plastique. Ce paradoxe, s'expliquerait par une déconstruction progressive de la confiance que les modernes avaient placée dans la raison. Cet héritage est entamé par une hyperfragmentation sociale en route, en fait une illusion rationnelle moderne.

Croire communément que nous vivons du fait d'un simple développement mécanique du progrès et de la connaissance, dans une société dorénavant logiquement et rationnellement réglée est sans doute la toute première illusion. La destruction économique du monde nous le prouve. Nous héritons cette conception contestable d'un passé positiviste impliquant une absolue confiance en la volonté collective raisonnée et en la connaissance (progressivement scientifique) pour régler la marche de la société, préjugé éculé. L'actualité fait subir à cette perspective « classique » une révision du même ordre, à l'image des sciences physiques : rien n'est fondamentalement stable. Le réinvestissement de cette critique du « *réalisme naïf* » comme le nommait Schrödinger, devrait alerter plus particulièrement quand on considère les formes globalisantes parasitant l'investigation sociale, et répondant toutes à cette instauration rationnelle du réel, plutôt qu'à sa construction. Tout nous confronte à cette possibilité incontrôlée de transformation illusoire et constante de récits partiels, produits fragmentaires, en sommes arbitrales de connaissances de la société, qui, par accumulation formerait un tout, à charge pour nous d'en faire en retour un objet préhensible à une forme finie et reproductible de sa représentation. Ainsi positivement établie, cette manière ignore l'essentiel du contenu, dont le rapport aux limites du récit témoigne, comme en économie : les éléments subjectifs, moraux, dont le consensus contredit souvent la construction narrative de comportements attendus. Voilà toute l'histoire des sondages, des diagnostics électoraux, des comptes-rendus boursiers, des statistiques sociales collectionnés sous cette sorte de réel imaginaire rationalisé par les chiffres, même si la véritable histoire réintègre toujours après coup cette dimension d'une subjectivité beaucoup plus féconde et complexe laissée à l'écart. C'est dans le miroir trompeur que la raison fournit, que celle de l'interprétation se regarde en ne percevant qu'une partie du reflet. Cet aspect, très tôt débattu, a immédiatement opposé intentionnalité et objectivation dans l'appréhension des comportements sociaux, la fragilité de leurs interprétations rendant incessante la confrontation du discours et de l'épistémê. Aussi rapides et sommaires que puissent paraître les analyses menées ici et hors d'ici sur ces questions, tout angle d'attaque quel qu'il soit n'en apporte pas moins un certain nombre d'éléments de conviction quant à l'organisation des faits, si l'on se dégage de toute aléthique. Si on accepte donc que la vérité ne se pose qu'en termes de probabilités. On se heurte en conséquence à cette conception de l'interrogation critique chargée par l'analyse d'objectiver essentiellement une bipolarité réel/imaginaire gérée par la raison comme raison de toute réalité, sans qu'en fait il soit possible de la saisir. Par examen d'actes codifiés donc présupposés rationnels, enchaînant logiquement procédures (au sens large) y compris sous forme émotionnelle ou symbolique (comme dans la logique du don par exemple), le contexte finit par rendre compte de l'irrationnel du vécu par un récit explicite et organisé, ainsi recevable aux raisons de la raison. A cette nuance près que l'interrogation qui sert à la mise en œuvre d'explorations dans la description de ce réel selon l'enquête sociale, ne peut constituer la démarche du politique. Dans ce cas, l'intentionnalité d'action préside à la construction du réel. La raison induit l'action légitime. Cette nuance agit en intermédiation d'une intrusion de l'imaginaire. Pas de retour épistémologique garantissant cette légitimité ; l'image de la rationalité est en cette matière autosuffisante. La raison politique est image. Paradoxe ultime : il ne peut y avoir de société totalement rationnelle – donc prévisible - que fortement coercitive, c'est-à-dire sans espoir, si l'on peut dire, de produire de la société. Donc non viable sans ce plan téléologique de l'imaginaire. Pourtant, la puissance collective reste une potentialité qui, ne pouvant s'imposer spontanément de normes à elle-même, assujettit l'accomplissement d'un but auquel l'adhésion de chacun doit se conformer par délégation à cette rationalité légitime que la dimension régalienne du pouvoir incarne. Par ce rapport, l'irrationalité agit librement, et par conséquent rend-elle le citoyen libre, mais avec un risque important : en décentrant comme actuellement l'usage de la raison vers la norme, les assemblages fragmentaires, subjectifs, développés par cette déculturation informative, ne légitiment en fait que l'adhésion à des projets, non à une finalité de l'organisation. Vers quoi son absence nous mènerait-elle?

Actuellement, la « *tyrannie des chiffres* »[26] règle tous les aspects de notre représentation sociale, et nous conduit par une diffusion des savoirs, par sa vulgarisation, à une plateforme consensuelle formée en principe sous l'arbitrage d'une logique largement induite d'une incontestable mesure de la réalité. La narration des faits sociaux, ainsi armée de l'irréfutable, devient l'image même d'une conscience rationnelle. Par-delà, l'incertain attaché au récit et la grande part de la procédure dans l'action quotidienne excluent donc de manière symétriquement inverse l'expérience sensible, en multipliant des formes objectivées par la logique. Nous vivons, au fur et à mesure de la fragmentation que l'on examinera en aval, dans une multiplication de paramètres procéduraux – réduction à des critères logiques - assurant nos relations à l'Etat, à l'environnement, ou à autrui. L'avantage de la procédure est d'assurer dans le cadre d'actions préétablies, une lisibilité des raisons qui président à leur enchaînement, en garantissant dans la répétition une sécurité parfaite entre la situation d'origine et le résultat prévu. Au niveau de la relation avec la loi ou l'Etat, le bilan n'est plus à dresser : toute la logique de la réforme y renvoie jusqu'à son excès. Dans la vie courante, la problématique de la procédure réglementaire ou critique s'applique à tout niveau. Dans les rapports privés, la multiplication des intermédiations relationnelles tend à se développer comme un accroissement de la disponibilité ou la performance personnelle, en une auto-évaluation permanente ; et l'univers de nos objets forme une contrainte procédurale auto-évaluatrice de plus en plus présente. Malgré tout, cette accumulation d'actes normés, dont on peut discuter point par point la pertinence, amène dans le quotidien les individus à se concevoir comme par un environnement n'enchaînant que des actes rationnels. Savoir si elle constitue l'image d'une société technicienne - donc rationnelle - se marque souvent par la confusion qu'il y a à établir une conséquence directe entre l'impression de cette rationalité et le niveau de la finalité objective purement utilitaire de son usage. La rationalité n'est pas technicienne. Elle s'impose parce qu'elle expulse l'imaginaire de sa dimension téléologique. La certitude évacue ainsi l'aléatoire, le subjectif vers des territoires circonscrits de l'idéalisme ou de

---

[26] F. Lordon, *L'intérêt souverain*. Editions La Découverte, 2006

l'indignation. Il est désactivé de la réalité sensible. La conjugaison du « nous en savons de plus en plus sur nous-mêmes, mais en comprenons de moins en moins », et du « je suis de plus en plus capable de toucher aux processus fondamentaux de la vie sociale, de la transformer, mais par morceaux minuscules, et de plus en plus petits », semble assez destructrice de ce que l'opinion courante voudrait voir perdurer, par des valeurs respectueuses garantissant une société satisfaisante dans sa consistance démocratique, sans dispersion, simple. Mais dans cette évolution chargée d'une apparente antinomie, forte aussi d'une réelle « *contre-démocratie* » en marche[27], la part d'ignorance de soi, attachée à ces pratiques instrumentales partagées entre utilité et image de performance personnelle, risque d'être progressivement brouillée. Car avec cette part de « bruit », augmente une incapacité du récit à redonner conscience, en accréditant pourtant dans les esprits cette illusion si rassurante que l'on peut agir valablement sur la cohérence du tout, comme partie de cette cohérence.

Ce constat de « bruit » induit en fait une série de causes assez immédiates pour que cette rationalité se fige dans l'image. Une fois de plus, ne la voir que comme pure potentialité d'action est une erreur entretenue par l'enchaînement de situations comportementales formatées, de procédures, d'intermédiations et conventions, et trompe les individus sur la nature de la réalité qu'ils espèrent. Elle générera par réaction la future marque de la puissance de la multitude. Le champ à interroger sur la nature de ce réel figuratif est extrêmement vaste et fécond à partir du moment où l'on cherche à le percevoir comme une véritable production collective. Car il faut y intégrer tout ce qui compose, dans notre actualité, la puissance de cette figuration et la manière dont elle retourne à la réalité collective. Les *mass medias*, les médias de masse[28]. Car un trait commun cimente toutefois des éléments tous fortement dépendants dans la modernité qui a émergé. On peut soupçonner que leur reconstruction interprétative échappe aux structures interprétatives habituelles fortement imprégnées d'une morale normalisant les comportements sur l'idée d'un « juste penser » abstrait, en s'éloignant des tendances collectives de l'actualité, qui vont vers un relativisme du vrai, issu des pratiques. Avec cette nuance que les prérequis, venus de très loin, ancrés dans nos cultures, ne dressent pas les mêmes obstacles à l'évolution des normes, des usages, rituels et croyances, dans des démocraties d'histoire récente (pays d'Amérique), que dans les nôtres, pour réorganiser des ruptures imposées avec leur société des profondeurs. Ainsi, je ne serai pas tenté de classer la Chine ou certains pays du sud-est asiatique parmi les pays

---

[27] P. Rosenvallon, *La contre-démocratie. La politique à l'âge de la défiance.* Seuil, 2006

[28] *Mass médias* : moyens de communications privés faits pour une large audience.
Médias de masse : moyens individuels massivement appropriés. Ex : Internet.

émergents. Répétons que l'économie nous trompe lourdement à ce sujet. Notre raisonnement sur le monde, hérité des vieux principes de discussion ou des controverses de notre herméneutique occidentale, se trouve en concurrence avec le contenu même des catégories logiques censées traiter rationnellement du statut des individus dans leur monde, leur milieu de vie et ses raisons. Pour résumer le sens de cette « erreur », et la nature de la construction actuelle contemporaine de la rationalité et de sa représentation, l'issue de cette démarche doit se pencher sur les mécanismes qui en assurent la marche « malgré tout » comme mus par une cohérence interne, donnant la certitude, l'impression ou l'illusion de la marche logique de la société vers un développement inconnu, mais qu'elle accomplit : une homogénéisation sans objectif. L'accroissement général de la connaissance, la diversification de ses compartiments, la fragmentation tendancielle d'objets et de services, l'internationalisation des échanges et leur réorganisation transnationale, la démultiplication sans limite de l'information, centrée sur l'individu, l'individuation, ont morcelé une cohérence interprétative du monde, telle qu'elle s'établissait jusqu'ici dans la raison, et des certitudes reproductibles. Mais, se trouve aussi dans cet effort de rupture, une construction obligatoire de théories, opinions ou intuitions nécessaires pour s'en dégager, la source d'une nouvelle puissance, celle de la multitude. L'enjeu est simple : se dégager des vieux schémas (nationaux entre autres), c'est avant tout se remettre à l'échelle des dangers tels que la crise économique les présente. Et dans ce but, concevoir une échelle systémique à partir de laquelle raisonner. La raison des catégories idéales des droits de l'homme n'y suffira pas. L'économie nous montre assez qu'elle est un système en marche, et qu'elle ne se règle pas sur ces catégories. Voilà pourquoi Amartya Sen écrit que « *l'économie est aussi une science morale.* »

Trois catégories du probable. Chacun sent d'intuition un arbitraire s'installer dans l'interprétation des réponses aux tendances de représentations fragmentaires exprimées plus haut. Cette même intuition nous dicte aussi que, la société souhaitant maîtriser les résultats escomptés, certaines catégories lui assurent une emprise représentative plus forte sur la réalité de sa marche. En face de ce corpus a-représentable, le choix de voir un ordre logique préfigurant une systémique sera validé. Nous y voyons ce qui suit comme les indices qui y mènent. Je rappelle mon point de vue : la société, comme organisation, ne peut faire autrement que de cultiver ses intentions pour les retourner à des systèmes organisés, selon cette spirale évolutive. Ce raisonnement aussi autonome que non académique n'implique aucune traduction réductrice « cybernétique » de l'organisation sociale heureusement, mais la conclusion de ce qui émerge comme représentable, exige, pour accomplir notre compréhension des process, un renvoi à une instrumentation de ce représentable dans la mécanique systémique. Contrairement à ce que l'on a pu penser, la recherche d'un système caractérisé par ses invariants est sans doute vaine et vouée à l'échec. Il vaudrait mieux admettre que certains traits invariants permettent simplement aux fondements agrégatifs organisationnels de se « remettre à jour » au fur et à mesure de leurs conquêtes et de leur technicité, de leur échelle et de leur culture. Nous réajustons sans cesse les effets de l'instabilité des systèmes que nous avons conçus. Ces modes de réajustement sont ainsi formalisés par leurs fonctions, ce qui ramène leur assujettissement à ce qu'on a dit des organisations. Les trois catégories suivantes ont un caractère commun de transversalité. Ce caractère récurrent tient au contrôle et à l'évaluation possibles et permanents de leurs critères de vérité. Ils se vérifient tous, ou non, dans la durée. La procédure réduit la probabilité d'établir un résultat escompté certain. C'est un schéma logique. La virtualisation inhérente à notre modernité, introduit un opérateur tout à fait nouveau : la simulation, non la prédiction, mais des représentations approchées de ce qu'elle pourrait être. La délexicalisation naît par ailleurs de ce constat que les modes d'efficience particuliers issus de la communication numérique génèrent un langage réduisant par son objectif fonctionnel les dimensions sémantiques et diversités de sens possibles : soit par extension de codes, soit par réduction fonctionnelle d'efficacité communicative de son potentiel sémantique. C'est un langage cherchant une probabilité maximale entre récepteur et émetteur, en éliminant la dimension du récit.

La procédure - La virtualisation/virtualité - La délexicalisation du récit

Ces catégories s'inscrivent dans un schéma plus global qu'on définira comme process de condensation, cette forme de proximité temporelle donnée à tous les faits et actes de l'actualité, par assimilation à l'immédiateté de la relation orale. Cette mention est faite au titre de sa participation structurante à la condition d'homogénéisation du monde : la nouvelle échelle de notre schéma organisationnel mondial traversera nos cultures nationales. Pourtant nous n'avons jamais eu autant de capacité mémorielle à notre actif, donc à ne rien subir, à nous enrichir. D'autant plus que les moyens de le faire sont individuels. Mais il faut bien l'admettre au contraire, qu'hors du champ interprétatif des cultures particulières, les cultures d'accueil subissent autant cette forme secondaire qu'elles y ont recours comme une ressource, avec à la marge une interpénétration des unes par les autres, que nous ne pouvons apprécier pour le moment. Il faudra attendre que l'histoire en dresse un bilan.

La procédure. Il fallut attendre deux siècles environ, pour que l'écriture serve à autre chose qu'à énumérer, recenser, faire l'état des biens échangés ou accumulés, et que plus tard apparaisse un outil d'expression rhétorique, permettant à l'expression poétique de transmettre l'abstraction. J'y vois l'importance de la procédure dans l'échange. L'outil procédural précéda celui de la pensée abstraite, même si la fabrication d'une pierre polie implique une activité projective. Il est logique qu'actuellement la fragmentation de la connaissance et de la représentation sociale provoque en retour un besoin structurel de réorganiser les relations et leurs codes dans une articulation issue d'une appréhension certaine du réel, mais restant l'objet de rapports d'une grande probabilité comme on l'a vu. De notre relation automatisée à nos robots, à celle des règles de voisinage, une réduction logique opère, sur la base d'une probabilité maximisée des conséquences prévisibles du contenu de ces relations. Le symptôme de la densification dans tous les domaines de l'interprétation codifiée qu'est la procédure, instaure des relations, non de personnes, mais d'entités reconnues comme homogènes (de l'individu aux grandes organisations et à l'Etat), pour les gérer comme interopérables. Ce sont des exigences d'ordre logique. Comment alors expliquer cet appétit de procédure qui marque notre évolution ? Les difficultés de lecture de situations socio-économiques complexes, d'une revendication constante de protection, et le fractionnement permanent des pratiques, déplacent les pôles de stabilité des modes interrelationnels. La question reste délicate, même si elle concerne tous les échelons de l'activité collective, car on peut s'interroger sur notre capacité désormais à régler nombre de rapports d'immédiateté par la temporisation consensuelle. Les tribunaux affrontent ce problème en constatant l'augmentation des petits conflits mis en procédure. En réponse raisonnée à la fragmentation, cette dernière est donc le moyen d'asseoir la raison sur le mode du probable, en même temps que son image.

La virtualisation implique aussi un process. Sous réserve d'en accepter ses présupposés théoriques, on peut la considérer inspirée de la notion développée par P. Lévy. Les TIC ont introduit une nécessité de reconsidérer ce champ pour cette raison : mieux que les possibilités traditionnelles de la représentation et communication des idées et des discours, existe une puissance telle que l'on peut substituer à leur imprécision, une sorte de « figuration » qui rende le réel beaucoup plus probable. La société contemporaine peut « stocker » collectivement (« l'hypertexte ») des ensembles cohérents de données disponibles en instantané, et cela augmente à l'infini la base lexicale, iconographique et idéographique disponible à l'information et à la réflexion de chacun. Ce caractère de condensation sur lequel nous nous penchons comme sur un paradoxe de plus touchant notre forme relationnelle actuelle, illustre en quelque sorte cet accroissement de moyens qui rend la communication tellement plus « probable » dans son résultat que par l'emploi des artefacts classiques du langage naturel. Mais il ne faut le voir au fond que comme un symptôme. La question posée par les outils, outre celle de la puissance, est alors celle de la coexistence de « l'intellego », de l'effort qu'il implique de compréhension de l'autre dans le partage du sens, face à une « figuration des idées » nécessaire à une bonne communication. Car cette question devient alors : la performance informative d'un message (accroissement de sa probabilité), détermine-t-elle une diminution inverse de la nécessité d'une prise en compte de l'autre ? Autrement dit, une communication plus probable détruit-elle l'exigence de prise en compte de sujets précis définis dans leur complexité, qui, elle, demande avant tout une bonne maîtrise des dimensions du langage naturel ? Le recours à une image comme un émoticône par exemple, remplace l'effort d'expression : il lui substitue un code, voire un sentiment codifié, un stéréotype, au sens où nous l'entendrons. Ces phénomènes sont liés aux emprunts culturels – ou syncrétismes - que l'environnement de la communication mondialisée produit, en augmentent une richesse – et complexité - lexicale autonome des langages naturels.

« *L'informatique nous immerge dans des mondes virtuels et nous fait communiquer avec des agents virtuels - au risque de bousculer notre relation au monde environnant, aux signes et aux savoirs... (...) Le virtuel transforme notre quête immémoriale du réel*».[29]

L'informatique est un outil qui de ce point de vue ne transforme rien, mais les usages qui en résultent, venant eux des acteurs que nous sommes, installent sur une échelle massive, une utilisation transculturelle de ce moyen, en réduction du risque d'un certain bruit informatif. A cette « *quête immémoriale du réel* », on peut répondre que le « bruit » désormais réductible dont on parle, contribue à sa transformation, par cet effort de réorganisation de l'immatérialité disponible comme matériau. Et voilà ce qui introduit donc à la virtualité. Les codes composites, ou peut-être les récits composites issus d'un mixage des différents médias, pourraient s'appréhender seulement comme un syncrétisme de moyens techniques offerts à l'expression quotidienne, au profit de la reconstruction d'une forme première, comme une sorte de retour iconographique archaïque à la communication, vu comme un moyen de plus à notre actif. Or, on ne sait quelle en sera la portée dans le futur. Cette iconographie narrative envahira-t-elle tous les domaines susceptibles de communication, au risque de les réduire à un mode unique ? La maturation des précédents modes

[29] Denis Berthier, *Méditation sur le réel et le virtuel,* L'Harmattan, p.9

iconographiques comme la photo, le cinéma ou la bande-dessinée, s'est redéployée dans et par le numérique. Dans son rôle informatif, la télévision intègre cette nouvelle iconographie narrative, en réduisant le commentaire à l'illustration et en construisant son sujet elliptiquement (ou parfois métaphoriquement) autour de l'image. Il est trop tôt pour envisager de soutenir que la forme même des éléments de cette nouvelle communication puisse influer dans un sens ou dans l'autre sur l'ouverture de conscience de tous, leur lecture du monde. Dans la mesure où une « iconographie narrative » se superposerait à nos vecteurs classiques d'expression, le récit, qui précède nos représentations consensuelles, en serait-il changé ? Il faudrait établir la réalité d'une perte sémantique, une altération du sens. Des ruptures de sens de concepts classiques, des raccourcis procéduraux ? Ou au contraire un déplacement du plan sémantique dans un langage naturel composite aux moyens élargis ? La reconstruction du monde dans l'abstrait, l'isolement, n'est sans doute pas le risque, et émettre l'hypothèse de transformation de « *notre quête immémoriale du réel* », comme Denis Berthier le fait, nous amènera à reconsidérer plus largement la construction du consensus. Ainsi, la virtualisation reviendrait à ne tenir qu'un dialogue exclusif avec soi-même, sur les bases paradoxales d'une communication ouverte avec un environnement sans intermédiaire, mobilisable à volonté, comme une réplique d'une voix assistant une pensée infiniment informée, comme un locuteur permanent, concret, présent dans une altérité désincarnée. Par ce transfert de la conscience par l'Autre, l'isolement de la virtualisation construirait, (ou construira) sans doute des réponses plus instruites, plus élaborées, plus universelles au problème ontologique de l'*alter ego*, selon la puissance de ces hommes réunis en un seul dont parle Aristote, et dont je fais partie. En somme comme forme nouvelle de la « *puissance de la multitude* ». La virtualisation est une dynamique en mouvement : il y a quelques années déjà, pratiquement tout ce qui avait été produit par l'homme sur le plan des images depuis la préhistoire avait été mis en ligne, ainsi que toutes les connaissances issues de tous les domaines. Le capital qui se constitue aujourd'hui et dont on ne mesure sans doute pas encore la portée, est cette montée en charge a-culturelle de toutes les informations du monde, disponibles dans toutes les cultures, à l'usage de tous, comme une image cette fois bien disponible et concrète de la totalité du monde, du moins de ce que les hommes en conçoivent et en ont fait. La virtualisation est une dynamique qui marque cette totalité par l'étape intermédiaire insoupçonnée qu'elle constitue. Il n'y aurait plus un seul homme, même à l'écart de tout, ignorant de la culture du monde… Une étape plus réelle vers la construction du réel.

La virtualité indique lexicalement un état, une qualité et ce qui est dit précédemment tend à l'accréditer : l'état résultant de la virtualisation, cet étage représentable comme une mise en stock des connaissances. Ce qui constituerait une suite logique à l'idée qu'après la procédure de mise en disponibilité du Tout à l'usage de Tous, il existerait alors un assemblage, un agrégat qu'il faut bien résumer par cet état. La difficulté vient d'une affectation particulière à lui attribuer dans l'univers de ce qui était jusqu'ici nos modes de circulation des idées... En l'assimilant à la disponibilité des figures du grand récit, manifestation de la praxis, la virtualité, ainsi modifiée et enrichie de moyens nouveaux, peut en transformer en retour le système. L'immédiateté d'accès direct aux connaissances comme moyen ne traduit pas une simple augmentation de capacité. Elle prépare de profonds bouleversements, liés à la manière dont ces moyens se partagent désormais sur deux plans : le caractère transnational d'une nouvelle friche culturelle, et l'autonomie individuelle qui la caractérise à l'autre bout. Si cela se vérifiait, c'est dans le cadre de cultures fermées et largement attachées aux langues nationales qui en font le liant, que les « courants d'idées », les jeux d'influence dans la perception courante et aussi celle du consensus disparaîtraient, mettant à mal le rapport de leurs élites et de la multitude. Très en amont de ces phénomènes, nous annonçant déjà « l'*hypertexte* », Pierre Lévy a émis une thèse plus précise autour du terme. Le virtuel se situe pour lui[30] au sommet du croisement de deux binômes : celui des pôles latent/ manifeste, et celui de la substance/événements (Le potentiel (qui insiste) recoupe le pôle latent et la substance, le réel (qui subsiste) recoupe le pôle manifeste et la substance, enfin le virtuel (qui existe) recoupe le pôle latent et les évènements, enfin l'actuel (qui arrive) celui du manifeste). Si le virtuel ainsi conceptualisé nous laisse assez démunis sur le plan de ce que nous envisageons naturellement, reste que la différence entre potentiel et virtuel par exemple est assez difficile à saisir. On comprend peu en fait ce qui lie des éléments de l'ordre de l'essentiel et de l'existentiel. La catégorie « évènements » fait figure d'intruse dans cette composition. La recomposition des binômes en latent/évènements et substance/manifeste permet de distinguer le croisement de deux process de transformation qui y seraient liés, impliquant une notion temporelle, attachée à toute dynamique. Dans le sens latent/évènements, une dynamique d'ordre existentielle, dans l'autre, une dynamique essentielle. On pourrait admettre par extension que la virtualité est au croisement de ces deux dynamiques et se constitue comme une figure temporaire et représentable des éléments qui agissent sur les transformations. De ce point de vue, la constante opération de passage de

---

30 « *La virtualisation est un des principaux vecteurs de la création de la réalité* »
P. Levy, *Qu'est-ce que le virtuel* ? Édit. La découverte, 1998

l'agrégation à l'organisation que les réseaux numériques provoquent se définirait comme l'essence de la virtualité. Mais, comme une constante provisoire, finie dans le temps et sans cesse activée.

Quoi qu'il en soit, ce rapport d'objectivation de l'immanence du latent à l'événement, distinct de la potentialité, définirait la virtualité comme une transformation de cette immanence à un étage conceptuel restant difficile à appréhender, à partir de ces binômes et de leurs antinomies respectives. L'intérêt de cette conception est d'ouvrir le concept à d'autres interrogations que celles de l'ouvrage : celle d'une virtualisation (dynamique) qui aiderait à amplifier ce rapport qu'il établit entre latent et évènement, distinct aussi de l'actualisation (émergence) du réel, alimentant le sens d'une « actualité » manifeste essentiellement par l'établissement de possibles préalablement définis et maintenant stockés, voire configurés non plus seulement par l'expérience, mais aussi par le calcul, la simulation, selon un schéma sans doute plus large qu'on ne le soupçonne. De manière inédite, la représentation des conflits intégrerait la puissance de nouveaux outils de cet ordre, en provoquant une rupture « pédagogique » des institutions de l'apprentissage, grâce à l'autonomie croissante de la manifestation des conflits dans l'opinion, plus efficace dans ce champ de la virtualité. Par exemple, actuellement, l'écologie constituerait la virtualité de l'homéostasie future de nos sociétés, vu qu'elle objective par ses alertes, un état latent prédictible, traduit avec une certaine clarté par la simulation scientifique. C'est d'ailleurs à l'image de la transnationalité dont il a été question que s'accomplit l'alerte écologique, mais elle n'épuise pas pour autant l'autre aspect de cette question qui reste la façon dont elle est assimilée dans les opinions particulières, celles qui appartiennent encore à des cultures nationales. Ce second est peut-être le plus déterminant car il procède de l'usage de cette même virtualité mais, dans le cas des individus, dans le rapport inverse. La construction du réel est beaucoup plus individualisée désormais. Elle est dans l'individuation, une part volontaire, une démarche chargée de la particularité individuelle qui retournera à la consensualité sur les bases d'une expérience hors de l'apprentissage par le corps social. La non-prise en compte par notre système d'éducation de ce process est sans doute ce qui explique le mieux, à travers la crise pédagogique actuelle, l'émergence de cette puissance nouvelle. Image, instantanéité, reconstruction ou mise en autonomie du récepteur, ne sont pas seulement un avatar de l'utilitarisme lexical visant à fabriquer de l'efficacité. Nous vivons déjà tous actuellement sous la double articulation naissante de nouvelles conditions expressives : notre interprétation, celle de notre exploration calculée s'affine, en mettant en jeu des notions non sémiotiques assez fondamentales, qui dépassent de loin le cadre de cet ouvrage[31]. Nous voilà alors devant une interrogation nécessaire. Contrairement aux potentialités intrinsèques et communicatives mais finies d'un texte par exemple, de l'espace cognitif et imaginaire du récit, laissant à l'individualité une autonomie créative particulière mais incertaine, la virtualisation pourrait avoir progressivement pour conséquence de fermer par le fait de l'immanence de sa relation à un système infini de préfigurations, textes, images et sons, cette potentialité que la forme classique n'avait que dans des échanges postérieurs et sociabilisés, cassant cette pédagogie sociale du sens : critiques littéraires, d'art, intermédiations de toutes sortes... La relation identificatoire de l'individu au texte ne disparaissant pas, la relation critique à ce qui fait plus globalement notre grand récit deviendrait plutôt un artefact d'assemblage personnel. Quant à savoir si cette situation tend vers une déculturation, ou plutôt une « désociabilisation » de la construction de ce grand récit, du sens des choses, du consensus et donc de l'exercice de la dynamique des conflits, c'est une toute autre affaire.

Par ailleurs, la mutation de notre univers sémiotique, des signes, dissociera-t-il par le fait l'individu de sa responsabilité sémantique, par le travail sur les mots comme abstractions que lui imposait jusqu'ici son propre discours?

Si les contours de la virtualité restent ainsi définis par les outils qu'on lui reconnaîtrait, dans un process de transformation constant de ce qui tend à s'organiser ou se reconnaître sur des identités de genre, pour reprendre le terme d'E. Levinas, le risque, dans cette hypothèse, viendrait en réalité de la situation du lecteur, de celui qui reçoit et recompose le contenu. À partir de là, il paraît dangereux de voir réduire l'appréhension du sens dont les textes sont porteurs, à leur forme. Ce qui n'est absolument pas certain. Pour le voir, deux niveaux sont à distinguer : celui du langage, et celui du récit.

Le premier niveau renvoie à la linguistique et à la sémiologie, celui des transformations lexicales, des langues spécialisées ou assemblages de signes. Les smileys par exemple ajoutant du sens sans être lexicalisables, les restructurations phonétiques des mots dans les sms inventant une « non-orthographe » etc.

Le second renvoie à la question plus essentielle et abstraite de la notion de récit, et à celle de la narration. Un travail sur le sens du sens, à l'appréciation plus large de celui qui reçoit tout message composite, et, dans le cas d'une expression textuelle par exemple, les choix rhétoriques à l'usage précis de ce qui veut être dit, dans la mesure où d'autres ne sont pas choisis, en constitue l'expérience du texte, dont je ferai mon expérience propre. Dans

[31] Cf. l'ensemble de la culture linguistique dans le domaine de la sémiologie, et plus particulièrement ceux de Greimas *Du sens*, ou *Essai de sémantique structurale*.

le cas d'un message composite, je n'aurai pas ces incertitudes ; j'en aurai d'autres. Comment savoir alors comment se transformera l'intelligence du narratif ? Si perte de la sociabilisation du sens il y a, aura-t-elle mécaniquement, une incidence sur le fonctionnement du sens? Ou bien aurons-nous une autre rhétorique ? Les hypothèses sur ce plan restent entières.

Il est possible de raisonner autrement à ce stade si l'on considère les mécanismes du récit tel qu'on l'envisage, en provision de la démonstration que l'on se propose de faire ultérieurement sur les grandes catégories qui font référence dans la structure du discours consensuel, et ses « données d'évidence ». Encore faut-il qu'en présentant le récit consensuel comme un (grand) récit, puis comme un compromis permanent sur les contradictions insurmontables du monde, objet de la dynamique de leur mise en conflit, les formes de communication nouvelles puissent – nous en faisons l'hypothèse - transformer ce système et ses inductions sur le sens qu'elles prennent dans la conscience des situations collectives. Même si cette exploration est un peu désordonnée pour le moment.

En fait, une grande part de ce qui a catalysé cette évolution tient aux caractéristiques des outils qui en définissent, comme on a dit, les contours, en se présentant sous un aspect essentiel, et convergent selon deux axes :

- la multiplication possible de toutes sortes d'expériences différentielles permises par les nouveaux moyens spécialisés, en particulier ceux du réseau, à l'image de la « *longue traîne* », phénomène de diffusion inverse de celui des moyens traditionnels. Ce que l'on diffuse massivement d'une source à une multitude cède à ce qui est diffusé faiblement par une multitude, pour faire un résultat beaucoup plus massif ;
- la capitalisation de simulations préventives, permettant de dissocier l'expérience du plan de la concrétude, celui qui confronte, par les essais et les erreurs, les possibles, en optimisant les risques de l'expérience, grâce aux puissances de calculs, les moteurs d'IA etc.

L'assimilation de l'un à l'autre, (la multiplication des simulations applicables à tous les domaines du champ d'expérience) a de quoi, *a priori*, raccourcir brutalement cette nécessité de l'expérimentation soumise à l'intermédiation d'une pédagogie de l'usage, dans le réel. Nous ne nous attarderons pas sur tous les aspects de la simulation, qui nous ramèneraient sur une seule composante de la virtualité qu'est le gain constant de la capacité de calcul et de numérisation (jusqu'à l'intelligence artificielle donc), et qui nous permettent toujours plus finement de nous livrer le réel comme formes et objets[32] manipulables. Cependant, cette assimilation ou sa

[32] Les objets sont des représentations totales telles que celles de la CAO, PAO et toutes les formes de

substitution par capitalisation d'expériences virtuelles disponibles sur le net surtout peuvent-elles transformer progressivement la manière dont le récit se forme et se transforme ? L'initiative individuelle assigne la virtualité à la multiplication des expériences possibles par chacun, à l'inverse de la vocation du discours politique, qui consiste traditionnellement à la prendre en charge et la traduire. D'un autre côté, le récit pris comme unité virtuelle de tous les récits fragmentaires de l'expérience (sur la société par ses membres), en sera-t-il modifié progressivement ? Y aura-t-il sur ce plan une concurrence réelle avec le contrat politique traditionnel ? La certitude qu'apporte la simulation au sens le plus large du terme (y compris les prévisions économiques et sociales par exemple), en affranchissant tout acteur de la nécessité du passage par l'expérience du concret, dans une variété grandissante de schémas substitutifs, sera-t-elle un véritable élargissement de notre appréhension du réel ? Car le risque est bien la substitution. Et la prise en compte d'une réalité de substitution laissant dans l'ombre des paramètres plus diffus mais non simulables, malgré l'étendue de nos connaissances, tout aussi déterminants pour notre avenir, n'est-elle pas le danger qui nous guette ? Un peu comme le paramétrage constant de notre avenir économique nous met dans la dépendance de sa suite et ne fabrique pas d'alternative au mode de vie qu'il implique. Si sa consistance se construisait sur un abandon du risque que représentent les essais et les échecs dans l'action collective, condamnant la société à une voie unique au nom des expériences anticipatives des sciences sociales et de la simulation politique, par exploration des champs d'un possible préformaté, nous nous exposerions, au moins théoriquement, à cet autre danger : un réel préalablement manipulé par la réduction des expertises. Y sommes-nous engagés ? La relation de l'expérience socialisée, collective, qui a prévalu jusqu'ici, et qui faisait la légitimité des partis, ou les ruptures brutales de la conscience collective, des explosions créatives de systèmes nouveaux est-elle une antinomie de la virtualité actuelle ? Il est difficile de penser qu'elle soit effective. La question posée est autrement plus générale, en amenant cette interrogation sans cesse remise en avant depuis la naissance de la philosophie, dans sa dimension ontologique, de savoir ce qui fait réalité. Le récit, posé comme une des traductions modernes de cette histoire périodiquement racontée de ce que nous sommes et pourquoi nous le sommes, n'est peut être plus cet objet témoin que d'aucuns fabriquent pour que le retour de la suspicion, de la critique ou de l'adhésion témoignent de la poursuite de notre aventure sociale. On préfère ici, malgré l'engagement

conception calculées (simulations de crash de voitures, modélisation de catastrophes naturelles, des comportements...). Ils se distinguent des formes comme le sont de simples images, ou constructions intermédiaires symboliques, en ce sens que l'on peut agir dessus pour en tirer des conclusions en dehors de toute expérimentation réelle.

presque perdant d'avance que cela représente (puisque toute représentation est faite conjointement d'ignorance), qualifier de récit ce que tous les membres perçoivent puis racontent eux-mêmes de cette conscience collective. Le consensus indissociable pour nous du récit, par les mécanismes qui le traduisent dans la constance de ses éléments, ses invariances possibles, sera sans doute vu et manifesté autrement que comme un simple état contributif à l'homéostasie tendancielle de nos sociétés. Il est donc difficile de conclure sur cette dynamique qui serait celle de la virtualité, en la résumant comme une sorte d'étage concret, ou plutôt figuratif, dans la communication des fragments du récit. Car virtualité il y a toujours eu, même avant ces nouveaux outils.

Lexicalisation, délexicalisation… La dernière interrogation, savoir si la technologie des outils numériques peut avoir un effet retour sur les langages naturels, procède de la même double mise en perspective. Cette évolution sur des espaces culturels nationaux est-elle en fait transnationale ? S'accomplit-elle par l'usage, mais par la relation individuelle à l'univers virtuel que chacun de nous a désormais, par la puissance qui lui est donnée d'y participer en toute liberté ? Tout cela soutenu par les outils spécialisés de métiers spécialisés traduits en codes spécialisés. En confortent-ils un autre aspect, puisque, pour que l'efficience des outils de communications rende l'information la plus probable possible, l'objectivation des langages-objets qui leur sont liés doit réduire l'incertitude que leurs emprunts à la langue naturelle comportent. Dans cette double position de la langue naturelle complétée des codes, notions, concepts de langages fortement objectivés, le problème que pose l'élimination du risque polysémique du sens initial de ces codes ou concepts est depuis longtemps une composante de nos langues. Du point de vue de la lexicalisation de la langue, ces mots en passant parfois dans le langage courant l'enrichissent mais en éliminent d'autres… D'autre part, nous sommes aussi confrontés, d'un point de vue d'un pur intérêt de conservation de l'intelligence de la langue, de sa richesse polysémique, de sa capacité métaphorique et logique, à des outils mobiles et de faible capacité, qui ont généré un besoin de contraction de la syntaxe et du vocabulaire, un travail de réduction phonétique des mots assez confondant. Ainsi, un individu actif disposerait à terme, ou déjà maintenant, de plusieurs idiomes : l'un littéraire s'il a des préoccupations personnelles élevées, un suivant relevant du langage courant, un autre du langage communicationnel, un dernier du langage professionnel.

Par certains aspects, on reviendrait par cette liberté à un stade abandonné de l'oralité depuis plusieurs siècles dans nos langues, où les traductions phonétiques prévalent, en réduisant ou non, mais la question est posée de l'importance sémantique des mots et du contenu, et de la valeur de l'orthographe comme articulation du sens dans la communication, au profit d'une désarticulation induite par l'usage d'autres éléments composites et sans syntaxe d'usage. Est-ce une délexicalisation, ou une relexicalisation ignorée de la linguistique ? Symptôme d'une alerte plus que signe direct d'une évolution toujours plus complexe et multidirectionnelle de cette fragmentation, ou mutation du langage ? La multiplication des procédures, ou plus simplement la procédure comme principe, relève d'une causalité assez directe et claire qui l'associe à une règle tendancielle de fragmentation. La virtualisation n'a qu'un lien indirect de causalité avec la règle de fragmentation dans la mesure où elle est intermédiée par l'essor de l'information numérique. Mais la délexicalisation peut apparaître aussi comme la renégociation en fragments de l'emprise sémantique au profit de l'efficience informationnelle, la fragmentation par des langages secondaires (techniques) associés. Pourtant le lien de cause à effet entre la tendance à la fragmentation et la réponse qu'elle permet d'opposer à la déstructuration induite de ce qui existe ne vérifie peut-être pas la potentialité d'une destruction. Le problème pourrait se poser en termes de cohabitation, fragments opératoires recomposant la puissance de la multitude, procédant d'une intention d'être de la société ?

Du narratif au récit. Peut-être est-il trop tôt pour se pencher sur l'hypothèse, que le concept d'oralisation y soit adapté ou non, mais on ne peut nier une transformation massive et accélérée de notre langue, et sûrement de beaucoup d'autres, au profit de son lien avec une certaine transnationalisation des codes et des mots. Enoncer le problème à son stade lexical consiste à redécouvrir entre autres que l'appréhension du récit intéresse tous les niveaux de la langue (la linguistique) et de la sémantique. Bien que ce soit une opération trop ambitieuse pour qu'*a priori* elle ait des chances d'aboutir, compte tenu de la différence à établir entre le problème de l'articulation des signes et celui de la composition du sens, et dont la dialectique reste une des plus complexes à analyser, on ne peut qu'avoir une intention prospective. Ceci étant, Greimas (en 1970) dans son ouvrage de sémiotique structurale *Du sens* signalait déjà dans un chapitre sur la notation symbolique : « l*es perspectives assez imposantes que cette réflexion sur la sémiosis ouvre à la recherche sémiotique dans le domaine de la gestualité se trouvent malheureusement inexplorées et le resteront probablement aussi longtemps qu'un code de la transposition graphique satisfaisant ne sera pas établi* ».[33] Bien sûr, même s'agissant de gestuelle comme on l'entendait à ce

[33] A.J. Greimas, *Du sens*. Ed. Du Seuil, 1970 « *La notation symbolique* » p.89 et suivantes. Ce passage clôt un important chapitre sur « *les conditions d'une sémiotique du monde naturel* »

moment-là, un juste retour des choses nous livre par la pratique, par l'usage, cette codification, dans les exemples des smileys, traduction graphique codifiée de la gestualité d'« *unités gestuelles* ». En restant de « *pâles reflets de la communication linguistique* », elles sont pauvres sur le plan de la communication pratique, mais « *constituées au contraire en code de la communication de contenus mythiques, les formes gestuelles s'éloignent de la communication linguistique et retrouvent une nouvelle consistance, du fait de l'apparition du principe d'organisation fonctionnelle et narrative qui régit tous les discours, qu'ils soient de l'ordre du dire ou du faire.* »[34]. Même s'il s'agit d'un travail sur « *le discours gestuel organisé* » assez loin de nos smileys, la question soulevée est justement là, au sujet de cette contribution au monde signifiant, à savoir comment ce qui émerge en complément, parallèle ou extension du langage naturel s'articule-t-il à lui. Les smileys codifient des discours gestuels restreints au visage. Les transpositions graphiques, phonétiques faites sur le tas, et où comme toujours l'usage précède la capacité à déceler le phénomène pour le former en objet d'analyse, retournent à une interrogation de la sémiosis qui deviendrait ici hors-sujet. Dans ces conditions, la recherche du sens pour savoir dans quel sens le sens a du sens, n'aurait pas de sens puisqu'*a priori* tout laisse deviner qu'il va dans tous les sens. Mais, là est la limite de cette enquête, le lien entre performance du récit et représentation (du social par le politique), n'étant pas réductible à une problématique du sens. Investir la multiplicité actuelle des formes constitutives de ce lien, exige d'abord d'échapper au discours politique et sur le politique en le résumant à une seule narration factuelle, en toute ignorance de sa nature. Pourtant, dans les composantes possibles de cette sémiosis, et pour ce qui intéressera les formes communicationnelles du « récit » tel que nous l'entendons ici, c'est-à-dire une forme non explicite ou narrative de ce que le consensus manifeste par l'opinion, la « *doxa* », la dernière parenthèse illustrera notre propos, et ce, sous réserve de garder une idée en tête : la vision du politique basée essentiellement sur un principe de délégation contient un conflit potentiel avec l'exercice horizontal de la souveraineté en émergence qui lui revendiquera les conditions d'exercice du pouvoir. La question traitée ici reprend toute son importance si on l'appréhende en envisageant qu'il soit possible que le « récit » consensuel ne soit plus traduit par quelque forme d'intermédiation que ce soit.

La fixation lexicale et orthographique de notre langue, intervenue dans la langue du XVIème n'a cessé de s'enrichir lentement depuis. Par contre, la transnationalisation des codes a produit spontanément de très puissants signes conventionnels, performants sur le plan de leur efficacité communicationnelle : les smileys (émoticônes) et le langage SMS. Dans un

[34] Greimas, Ibidem. P. 82 « *La communication gestuelle* ».

premier cas, il s'agit de signaux reprenant la sémiotique gestuelle dont parlait Greimas, dans le second une délexicalisation de « désorthographisation » si l'on peut dire complète de notre langage naturel, en l'occurrence, pour nous, le français. Elle entame une évolution symétriquement inverse de celle de la fixation lexicale, dans ce qu'elle codifie des règles orthographiques - comme au XVIe - par reconduction des traductions purement phonétiques du langage oral. Les « t ou », « ou t », « t ki », « ki c » « c koi » etc. liés aux SMS, sont une réintroduction de la capacité du langage à créer de nouveaux phonèmes, et même à déconstruire les phonèmes et morphèmes en place (qui et ki)[35]. La rephonétisation des morphèmes existant relèvent d'une économie précise donnée par l'espace et le temps de transfert des outils utilisés. Ils ne marquent pas forcément la fin des règles académiques de l'écrit comme monopole de référence de la langue écrite ; il n'y a pas là de régression, mais une sorte de spécialisation sans spécialité de la capacité communicative. Les systèmes informatifs vont-ils continuer à développer des codes secondaires? Présentés comme des « langages » alternatifs, et utilisés parfois hors de leur contexte de communication instantanée, ces formes n'amènent pas de valeur ajoutée sur le plan du sens, mais de l'efficacité du message. En réduisant - à première vue - l'improbabilité du langage naturel.

Un deuxième exemple d'émergence moderne, qui comme le premier traduit une nécessité de s'affranchir du conflit opposant richesse de contenu et gain d'efficacité conceptuelle : les expériences de TALN (traitement automatisé du langage naturel), ou TALM (traitement automatique de la langue médicale) ont mis en avant les nombreuses questions que soulevaient différentes techniques d'encodage à des fins de traitement informatique, ce à l'usage d'un grand nombre de domaines. Le plus symbolique est celui de la médecine, qui comprend la plus grande lexicalité dédiée sans doute, mais où le texte du langage naturel est le plus abondant en lexicalisation de mots particuliers. Avec cette constante qu'avoue la communication sur le sujet de chercheurs de Paris 6 : « *cette équivalence mène en effet à une alternative manichéenne entre un traitement de l'information médicale requérant un codage contraignant, nécessairement réducteur et donc source de perte d'information, et une expression en langue naturelle, suffisamment riche*

35 La ville de Montréal a créé sur son site une version étonnante en langage SMS. Curieusement les règles non orthographiques de réduction des mots à une version phonétique alternative procèdent assez souvent d'un formalisme qui s'explique difficilement. Activité y devient aktivité, sékuritê = sécurité, ou incendie insandi. Où est la valeur ajoutée de cette procédure ? D'autre part, les akopagneman témoignent aussi de la réduction des locutions courantes selon la même procédure. La lecture de ce site est assez édifiante : on y lit une réduction orthographique incluse dans une syntaxe qui reste celle de la langue naturelle. Mais à quoi bon sur un site Internet utiliser une forme diminuée qui somme toute ne représente pas de gain de temps ou d'ouverture sémantique supplémentaire ?
On peut se reporter aussi aux 75000 termes SMS recensés par l'université de Louvain en 2009.

mais rendant l'exploitation informatique impossible, et donc considérée comme une non-information. ».[36] Nous laisserons ce texte parler de lui-même, puisqu'il n'est pas question ici de commenter la démarche ni le bien fondé d'une telle recherche, mais bien de la citer comme cas supplémentaire d'une évolution de la nécessité de remodeler le langage à l'actif de l'information. On n'agit plus dans ce cas sur le niveau lexico-orthographique comme précédemment, mais sur la « représentation conceptuelle et l'ontologie ». Les cas de langages techniques sont courants et leurs traductions en représentations conceptuelles spécifiques seront sans doute l'évolution prédominante de l'avenir proche. Sans qu'il s'agisse de simples « jargons ».

Conclure sur l'émergence de ces langages collatéraux ? Jusqu'à présent, l'analyse des récits, menée par la linguistique et l'anthropologie, se résume à ce qu'elles ont élaboré en commun sur les bases de langues naturelles reconnues comme relativement homogènes et dénotatives, y compris dans leur transposition oral/écrit. Les langages spécifiques comme dérivés et autant d'inclusions dans le langage naturel, en rapport lexical, syntaxique ou sémantique plus ou moins formellement normalisés donc articulables à la langue générique, témoigneraient-ils d'un éclatement de l'homogénéité culturelle que le langage naturel couvrirait de son intelligence ? Toujours dans *Du sens*, dans son développement intitulé « *pour une sociologie du sens commun* », Greimas établit l'existence de deux systèmes connotatifs du langage, dont il exclut qu'il soit un simple système dénotatif. Cette distinction est à la base de la reconnaissance du rôle des différents plans sémiotiques à distinguer dans le langage, entre autres celui de l'articulation constante du « *mode de l'être et le monde du paraître* » des structures culturelles. « *Un univers culturel du sens commun, connoté dans son ensemble, comme la réalité sociale vécue, apparaît ainsi, au niveau des effets de sens, comme la manifestation de la structure connotative d'une langue.* »

« Notre » récit se structure donc sur une dualité. Sera-t-il possible d'affecter cette langue fractionnée à un rôle social multiple mais dissocié de ce que la dimension connotative permet d'appréhender dans le langage naturel, pour ne la voir que comme dénotative ? Quel avenir cette évolution nous prépare-t-elle ? Ou, en d'autres termes, une dissociation trop prononcée entre « *le mode de l'être et le monde du paraître* » (Greimas) consacre-t-elle une césure plus marquée dans la construction du récit et dans la perte de la narration (connotation) du réel ? Jusqu'au XXème, le discours politique se

[36] Pierre Sweigenbaum, Bruno Brachimont, Jacques Bouaut, Jean Charlet, Jean-François Boisvieux *Le rôle du lexique sémantique et de l'ontologie dans le traitement automatique de la langue médicale.* Diam :Sim / AP-HP et Dépt. de Biomathématiques, Université Paris 6. 2010

sera essentiellement nourri de la langue classique et de toutes ses ressources. Mais la puissance narrative des langues naturelles ne s'accorde plus suffisamment aux nécessités d'objectivation de la technopolitique.

L'intrusion de langages objectifs laisserait donc supposer que ces nouveaux modes prendraient un relais plus efficace que le contenu de l'énoncé politique traditionnel comme on l'a dit dans la transformation du récit. Mais ils ne plaident pourtant pas *a priori* pour une transformation de la puissance des langues naturelles. Par contre, par cette cohabitation se trouve posée la question de la relation qu'entretiennent ces modes de contraction figurative avec la stéréotypie, que l'on décrira plus loin et selon les premières interprétations de W. Lippmann, modes déterminés par le niveau de globalité qu'ils embrassent. Plutôt donc que de changer ou agir sur l'efficience du process de réduction des stéréotypes, l'objectivation des messages leur donnerait une codification adaptée aux nouveaux outils bien sûr, mais transformerait la nature stéréotypique elle-même, en la rendant transculturelle, ce qui n'existait pas avant... Le récit, condensé dans l'occurrence par la narration des faits, en convoquant la stéréotypie (distincte du lieu commun), expliquerait les nouveaux modes figuratifs comme ceux de l'information médiatique par exemple. La construction du réel que la narration constitue à chaque occasion est concernée, et principalement sa procédure. Il est trop tôt, on le sent, pour en déduire ou infirmer le fait que le sens y perde dans sa diversité, que l'objectivation des messages entame la richesse polysémique de l'interprétation. Celle-ci pourrait – par ces mêmes outils d'ailleurs - se reconstruire simultanément. Le seul risque encouru serait celui de configurations préétablies des figures du récit, appauvrissant par là la narration, en fermant elle-même la diversité des interprétations. Car non seulement les formes spécialisées du langage, apportant la certitude informationnelle, déconstruiraient la « suspicion » systématique de la dimension sémantique des langues naturelles, mais elles l'enfermeraient dans un système de « preuves » immédiates par la multiplication et la puissance des assemblages de codes, images et textes assujettis à l'ensemble de ces langages « objectifs » seconds, en renforçant ainsi la condition de probabilité d'être une construction juste du réel. Un rêve de dictateur.

2.6. Les conflits de la certitude.

2.6.1. Le certain comme transaction, ou de la différence comme méconnaissance à la différence comme reconnaissance...

... « *Parce que la dynamique de l'égalité ne s'accommode plus d'une valorisation exclusive de l'identité commune (spécifique), les identités collectives, ces paramètres de différenciation par la multiplication desquels les individus essayent d'exprimer une part de leur identité distinctive – revendiquent désormais, au nom même de l'exigence égalitaire, elles aussi une valeur, voire des droits.* »[37].

Autrement dit, nous ignorons encore si cette revendication nous dirige vers une recomposition de la valeur d'égalité ou si nous allons vers une sorte de stratification de communautés qui, sans proprement parler de communautarisme, formerait transversalement (par thèmes d'intérêt) des communautés éphémères et volatiles, sans réel souci d'une valeur désormais « obsolète ». Les paramètres de cette différentiation, servis par des mécanismes de relais d'identification que sont les outils actuels, comme le montrent très embryonnairement les « réseaux sociaux » entre autres, se démultiplient, et cette auto-pédagogie à l'initiative de l'individu lui-même autoriserait au plus près des citoyens des formes nouvelles de cette restructuration de la valeur d'égalité à se recomposer. Mais alors, pour quelle cohérence sociale : nationale, transnationale ? Pour quelle efficience ? Si en matière d'égalité, toute la problématique du rationnel est de fonder le Juste, le Juste comme issu du vrai à l'usage de l'organisation sociale se proposera donc de régler ses formes consensuelles d'équilibre sur ce vrai. Et par effet retour, de restructurer la situation du vrai à l'arrivée d'éléments « intrus ». Et c'est bien le problème que posent actuellement les réseaux sociaux aux instances nationales sur la question de la garantie des valeurs. La difficulté à légiférer sur certains points des libertés fondamentales, par exemple sur la question de l'effacement de données personnelles, montre une complexité désormais à rester dans le cadre de ce vrai. D'où, pour effectuer les réajustements, cette interrogation permanente et rhétorique des principes qui forment la vérité du Juste. Mais cette approche-là du Juste est-elle plus rationnelle qu'éthique ? Chez Rawls par exemple, le dépassement de la vision libérale originaire réinvestit son propre champ en réactualisant deux questions.

1 Quel énoncé des choix organisationnels de la société expliciter en regard de finalités sociales énoncées ?

[37] Alain Renaut et Sylvie Mesure. *Alter Ego*. Ed. Flammarion, Champs, 2002

2 Quelle conception du bien observer dans un pluralisme de conceptions pouvant tolérer les désaccords sur ces mêmes principes, à la manière du « pluralisme raisonnable » ? Autrement dit, comment fonder l'équilibre de cette finalité.

Le « pari du libéralisme », né de la nécessité historique de la tolérance comme indispensable à la coexistence des pluralités des conceptions du bien (réaction aux guerres de religions), considère la nécessité d'un accord sur des principes communs de justice. Ainsi, jusque dans sa forme contemporaine, le « polythéisme des valeurs » ne doit pas exclure le partage de principes juridiques, affirmant la primauté du Juste sur celles du Bien. Nulle conception du Bien ne devant ainsi avoir de valeur structurante de l'autre, par une position qui lui serait accordée. *« Par rapport à telle ou telle des conceptions du bien qui sont compatibles avec la reconnaissance du fait même de leur pluralité »*[38], se trouve décrétée une autonomie du Juste sur le Bien qui fonde sa vérité, sur le fait comme que c'est de la « *conviction que les principes de justice peuvent être dérivés en toute indépendance* » dont les raisons commandent à une conception centrée sur celle d'une détermination « *des principes justes sous les seules contraintes de l'argumentation dans une discussion rationnelle* »... Or ce type de questionnement sous-entend de savoir si cette vérité est construite, conventionnellement ou non. Auquel cas, la vérité de la justice se référant aux valeurs consensuelles explicites de notre récit enrichi de l'histoire en l'occurrence, ne ferait que renvoyer aux éléments « *d'un héritage partagé des valeurs morales* ». C'est-à-dire à l'identité individuelle telle qu'elle s'exprime à un instant T de son histoire, dans lequel, on le verra, l'importance de l'alter ego, de la constitution ontologique de l'ego lui-même, articule cette différenciation. *In fine* justifiée dans une intuition morale, l'approche purement déductive et conceptuelle fait défaut, mais sans qu'on puisse en exclure malgré tout le bien-fondé. La reconstitution rationnelle qui prévaut ici est avant tout celle de l'équilibre. Le sous-entendu de valeur universelle face à la réalité de sa relativité culturelle, la Justice comme Equité chez Rawls, fait néanmoins figure d'interrogation visionnaire en face de la situation actuelle : plus que jamais la justice doit s'imposer par une construction préalable de l'équité, et donc de l'implicite nouvelle dimension de l'égalité. Mais cette révision des valeurs « *où les principes d'une juste répartition devront être établis à partir des sujets eux-mêmes comme seule instance de légitimation* » est ce que la société d'aujourd'hui revendique sur les bases de sa nouvelle « puissance ». Avec la démarche de Rawls, on peut donc noter l'apparition de cette dualité contemporaine de justice et équité, à la faveur donc de la rénovation de

[38] J. Rawls, *La justice comme équité*, section 43 : *Idées du bien dans la justice comme équité* Ed. La découverte.

l'équité au profit de la justice. Face à la conventionalité déclarée de ses déterminants, leur fragilité même peut donc être contestée. Actuellement les objections de la contextualisation, qu'expriment les fins communautaires contesteraient la propriété corrélative « *de la priorité reconnue au juste sur le bien* ». Plus largement, les exemples de perte de primauté du Juste sur le Bien se développent sous nos yeux à l'occasion des révoltes diverses qui se produisent dans le monde arabe. L'occasion d'un basculement vers nos modèles de démocratie sera sans doute érodée du fait d'un rejet de notre ethnocentrisme, mais aussi de l'absence croissante du défaut d'équité de nos modèles sociaux. D'une certaine manière, la clef du modèle libéral politique étant donc irréductible aux fins rationnelles qu'on lui assigne, puisque privé de la libre conception des choix que la liberté d'individu lui réclame, se trouve en porte-à-faux avec le Bien, tel qu'il est conçu à l'usage du Juste, ce qui, dans ces régions fera parfois la faiblesse des laïcs aussi. Le communautarisme y trouve là son incompatibilité, puisque la réaction communautariste ne reconnaît pas d'accommodation (pour reprendre le terme des auteurs d'*Alter Ego*) avec l'existence d'un « *moi désengagé* », sorti d'un contexte – culture et rôles attribués – irréductible à ses attributs, et non inséré dans un tissu concret... De telles options renégocient le fait que tout individu est héritier de ses racines culturelles, et en déduisent que le sens et la valeur subjective de ce qui fait la rationalité de certaines valeurs sont par là même définis dans l'histoire et la culture de chaque communauté. La légitimité individuelle à jouir d'une irréductible part de liberté est ainsi contrôlée par une forme particulière d' « identité narrative » assujettissant l'autonomie de l'individu à ses déterminants culturels immédiats. Si le débat libéral se trouve donc engagé sur le choix final et déterminant d'une suite rationnelle de la diversité ainsi organisée des conceptions du Bien, à l'inverse, les mêmes déterminants culturels renvoient alors à cette question : comment asseoir la consistance du rationnel dans l'affirmation du Juste, si l'on s'en remet à une intuition morale présidant à sa construction ? S'il est évident que nul individu n'est réductible à une seule conception du Bien, et que même l'affrontement inévitable de plusieurs conceptions soit une garantie par défaut d'une nécessité supérieure à trouver un équilibre hors d'elles, et par voie de conséquence, un fondement autonome d'arbitrage, la récurrence du débat avec les communautaristes montre que la faiblesse de la construction rationnelle persiste dans sa réalité constitutive. Le rapport entre la rationalité et sa culture contient une distance similaire à celle qu'il y a entre justice et équité. La relativité de l'un pour l'autre est une question de statut interprétatif. C'est justement de la confrontation des cultures, de leur syncrétisme aussi, qu'une part de volonté rationnelle peut dépasser les chocs communautaires, en particulier ceux qui nous guettent dans l'avenir. Des textes seuls peuvent arbitrer des paramètres communs issus directement non d'un réglage spontané, mais d'une consensualité reconnue exprimable comme une volonté commune. Or, une fois encore ce réglage tiendra à la conception commune de l'identité individuelle. Bon an, mal an, l'émergence d'une part de « transculture » dans chaque culture-hôte posera encore dans les sociétés homogènes, d'inévitables problèmes de communauté. Mais il n'y a plus de Montaigne pour nous rappeler la relativité transculturelle du Juste et du Bien… Sur l'axe constitutif de cette rationalité et part concrète de cet individu irréductible aux déterminations d'un Bien univoque, une contre-argumentation plus contextuelle peut naître de la considération de l'individuation telle qu'elle émerge dans la modernité, en renouvelant le fait que dans tous les cas, il soit impossible d'échapper à la logique de l'Autre, du Même, et d'une conception commune pour pouvoir maîtriser le reste. On peut déplorer que le syncrétisme économique transnational n'investisse cette transculturalité que d'une valeur arbitrale et coercitive nouvelle, craindre que les assises de la démarche rationnelle soient contraintes par l'univers conceptuel de théories économiques comme seules valeurs de référence de l'échange, faisant tant de mal aux valeurs libérales, et non celles d'une sorte d'épistémologie de la démocratie. Au vu des pratiques actuelles dans lesquelles sont immergés les citoyens, la dépendance à l'échange économique comme condition de liberté a opacifié le champ conceptuel qui nous occupe. Car les grandes organisations actuelles sont de vastes territoires humains sous la contrainte d'un objectif clair où la rationalité définit deux dimensions : celle de la production, celle de la pérennité du développement. Les actes qui y répondent, réfléchis, analysés, corrigés, induisent des automatismes qui visent le système mais aussi la conformation utilitaire de l'organisation humaine. Les conduites et les codes, y compris une forme d' « identité narrative » particulière aux très grandes entreprises transnationales opèrent parfois en interne ce travail sur le Juste et sur le Bien, traduisent et renouvellent la restructuration de leur condition – leur culture d'entreprise – selon les besoins de leur organisation.

Comment pourrait-on alors envisager que le citoyen, partie prenante de cette culture transnationale en formation, intègre différemment les valeurs de rationalité organisationnelle ou comportementale qu'elle comporte, s'agissant du champ politique ? Ce qui ne veut pas dire qu'un tel constat mette un terme de fait au questionnement social de la primauté du Juste. Au contraire, elle remet l'équité à l'ordre du jour. Mais la finalité d'une organisation économique globale se distingue évidemment par son utilitarisme, et donne à ce champ d'expérience pratique une limite. La difficulté où se trouve le citoyen de faire la transition entre les deux, tient au fait que la notion même de la démocratie exprimée ou mal perçue dans le projet libéral ne comporte par définition aucune finalité autre que celle de s'empêcher d'en avoir. Vu les dérives faites en son nom, cette position n'est plus soutenable. Le principe libéral d'équité n'est plus vécu comme garantie de la liberté. A l'inverse, de la position nouvelle de l'individu, peut se reformuler la question libérale. La volonté de primauté du Juste renverrait à une émergence concrète de la pratique de cette nécessité qu'ont les individus à trouver, dans une ou des formes organisationnelles actuelles, des formes basées sur la primauté rationnelle concrète d'autres formes, fusionnant les évolutions du nomadisme par exemple, de la pratique privée, productive et citoyenne. Tendance à reformuler de manière latente une demande qui coïncide avec les postulats de base du libéralisme. L'idée d'équilibre, d'équité, les manifestations constantes de ce qui correspondrait chez Rawls au principe de différences entre individus, contre celui de l'héritage social, culturel et de position, qui passe par des communautés, se voit dépossédée de ses formes concrètes. Dans ce sens, la société doit aider l'individu à réaliser sa liberté d'exploiter et de valoriser ses différences d'aptitude, hors du contexte culturel. Une conception plus élargie de justice, répondant à autre chose qu'à une satisfaction vulgaire de besoins et de confort (conception économique consumériste), traverse constamment, quotidiennement, les pratiques sociales. Mais la mise en relation défaillante de ces dernières avec les fondements libéraux constitue un chaînon manquant, et établir ce lien est un enjeu du niveau politique futur, dont la «*puissance de la multitude*» construira les raisons. Plus largement, la détermination du Juste installera inévitablement un contenu conflictuel à terme entre le libéralisme économique inspiré de la théorie libérale, et le capitalisme tel qu'il configure la transnationalisation de l'économie, et la destruction patrimoniale de territoires innocents. Il viendra du fait que l'échange ne pourra pas être seulement convenu comme une exploitation potentielle de la rareté et de son prix d'équilibre de marché, mais comme une programmation raisonnée des ressources à échanger. Le rythme auquel nous mettons les équilibres fondamentaux de la planète en danger a un effet rétroactif sur les réflexions ayant cours actuellement sur notre mode de développement, notre ethnocentrisme occidental, et la coercition culturelle que notre développement exerce inévitablement sur d'autres cultures, pour qu'elles participent à notre développement. Ces risques que le capitalisme financier nous fait courir sont des risques civilisationnels loin d'être anodins. Un jour où l'autre, la capacité collective de s'expliquer le réel, puis de le mettre en regard de finalités de vie – ce qui fait le niveau du politique – portera cette nécessité de primauté sur la dépendance économique, dans un même élan de reconstruction rationnelle. La solution du conflit passera par là. Corollairement, le rapport direct entre cette urgence et les intégrismes, les cultures homogénéisantes, coercitives, qui ne peuvent admettre la recherche de nouveaux équilibres constitue l'enjeu d'une préoccupation refondée du Juste. Cette obligation de passer d'une économie de l'exploitation à une économie de la programmation des ressources, la question de la dualité traditionnelle du Juste et du Bien ne se poserait peut-être plus comme avant du fait d'un principe de programmation de cette même gestion, c'est-à-dire d'un abandon de la maîtrise patrimoniale capitalistique des sols et de ce qu'ils nous offrent. Plus globalement, si l'on accepte l'idée que nous glissons par nécessité, et du fait de notre capacité à développer des technologies globalisantes, vers la programmation des ressources, tout équilibre ne se fondera aussi à la base que sur une maturation culturelle issue de cette transculturalité, et pour laquelle il faudra une culture commune, pour fonder le Juste, du vrai. Telle sera la première dimension d'une logique de la certitude...

2.6.2. Le certain comme probable.

Au chapitre d'une mise en cause que le sens commun peut faire des certitudes établies, je distinguerai en premier lieu celle de l'idée d'une continuité que nous investissons sans cesse dans la conception de notre histoire sociale. Cette continuité passe évidemment par l'interprétation dont l'histoire elle-même rend compte, en fondant l'évidence d'un principe logique de progression orientée de l'humanité. Ce qui fonde en retour l'importance de la traduction que toute politique accorde à l'homogénéité idéale qu'elle doit contenir en puissance comme en étant issue, et vers laquelle elle doit tendre par la culture de ses ressources collectives, en devenant toujours plus celle d'un monde homogène réalisant la liberté de tous. Contre l'idéal, le formalisme des modèles démocratiques a évolué vers une tension principalement prise en charge par un consumérisme libérateur, aux conséquences trompeuses, sans toutefois escamoter la question de la nature d'une égalité plus authentique et cohérente que demande la phase de développement où nous sommes arrivés. Il peut paraître contradictoire, voire choquant, qu'on puisse accuser ceux qui clament et manifestent en son nom, de la défendre d'une manière qui condamne leurs bénéficiaires naturels – les plus démunis – à ne pas en jouir... Toujours de ce point de vue, l'égalité, et en amont la capacité à disposer des valeurs ajoutées qu'elle doit redistribuer, serait-elle confisquée, conformément au diagnostic d'équité qui lui est opposé, par des couches ou des cultures qui savent les revendiquer mieux que d'autres ? La disparition sans doute durable de la croissance, dénude les différences. Les riches, les pauvres, le Nord, le Sud, les corrompus et les dépossédés... La revendication d'égalité dans le consensus actuel ne se conclut-elle pas en ce moment comme un idéal détourné par ceux qui s'en servent culturellement le mieux ? La rupture dans la continuité de stratification des classes moyennes, en charge idéologique de l'ascenseur et de l'équilibre social qui se sont développés dans les années de croissance économique, en absorbant des couches modestes devenues plus aisées, consacre aussi dans la représentation qu'on en a le début d'une rupture de la première, celle du développement, de l'inéluctabilité de son essence, ou alors de sa confiscation. L'effondrement de la croissance a donc détruit ce que cette vision basée sur l'importance numérique et économique avait construit de certitudes… Or, c'est sur cette classe sociale indéterminée par sa situation moyenne et majoritaire, que s'établissaient les rapports, discours sur la stabilité sociale, et de stratégie par la régulation de la consommation, l'accession à la propriété, et une marge suffisante d'accès aux loisirs et à la culture. Les conditions actuelles d'éclatement ou de fragmentation des formes d'organisation sociale ou de mode de vie, amoindrissent les stratégies de mise en stabilité du corps social. C'est ennuyeux ! Les fins d'homogénéisation nécessaires à la constitution d'échelles suffisantes pour s'assurer de situations transnationales de pouvoir économique peuvent échouer. En induisant en retour d'autres champs conceptuels à admettre comme possibles, car les difficultés économiques actuelles génèrent une remise en cause dans un premier temps des équilibres de cette homogénéité, mais en remettant le problème de la croissance en perspective, par la forme même qu'il faudra lui donner à cause des risques écologiques, ou mieux, d'une décroissance partielle à envisager. A ce titre, le principe d'égalité en se trouvant atteint, sera très probablement revisité par une autre revendication, celle de l'équité, mais dans des conditions incertaines, car nos démocraties ne les gèrent pas dans leurs idéaux fondateurs. En opposition conceptuelle à un moment donné avec le premier, sa mise en pratique peut entamer nos certitudes de la culture de l'égalité. Dans une économie où pour l'ensemble de ces classes sociales la richesse se mesure d'abord par une continuité de rémunération, de carrière et ses avantages associés, une société en perte de croissance atteint l'homogénéité idéale en route, les régressions s'installent, avec tout naturellement, au nom de la pérennité des conquêtes, des Etats qui payent pour tenir un contrat protecteur, et pour ce maintien des conditions de vie de tous. Mais que cherche-t-on à prolonger à terme ? Aux dépens de qui ? La précarité qui s'installe mondialement vient de la diminution de la durée du travail et de la discontinuité de son rythme, qui touchent les moins bien armés, confirmant l'économie mondiale dans ses tendances à la concentration des moyens.

Parallèlement, dans les pays européens à forte tradition interventionniste, le rôle régulateur de l'emploi est devenu problématique, en signifiant endettement. Une partie de leur population, y compris du fait du vieillissement massif d'une partie d'entre elle, sera laissée pour compte. Notre système éducatif procède, par isolement économique du système universitaire, de la même incertitude. Le renouveau de la ségrégation culturelle et le renforcement actuel vers la « *reproduction* »[39] par des filières de mieux en mieux réservées – celles des grandes écoles – aux couches moyennes supérieures, ne seront sans doute même plus garanties dans le système français. L'effritement dans tous les secteurs du « *contrat* » avec l'Etat protecteur, par son excès de coût, risque donc de progressivement sacrifier les couches de plus en plus nombreuses de populations, en voie de régression économique, sous le prétexte paradoxal de rester dans la continuité d'un modèle social en place. La clause simple consistant en retour, à l'exclusion d'autres pistes, à pérenniser l'idée que la classe politique est à charge de maintenir la cohérence originelle, aboutit progressivement à une reconduction suicidaire de ce rapport et cette problématique d'un contrat politique prioritaire à maintenir emploi et niveau de vie, renforce l'inertie devant des solutions d'un autre ordre. Mais par contrecoup, c'est la fin des certitudes. On sent bien que l'opinion dans sa crainte d'avenir, accepte confusément le fait qu'il n'est déjà plus possible d'entériner la thématique des discours de la continuité sur le mode de la réalité d'une majorité stable et en sympathie avec la classe politique. Ce contrat politique (emploi et hausse constante du niveau de vie), réussi dans le passé d'une économie de rattrapage, en réduisant tout, *in fine*, à une constante économique, voit sa pérennisation faire courir le risque de la découpler des conditions économiques réelles en continuant à faire vivre le pays au-dessus de ses moyens… Sans pouvoir faire autrement. Comment alors régler cette contradiction entre l'acceptation d'une nécessité adaptative et le désir de ne rien entamer des situations acquises ? Et comment sommes-nous amenés à jouer les hallebardiers de l'opéra ? Il est possible d'interpréter la disparition des grands mouvements sociaux comme l'effet de l'aisance progressive mais relative de la classe ouvrière, de la disparition de la lutte des classes et de ses théoriciens, de la montée de l'individualisme, ou simplement de la disparition de la classe ouvrière telle que l'imaginaire social peut encore le construire. Pourquoi ce qui actuellement représente les grands évènements politiques n'est-il plus que ces rendez-vous électoraux, dont chacun sait quelles limites il faut leur donner ? Une fois de plus, de telles évolutions peuvent ne pas avoir comme uniques vecteurs les sujets factuels (essentiellement ceux qui relèvent de la crise) qui les supportent, voire les subissent. Mais un fait plus systémique peut en être l'origine, et élargir le champ de l'interprétation. C'est l'effet d'échelle organisationnelle et de ce

[39] Bourdieu, *Les héritiers*. Edit. de Minuit, 1964 ; *La reproduction*. Edit. de Minuit, 1970.

qu'il supporte notamment, comme les effets de fragmentations dans tous les domaines. Non seulement l'accroissement mécanique des populations sur les territoires nationaux, mais aussi celui subjectif de « l'effet monde », par la transformation du territoire virtuel des individus selon les modes que l'on vient de décrire, concourant à cet effet de repositionnement que l'on traduit vite, quand on en rend l'individu sujet, par de l'individualisme. Une fois encore, dans les effets de rupture, y compris très subjectifs de la fin d'une cohérence civilisationnelle, il n'est pas absurde d'en envisager une cause infrastructurelle systémique. La fragmentation en est l'effet visible qui par lecture pratique permet d'en conceptualiser la marche. Quand les éléments d'un système croissent, qu'il devient complexe, son organisation se fragmente sur la base des règles fondamentales de sa constitution, en sous-ensembles intégrant des règles compatibles avec les premières. Or tout notre problème, c'est que cette fragmentation s'opère sur des bases qui ne sont pour ainsi dire pas représentées, ignorées de nous, tout en échappant au contrôle de la souveraineté d'Etat. Car leur mécanique, en étant systémique, n'est pas maîtrisable et notre intention ne se retourne que vers des schémas qui n'y correspondent plus.

Fragmentation et recentrement …. En se fragmentant sans cesse, le monde des objets, celui des pratiques qui lui sont associées, et la multiplication de nos vecteurs de représentation (objets techniques associés à une forme informative) ne constituent évidemment pas autant d'unités disponibles à l'analyse pour composer l'image que nous présupposons être notre société en construction. Mais leur caractéristique commune est une fragmentation qui les assimile les uns aux autres par la place qu'ils ont dans les relations types d'objet/fonctionnalité > types de messages > types individus/configurations > types-d'environnement-liens-extérieurs. Cet enchaînement ne suffit pas à articuler un système, et il faut éviter toute phénoménologie érigeant la totalisation de cette fragmentation en représentation d'une totalité. En effet, les formes « informatives » – ou spécialisation – nées des supports techniques ne nous renseignent jamais sur les dimensions non fonctionnelles qu'elles induisent. C'est au contraire le recentrement constant que cette fragmentation provoque en incidence sur l'organisation qui fournit les indices nécessaires. L'interopérabilité des systèmes informatiques et informatifs par exemple en sont un. S'il n'existe pas de piste sur la totalité du process de fragmentation tel que nous l'entendons par hypothèse ici, cet aspect, qu'on décrira ultérieurement comme un développement tendanciel supporté par « l'arborescence explosive » des technologies, est difficile à appréhender parce que mouvement en construction. Mais il est évident qu'on ne peut se contenter de lui prêter une consistance purement fonctionnelle, du fait de caractéristiques qualitatives distribuées par son recentrement dans tous les domaines. On percevra donc mieux l'essence de l'hyperfragmentation en examinant l'hypothèse d'une complémentarité infrastructurelle de l'organisation des pratiques actuelles, liées aux nouveaux outils de la vie quotidienne, aux rythmes de travail, à la disponibilité individuelle, qui toutes ont ce dénominateur commun : le report d'une certaine efficience sociale sur l'individu, ce qu'on a vu ici comme individuation. Considérer les faits précédents comme devant s'inscrire dans une continuité nous montre automatiquement une discontinuité d'héritage. L'émergence de l'explosion technologique et de son caractère transnational, pose un problème supplémentaire à une conception de l'intégration de nouveaux modes (vus comme modes de consommation surtout) de la cohérence sociale. A partir d'un seuil qu'il est bien difficile à définir, le process gagne une certaine autonomie, et il est possible de supposer une forte contribution aux transformations qui vont s'opérer durablement dans nos rapports à l'autorité, aux ressources... Enfin au titre de l'hyperfragmentation, assister donc à ce qui pourrait être une fragmentation constante du niveau de capacité à déterminer l'échelle sociale au plus près de l'échelle individuelle. Loin d'être attaché aux seules limites du consumérisme (ou alors on envisage que tout le soit), ce phénomène transversal intéresse tous les paramètres de la vie sociale, mais beaucoup plus les recentrements indispensables à la cohérence, la stabilité de nos démocraties.

Arborescence explosive et longue traîne ... Le sentiment de vivre une époque charnière est sans doute celui de toutes les générations, et l'histoire retient les différences qui les caractérisent. Sans même parler d'une accélération de l'histoire, dont on ne sait pas trop ce qu'elle veut dire, ce que l'on retiendra de cette fin de Xxe, sera certainement entre autres la formidable capacité des grandes innovations à avoir bénéficié simultanément d'un support massif et mondial de diffusion, et de développer des économies d'échelle facilitant des pénétrations dans des bassins de clientèle de plus en plus larges. Permettant ainsi aux convergences de moyens de communication immatérielle, transport, par leurs effets « mondialisateurs » de recentrement organisationnel, d'opérer des changements simultanés et identiques ou presque, dans différentes cultures, stimulant par là même ces générations de produits polyvalents, porteurs de productivité, et normalisateurs de pratiques nouvelles. La culture numérique, en étant donc d'emblée internationale, s'est assez bien affranchie le plus souvent du niveau de vie ou du statut politique des pays d'accueil. L'analyse du caractère de cette pénétration conclut en reconnaissant cette capacité que la culture numérique a eu d'être

« interopérable », et assimilée par le biais de sa technicité à un large partage d'artefacts, mêlant produits et services.

Axés sur leur polyvalence fonctionnelle, faisant d'eux des éléments de confort, d'autonomie et de productivité économique, ces artefacts que l'on peut englober comme issus des produits numériques mais pas exclusivement communicants, ne sont plus de réels produits matériels. Ce ne sont plus, par ailleurs, de simples outils. Nous ne nous étendrons pas ici sur la nature abstraite du support physique qui constitue leur enveloppe : on se contentera de remarquer que plus les gammes d'outils se subdivisent pour se spécialiser, plus leur nombre et l'offre croissent, en convergeant quand même vers l'accomplissement d'une sorte de projet informel condensant tous les aspects chronologiques, spatiaux et quantitatifs de l'ensemble des besoins de l'activité humaine, exemple constant de fragmentation / recentrement.

Cette ramification de l'arborescence des possibles, qui donne cette illusion d'accélération, est elle-même le résultat d'une fertilisation constante par croisement d'innombrables perspectives de développement autorisées par l'éclatement de toutes les disciplines et la multiplication d'entités d'intermédiation des connaissances, et leur capacité de diffusion. Elle définit les conditions de cette exponentialité des offres nouvelles, et amène au constat de cette situation de fragmentation – explosion - qui va se renforcer dans l'avenir, condensant donc en même temps les pratiques qu'elles induisent vers un ensemble d'artefacts assez cohérents. En somme, l'hypothèse sur l'avenir étant que plus ces pratiques s'étendent à des univers nouveaux, plus elles autogénèrent un dispositif technique et créatif autogéré lui-même prêt à y répondre. En l'abordant à travers la diversification des objets qui en font les supports pratiques, et ses objets eux-mêmes, on constate que cette lecture est potentiellement beaucoup plus riche en enseignements, et moins globalisante qu'une thèse restreinte à la communication. Car ces objets, leur diffusion, les artefacts qui leur sont liés amènent à poser d'autres conditions plus objectives au développement de la communication. Dans ce process de développement de la technologie et des facilités industrielles actuelles à produire en masse, elle rappelle que le contenu de la communication n'est pas un but en soi mais vaut par les artefacts qui la constituent. Ainsi, ce n'est pas ce qui se dit à autrui qui fait communication, mais ce qui aura changé chez chacun à son accomplissement. C'est de ce point de vue qu'ils sont observés, leur inefficience parfois corrigée par des offres nouvelles, et leurs succès renforcés par des diversifications d'offre. Le meilleur exemple reste celui du téléphone portable. Véritable catalyseur de la mobilité individuelle, révélateur de l'instantanéité, il n'a cessé d'étendre ses prérogatives de communication à d'autres domaines : Internet et e-mail, Mp3 puis GPS et tous les artefacts qui y seront liés... Les exemples donnés par le groupe Chronos sur la cartographie numérique sont frappants[40] : « *La récente conférence Where.2.0 l'annonçait : nous somme à l'aube de la révolution de la localisation. (....) Interrogés sur leurs attentes en matière de fonctions sur leurs mobiles, les Américains ne s'y trompent pas : devançant –et de loin-toutes les autres attentes, 47% des propriétaires de mobiles souhaitent pouvoir utiliser des cartes sur les écrans de leur téléphone (Internet and American Life, mars 2007)* » Nous avons bien là des pistes à plusieurs niveaux. D'abord les artefacts conduisent à des demandes nouvelles auxquelles répondre, ensuite les moyens sont tous individualisables, enfin les offres qui se préparent sont issues d'une démarche générique numérique (web2.0) dont elles sont l'extension fragmentaire. Ces artefacts se fragmentent par les outils, et se recentrent par les pratiques. Mais l'articulation des deux, et l'explosion des supports et de leurs particularités procèdent bien d'une marche générale qu'actuellement le consumérisme supporte, avec cette magie simultanée de baisse des coûts et hausses de rendement global. En sera-t-il toujours de même ?

La multiplication des artefacts... Qu'est-ce alors que l'hyperfragmentation ? Ce concept né des prospectives sur la consommation dans les années 80 prévoyait une explosion des marchés de niches, par affinement de la perception des cibles, de leurs besoins latents et de la capacité du dispositif industriel à leur donner des éléments de réponse. Il était principalement prévu à cette époque un support matériel à ce développement : tout simplement la création et la mise sur le marché d'objets nouveaux, s'adressant à des entités de prospects de plus en plus diversifiés voire réduits en nombre. Depuis, le contenu immatériel qui fait le principal attrait de niche de bon nombre d'objets équipés de puces et logiciels a sensiblement transformé la donne et la nature qualitative de cette hyperfragmentation. Il a orienté ces objets vers de simples supports matériels de services. En surajoutant cette offre à la démultiplication des objets matériels « non-intelligents », ou plutôt non-ambivalents, et les effets « *longue traîne* » que la culture numérique a introduits, on peut se demander de quelle manière l'offre numériquement surdimensionnée de produits de toutes sortes ne construit pas une tendance insoupçonnée de cette hyperfragmentation : la constitution progressive d'un champ virtuel de possibles dans lequel l'individu conformerait sa propre multiplicité individuelle, du concret à l'imaginaire. Il est paradoxal de dire que le nombre produit de la virtualité, mais, pour anticiper sur la suite de notre développement, nous pourrions vivre désormais sous le cumul de petits

---

[40] Groupe Chronos, *Théma* n° 139 10 Juillet 2007

effets qui font masse, et non comme jusqu'ici d'escomptes massifs des effets. Il n'y a pas de raison que cela ne se vérifie pas, transformant la quête de ce « bonheur paradoxal » entre virtualité et imaginaire.

Dans cette hypothèse, toujours en s'articulant de plus en plus autour de la sphère individuelle, ou en second rang familiale, les objets créeraient de nouveaux artefacts, exprimant une part d'intention axée non pas sur un bonheur hédoniste contrarié, mais aboutissant dans sa forme contemporaine, à un recentrement individualisé de toutes les virtualités mûries collectivement jusqu'ici, dans la communication de groupes, ou massives, l'exercice de la *doxa* . Ce qui ne transformerait aucunement la nécessité de ce mûrissement, mais en transformerait les modes. D'autre part, sa contribution à l'individuation n'introduirait-il plus que des rapports indirects avec ses pairs, ses propres pulsions par affaiblissement des intermédiations collectives habituelles. Les résistances communautaires, structures de filtration armant certains individus plus que d'autres par leur culture, seraient-elles aussi, à leur tour, débordées pour ainsi dire par l'écrasante efficacité syncrétique de cette forme de virtualité naissante ? Se bornerait-elle elle-même à un univers limité à des potentialités pratiques ? Ses artefacts constitutifs peuvent être aussi structurants d'autres pratiques, à la fois démobilisatrices, destructrices, et constructrices d'autres perceptions. La question des réseaux pervasifs, de la nouvelle cartographie virtuelle urbaine et des services qui lui seront liés dans les années à venir, va dans ce sens. La ville-paysage, celle de la conscience paysagère, topographique, affective, ne se verra peut-être pas substituée, mais dotée d'un outil d'investigation redoutable, démobilisateur d'une construction traditionnelle de notre apprentissage perceptif. De même qu'Augustin Berque remarquait que certaines cultures n'ont pas de mot traduisant la notion de paysage parce que leur environnement ne le permet pas, nos sociétés urbaines risquent la destruction de cet apprentissage sensible comme une pratique, et où la cartographie numérique, la « chronolocalisation » donneront une représentation de notre milieu de vie comme celle d'une virtualité exploitable, sous un angle utilitaire. Des outils polyvalents du nomadisme ou de l'individuation, les prérequis de la virtualité, reconfigureraient ainsi la ville d'un topos particulier fait pour l'échange des hommes, en un topos informatif virtuel. On voit bien alors dans ce qui se profile quand on tente de concevoir tout ce qui va faire notre quotidien, que la consommation directe sur les bases du rapport primitif à l'objet va être relayée. Une couche intermédiaire de la plus grande part de ce que nous « consommerons » sera probablement constituée de services liés à ces objets, par le fait qu'ils deviennent pratiquement tous « intelligents ». Sous forme collaborative ou purement fonctionnelle, nous aurons probablement à recomposer de manière synchronique des éléments de cette virtualité en agrégats procéduraux, et à en attendre des actions et des résultats concrets, car l'infinité des possibles du monde virtuel n'est préhensible par un individu qu'agrégé en procédures visant ses pratiques. Qu'elles se répètent, et sur ces usages la pratique collective se forme, ce que l'efficience du marketing par exemple, qui vise à les prévoir, cherche à optimiser par une réponse marchande, par deux types de stratégies : des stratégies de niches, ou de masse. Si les objets ont toujours été porteurs de procédures, c'est maintenant leur interrelation, leur interopérabilité qui les déterminent. Mais une fois de plus la conclusion de ces remarques ne fait qu'amener une même question. Si nous sommes en route vers une économie de l'efficience se substituant à celle du confort, ou s'y superposant, que vise collectivement son résultat ? Quels objectifs et pour reprendre notre terme, quelle finalité ? Ou mieux, une finalité autre que celle de transformer nos systèmes sociaux, nos démocraties en outils généraux de rendement financier ?

Le resort de luxe et le téléphone portable… Pour prolonger ce qui vient d'être dit, même si rien *a priori* n'autorise à établir une relation directe entre le service d'un resort exotique très haut de gamme et un téléphone portable – l'un est un objet, l'autre un service - des analogies sont possibles par le biais de ce qu'ils ont intégré tous deux de la dématérialisation de l'offre, et malgré les apparences, d'une manière assez parallèle.

« *Pour dépasser la saturation des marchés ainsi que l'étau d'une concurrence effrénée, la « nouvelle offre » se doit de coloniser les territoires intimes de l'existence de chacun en en promouvant une relation individuelle et captive : ravir le client dans tous les sens du terme !* »[41]

Le téléphone portable est un outil emblématique, parmi les objets constituant une bonne représentation de cette arborescence explosive. Il permet de comprendre plus que par d'autres, comment les produits de consommation ont saturé leur propre contenu fonctionnel, et de ce point de vue ont épuisé, dans leur situation de concurrence très sévère, leur valeur marchande. Une nouvelle valeur concurrentielle a dû s'établir sur les bases de l'interopérabilité, où l'environnement étendu des fonctionnalités secondaires des objets s'est progressivement adressé à d'autres types de liens que le consommateur devait avoir avec l'objet d'une part, et plus collectivement d'autre part. Ce téléphone est un véritable miroir, une sorte

41 Michel Henoshberg et Philippe Moati sont professeurs d'économie, membres du « think tank » Forum d'Action Modernités.

d'alter ego amplifiant la capacité de l'individu à affiner son rapport au monde.

L'offre hôtelière sur certaines destinations exotiques, bénéficiant du développement des transports et de l'enrichissement de certaines couches sociales des pays développés, a déplacé par effet de concurrence l'objet de ce process de service, et a en quelque sorte dématérialisé la notion de luxe comme apparat et mise en scène, au profit de celle du contenu du service comme image de cet apparat, condition sur laquelle doit reposer cette notion nouvelle du luxe. Par contre, de la même manière que notre portable, et pour ajouter de la valeur à l'offre, la conception du luxe va s'adresser à la personne, s'adresser à toutes les facettes de notre dimension personnelle. Par le service attaché à la personne et non plus au statut que vous représentez, le luxe ne s'attache qu'à votre ego. Dans les cas extrêmes, un besoin de massage à 2h du matin, un repas aux chandelles en tête à tête à 4h ou un déplacement personnalisé à un endroit précis ne doivent poser aucun problème, et signifient un dépassement de la différenciation de votre statut social par convention rémunérée. Dans ce nouveau cas de figure, la gestion de cette conception du service dématérialise à son tour le contenu relationnel physique, humain, à travers lequel s'exprimait l'écart de statut social. Car le luxe ne s'adresse plus à ce différentiel et à ses barrières culturelles, mais à un pur dialogue avec l'ego du prospect. L'objet du marché, ce n'est plus de marquer ou consacrer la différence et les plaisirs implicites des effets de castes, mais la tarification des pulsions, désirs, affects, et autres manifestations constituant la complétude du moi. Une stratégie de l'offre qui rappelle celle de notre téléphone.

Petits causes, effets massifs… la longue traîne, dont nous devons l'appellation à Chris Anderson[42], qui elle, s'applique à la consommation, est symbolique de l'état général de cette évolution. *La longue traîne* est en fait la mise en évidence d'un paradoxe de distribution (édition de musique au départ) survenu lors de l'avènement d'Internet, concernant des produits restés jusque-là à l'écart d'une diffusion de masse. L'effet d'occultation des exigences d'une organisation pyramidale de la distribution ne se consacrant qu'à des produits formatés de distribution massive (pas de distribution à moins d'un certain nombre de ventes espérées) a disparu, et les condamnés ont pu sortir de leur position de victimes d'effets de seuil. Les distributeurs se sont aperçus que désormais, lorsqu'on comparait les courbes de vente en distribution « bacs » et la distribution sur Internet, la courbe des ventes par ce dernier canal était très plate en nombre d'exemplaires d'entités éditées

[42] Chris Anderson, *La longue traîne*, Edit. Pearson, 2009

vendues, mais d'une longueur infinie en nombre de ventes. Par son immatérialité (téléchargement) Internet avait littéralement détruit la logique des effets de seuil et le monopole de la distribution matérielle, et donc toute logique de rendement par distribution massive de quelques produits, au profit d'une diffusion d'une myriade de produits en petite quantité, mais constituant une masse économique constante beaucoup plus importante. Ainsi l'exemple du nombre de références dans la grande distribution, en matière d'édition musicale ou cinématographique et de celle que diffuse Internet, est caractéristique d'une évolution majeure.

Entre W-Mart (4500 références et 90% des ventes sur les 100 premiers titres) et I-Tunes (20 fois plus de références où les 1000 premières ne représentent que moins de 30% des ventes) nous dit Chris Anderson[43], la différence réside dans le fait que les flux, les produits et les stocks sont un risque pour le premier, mais ne représentent rien pour le second, du fait de l'immatérialité de ses produits. A l'opposé des thèses du conditionnement et des seuils massifs, on s'aperçoit que la demande en ayant les moyens de gérer en somme le rapport qui la lie à l'offre, s'accommode de son hyperfragmentation, tout en la maintenant dans un rapport économique viable. Mais ce modèle est-il transposable aux échanges non économiques ?

En ce sens, une hypothèse induite se forme. L'arborescence explosive ne concernerait plus seulement la technologie de développement de la nature multidimensionnelle des objets, mais tous les aspects de ce qui implique un rapport d'échange, sous la conceptualisation commune de produit, y compris les services compris comme tels. On peut s'interroger sur la capacité de ces stratégies à faire désormais des prospects captifs, fidélisés. Puisque tout l'objet de cet éclatement des offres est par fractionnement, d'encourager le butinage, il faut admettre que, comme pour notre problème hôtelier, les stratégies centrées sur l'individu, en demeurant caractéristiques du consumérisme actuel, contiennent en puissance la formation d'un tournant majeur : celui que l'autonomie des prospects fait courir à tout ce qui engage une stratégie de masse. Ceci n'est pas anodin, et ne peut se résumer à un paradoxe anecdotique concernant le monde de l'échange. Le fait est symptomatique d'un trait commun concernant en puissance tous les domaines, y compris la ré-industrialisation possible de nos pays. Comme un recentrement, contrepartie de la fragmentation. Il suffit de recouper cela avec un peu de prospective à très court terme, et comprendre comment l'initiative individuelle, armée des outils actuels de numérisation de la production et des niches de productivité qu'elles impliquent, permettra de réorganiser absolument tous les secteurs de la production sur des entreprises de petites dimensions et dans des bassins régionaux, à des prix compétitifs et hors

[43] Chris Anderson. Ibidem.

grande distribution. Tout ceci peut concerner l'alimentaire, le bois, le textile, les produits techniques et ménagers : des PME fortement « numérisées » (équipées d'outils numériques) pouvant engager de petites séries sans gros investissement de temps d'études, et mieux changer et renouveler des gammes très souvent ou rapidement en fonction des opportunités de marchés-cibles. En fait, par exemple, pouvoir faire de « l'Ikéa » sans avoir besoin d'un marché de masse, et mieux, en renouvelant les gammes ou en les changeant du tout au tout. Il n'est pas inconcevable non plus de voir disparaître progressivement les vieux dinosaures de l'industrie automobile qui n'ont dû leur essor qu'au principe d'un équilibre des coûts lié à une diffusion massive. Les exemples sont nombreux et les voitures électriques peuvent redéployer cette forme industrielle. Il suffit que les élites gavées de grands principes et inféodées à l'idée que tout doit se concevoir massivement au profit d'une économie forte cessent de barrer la route à ce genre d'évolution (défavorable aux grands groupes). Si dans son sens le plus répandu, l'innovation est ce qui résulte d'un effort de recherche appliqué à un domaine de la production, de l'industrie, ou d'une discipline, comme la recherche fondamentale, inutile de revenir sur la transnationalisation des entreprises et de la contre-productivité de leur lobbying, dont on voit les effets quotidiennement, en termes d'échanges et d'implantation ou de dégradation diverses. En échange, les besoins des entreprises en formes organisationnelles nouvelles ont élargi la notion d'innovation, élargissant de ce fait cette notion à la capacité individuelle d'inventer en résonance avec un environnement d'activité fortement numérisé. Les implications concrètes et le champ conceptuel de l'innovation, pris dans le sens où on vient de l'entendre, rendent donc indissociables un transfert de l'organisation des tâches vers de petits noyaux humains, ou individus, d'une réforme de capacité de l'entreprise elle-même, donc sa réactivité au marché. Ses cellules de base, d'échelle réduite, reviennent à des capacités individuelles plus globalement conçues, qui font l'individuation. Sans que ceci soit systématique, et bien que la difficulté majeure à arriver à une forme performante de ce type d'organisation soit le changement des habitudes acquises, l'adaptation à ces méthodes organisationnelles devient une inévitable nécessité. On peut deviner aisément qu'il ne se limite pas à la sphère professionnelle. Sa caractéristique est justement d'être globale, et de procéder à une remise en cause de comportements acquis allant bien au-delà de cet environnement professionnel. C'est ce qu'il est intéressant d'observer. Fait majeur dans ce processus, les outils logistiques qui fondent l'ergonomie de cette nouvelle donne sont ceux dont le même individu va se servir, souvent au profit de comportements et organisations similaires, dans sa vie domestique, et plus récemment on l'a constaté lors de la période électorale, sa vie citoyenne. Cette forme distribuée de l'innovation qui concourt donc à la réussite des transformations de structures organisationnelles est une incitation extrêmement favorable à réagir à notre déstructuration actuelle. A contre-sens des nécessités économiques assujettissant les besoins d'innovation à leur reproduction, notre lecture à son sujet voit la société civile seule dans son évolution innover dans le sens de cette nouvelle forme d'échange, plus large mais encore ignorée. Et considérer cette situation nouvelle comme objet de la fragmentation telle qu'elle sera décrite : fragmentation par division du fait de l'accroissement d'échelle des catégories qui la concernent, jusqu'à une dispersion apparente, provisionnera ce qui suit : systémiquement parlant, s'il n'est pas surprenant que cette élargissement considérable du tissu de référence économico-social n'ait pas comme seule contrepartie que des effets culturels de recentrements confessionnels et communautaristes, et il est compréhensible que se développent bien des tendances à maîtriser plus complètement cette visibilité du monde, réglant de manière fusionnelle et sur l'universalité d'un environnement nouveau, un vieux principe d'identification/différenciation territoriale fondé sur la proximité.

Échelles et fragments. Le volume croissant de la démographie, de la connaissance et de l'activité humaine rendent le problème de la fragmentation indissociable de l'évolution de nos sociétés. L'ouverture de nos organisations intra-nationales à des organisations plus larges recompose inévitablement leur équilibre, à commencer par les représentations de leur territoire. Est-ce un fait seulement économique, ou cette restructuration atteint-elle maintenant le stade d'opérateur générique ? La question de la fragmentation ne se pose plus que comme une unique lecture de la dispersion ou profusion consumériste de produit, mais s'applique plus généralement à l'éclatement des spécialisations de la connaissance, le croisement des cultures, de la société urbaine. Un tel constat préalable permet-il d'établir un mouvement, une loi tendancielle agissant comme une des réalités structurantes de notre organisation sociale future, irréversible et lourde ? Il est vraisemblable que la réponse à cette question soit positive. Les ruptures d'échelle de l'économie, meilleur vecteur de démonstration des changements d'échelle, ne sont en réalité donc pas suffisantes à en recouvrir toute l'étendue. Nous sommes, pour la première fois sans doute dans notre histoire, confrontés à un renversement complet de l'univocité de notre relation au monde. L'exemple de l'Internet, montre que nous sommes dans une manifestation concrète de cette situation : et ce, contre toute progressivité, intermédiation culturelle d'aucune sorte. L'Internet est d'emblée la totalité du monde qui se concentre en nous, sur lui-même. La relation devient biunivoque dans la mesure où le questionnement qu'il permet revient sur les filtres de cette univocité, en faisant à ce titre de la fragmentation un préalable structurellement nécessaire. Mais si l'importance de l'information prend une dimension très particulière, tant sur son impact de développement qu'en tant que matériau « bruyant » par l'abondance, les effets organisationnels s'en font sentir avant tout comme des catégories culturelles qu'elle transforme. Comment mon autonomie nouvelle commence-t-elle par organiser le monde pour pouvoir interpréter l'organisation de mon entreprise, de l'Etat, de ses instances autour de moi ? Ce qu'on croyait des process de l'intermédiation des médias, n'existe pas, au contraire d'une agrégation réelle ou subjective des individus en groupes volatiles à tous les niveaux de la vie sociale. Si la « mondialisation » d'Internet ne pose pas problème, si ce n'est sans doute par la lecture éclatée que cette nouvelle intermédiation produit, il faudra alors identifier ses caractères comme relevant d'un ceux du champ plus large, que cette réorganisation silencieuse de nos sociétés contemporaines a produit : la fragmentation d'un univers culturel considérablement élargi, contribuant aussi à la fin des certitudes. Parmi elles, le contrat politique passé avec le peuple dans une logique de développement du pays, de la personne, de l'épanouissement familial, de la consommation, de la propriété, devenant celui de la lutte contre les risques de la régression, de l'insécurité de l'emploi, du stress au travail, du maintien du niveau de consommation, de la charge croissante des non-actifs sur les actifs, de la dissymétrie du patrimoine entre jeunes et seniors, du poids de la dette entre autres, fait que le gain d'autonomie de l'individu en « mondialisant » donc l'échelle des problèmes auxquels il est confronté, relativise la crédibilité des politiques nationales. Cette perception de la récession, marque implicitement la fin d'une certitude sur la conception linéaire de notre développement économique et des éléments de sécurité qu'il apportait, notamment aux classes moyennes, en produisant symétriquement des exigences compensatoires dans le contrat. Les dispositions économiques techniques subissent l'étroitesse d'échelle de leurs réponses économiques nationales fragmentaires, et la technostructure politique voit s'émietter cette relation de confiance dans une dispersion sans cohérence apparente de son électorat. Conséquence de cette réinterprétation, les dispositifs nationaux non autonomes accroissent l'anxiété d'une opinion voyant la logique du « *toujours plus* » (emprunté à de F. de Closets) se dégrader sous la pression des évènements. Pour une raison assez simple qu'elle percevra : l'échelle des solutions n'est pas au rendez-vous. C'est ce qui mettra une limite politique à la fuite en avant. Les dissymétries se payant par des chocs d'autant plus graves que ces fuites auront été durables. A un moment donné, la rhétorique de modèles sociaux compris globalement comme inaliénables risque de ne plus tromper que ceux qui en ont envie. Pour prévenir cette panne, le rapport monolithique conçu autour d'une continuité sociale en équilibre doit trouver un mode contractuel nouveau dans une situation d'échelle politique nouvelle. La question qui se posera alors sera de savoir comment acteurs, classes sociales et institutions vont « installer » pour leur compte, une logique de reconduction de ce contrat, dans une situation subjective de représentation de la continuité du tissu mondial, des cultures et d'une situation d'échelle qui, à l'heure actuelle, n'a pas de structure lisible. Les nationalismes européens indiquent à quel point ce problème de rupture d'échelle inquiète l'opinion, à près de 15 à 20% de la population de beaucoup de pays d'Europe par exemple, dont la xénophobie témoigne. Sur le plan des réponses aux problèmes sociaux attendues de la part des politiques par les citoyens en mutation, les options « techniques » ont œuvré au maintien des principaux axes systémiques de la sécurité économique pour tous. C'est la base même de la démarche adaptative technique. En se découplant donc des idéologies passées, les nouvelles pratiques ont tendance à faire de la dynamique des systèmes une référence en elle-même, pour elle-même. La neutralité organisationnelle des orientations de la nouvelle échelle de l'économie a cantonné luttes et idéaux au rôle de simple coquille rhétorique, en rendant, pour des raisons d'opportunité politique les mutations organisationnelles induites et spontanées invisibles au plan de ce contrat politique. Nous aspirons par de nouvelles formes générales naissantes à rétablir des équilibres issus de principes qu'elles contredisent, et ce jusqu'au profil de nos démocraties. Le consensus révèlera sans doute progressivement mieux par ses fragments organisationnels la capacité que l'opinion a d'être en communication, en dialogue avec elle-même. En conclusion : rien n'est certain.

2.7 Les conflits de l'identité du politique.

Recentrement : administration de principes ou de moyens. Puisque l'administration des choses - dans le sens que sous-entend notre héritage démocratique - ne peut se résumer à la stricte application de principes, la collectivité distribue et reconfigure les rôles qui sont prêtés par la pratique à ses membres, et retourne à la qualification des procédures en ce qu'elles se conforment en permanence à cette intention. Dans sa retranscription moderne la « *puissance de la multitude* » spinozienne met en défaut l'équilibre liant principes et pratiques. L'évolution de ce fait, basée sur les contingences de performance économiques du XXe, ont fait de l'administration des choses un système dans le système, jusque dans le moindre recoin de nos actes quotidiens. Aux missions des instances régaliennes se sont ajoutées toutes les sujétions venues de l'économie moderne et de ses effets, notamment dans leur dimension consumériste. Et cet effet de système a créé les exigences qui lui sont liées : performance interne et externe dans la définition et maintien des équilibres de confort et de sécurité. La diminution de la croissance va continuer à mettre cette construction en défaut. Et depuis les années 90, les sujétions d'organisation tendent à gommer les différences entre le management public et privé, la modernité imposant une forme de perméabilité adaptative nouvelle, faite de souplesse et de réactivité aux changements structurels de l'ordre économique et social. Les administrations des grandes entités privées qui l'ont compris se sont souvent remises en ordre selon trois principes généraux analogues à la stratégie militaire moderne.

D'abord la **réversibilité**, qui est la faculté de « prendre un virage à 180° » si les circonstances l'exigent, sans conséquence pour l'organisation, la tactique et les délais de réaction pour adopter une position nouvelle dans son environnement. Et contrairement à la tendance de fond à la stabilité qu'elle aura, la situation contradictoire dans laquelle cette option la met, exige une autre manière d'envisager la réponse pyramidale au traitement des contingences stratégiques, notamment sur ce que nous développerons sur l'irréversibilité : en un mot, l'organisation doit se dissocier de sa propre histoire et doit se lire comme un objet recomposable au contraire de son objet même, lieu de son histoire. Dans la stratégie des entreprises modernes, toute organisation doit être conçue dans ce sens, et l'atténuation de la conception pyramidale, en faisant alors peser la charge de la marche de l'entreprise ou d'une organisation sur la « base » qui va faire l'essentiel de sa capacité à la réversibilité, vient donc de l'exigence d'un partage accru et consensuel des objectifs de l'organisation. La filialisation, ou le morcellement sous d'autres formes d'organisations tentaculaires transnationales est sans doute une des composantes de la fragmentation d'échelle. Rendant alors la réversibilité possible.

Ensuite l'**asynchronisme** qui conformément à ce qui vient d'être posé, est la faculté de distribuer l'information en vertu des critères d'une efficience et immédiateté modulées selon la charge qu'elle représente, en évitant toute distribution pyramidale et ses effets de perte d'information, de bruit, ou de filtration. Situation nouvelle de distribution non-hiérarchique de la diffusion de l'information, que les moyens de communication actuels permettent à un haut degré d'efficacité. La seule marque hiérarchique étant alors plus consensuelle et conçue autour de la capacité allouée à chacun de réagir selon sa situation. Dans la société civile qui présente les caractères potentiels d'une plasticité d'accueil supérieure aux organisations fermées que sont les entreprises, les organisations éphémères, provoquant des événements « en réseaux » ou en réel sont nombreuses. Ce sont les manifestations directes de la « *puissance de la multitude* » par celle de petits outils de communication fortement individualisés. Ces faits dans leur ensemble tiennent de l'asynchronisme. Or, dans la société civile, l'individualité est une ressource presque « atomique », indivisible, et adaptable aux différents objectifs qui lui sont assignés par l'usage : économique, biologique et culturel. C'est le palier zéro de la fragmentation. C'est aussi l'objet du nombre et sa puissance. Dans une organisation fermée – entreprise, association etc. - la réduction organisationnelle donnée par l'objet social recrée des conditions de l'homéostasie, de la stabilité. Or, dans certains cas et modèles actuels, cette contrainte à la stabilité se voit entamée dans le sens des process asynchroniques du fait même des exigences de réversibilité (les modulations d'heure, l'organisation individuelle du travail, l'itinérance). D'autre part, le morcellement, la filialisation, l'externalisation sont des tendances organisationnelles répondant aussi à ces évolutions d'asynchronisme, se rapportant en retour à une fragmentation d'activité permise par les mêmes outils que par ailleurs. Il y aurait – il y a - donc *in fine* une relation directe entre l'échelle et la fragmentation dans ce cas-là. L'interprétation systémique de l'école de Palo Alto l'identifierait sans doute comme une morphogénèse, cette division systémique se produisant lorsqu'une trop grande complexité fonctionnelle nuit à son « existence ». La division devient alors une réponse par la multiplication d'entités spécialisées accomplissant une part de la fonction ou des fonctions d'origine. L'homéostasie est alors garantie par son propre éclatement, et sa réorganisation. Et pour conclure ce point sur une nuance, il faut admettre que si l'échelle crée de la fragmentation, c'est en fait dans une logique organisationnelle et assignée à des objectifs. Dans l'absolu, cette relation est potentielle. Les outils actuels ne lui ayant pour ainsi dire donné qu'une efficience supplémentaire.

Enfin la **porosité au milieu**, que nous appelons comme telle pour traduire un fait simple : la nécessité vitale qu'il y a à être en constante situation d'échange avec l'environnement, dont on tire son équilibre et son objet, y compris la compréhension de la propre histoire de l'organisation dont on fait partie. Innover pour occuper des niches de marché, créer des dispositifs efficaces d'écoute des entités au contact des prospects, optimisation permanente des rapports d'échange et de communication. Les « commerciaux » de grandes entreprises le savent bien, et le vivent en général en pratique avec plus ou moins de réussite dans leur propre structure.

Plus largement, toute organisation ayant un objet social explicite est concernée par cette constante relation à son milieu. Et là encore la fragmentation joue, puisque par effet d'échelle, l'efficacité d'un résultat s'établit proportionnellement aux « surfaces » de contact entretenues avec le bassin environnant. Socialement, les classes moyennes ainsi concernées regardent la cohérence apparente de leur situation d'une autre manière. Elles constatent partout la fragilité d'un univers qui s'est transféré pour former ailleurs, dans des systèmes de croissance de rattrapage, de nouvelles classes moyennes en cours d'homogénéisation (Inde, Brésil, Chine pour prendre les exemples courants), marquant par cette occasion un arrêt des formes internes de l'ascension sociale et de ses valeurs, circonscrites aux rentes de situation d'avantages concurrentiels de notre culture industrielle nationale. Ce qui est en cause dans nos process est bien la pérennité de cet avantage, sur lequel nous spéculons toujours, alors qu'il n'en présente plus. Cette implosion signale actuellement la destruction prévisible d'une conception de la « moyennisation » comme élément de stabilité. Du même coup, elle détruit aussi cette cohérence nécessaire à la constitution de thèses ou théories politiques de contrats consensuels, où le bénéfice économique renforcerait la valeur des rapports humains. Un concept flou et très élastique, sans cohérence conceptuelle sociale réelle, caractérise ainsi le recentrement des classes moyennes, entamant le modèle constant d'émergence vers le mieux-être et l'homogénéité qui a présidé jusqu'ici. La difficulté croissante chez les analystes à pouvoir distinguer des catégories sur lesquelles édifier des modèles comportementaux stables doit-elle orienter la réflexion vers une conception de l'organisation sociale éclatée en communautés d'identification éphémères ? L'individuation dynamique remplacera-t-elle une individualité générique de mise en forme d'atomes de la démocratie, dépositaire de principe des libertés fondamentales? Ou la dynamique de l'individuation serait-elle en résumé cette tension à construire dans ce système fragmenté une pratique propre de recentrement, par des communautés d'appui se construisant, dans la durée de nos démocraties, un sens particulier de leurs libertés ? Hors de tout contrat politique connu jusqu'ici pour ce faire ? Cette réflexion de Claude Rivelline : *« combattre l'horreur économique et son cortège de souffrances (chômage, exclusion, stress, etc.), représente cette difficulté que cette horreur fait aussi des heureux»* a dans la simplicité de son énoncé quelque chose de terrible, car les gens heureux appartiennent à un cercle qui se restreint et s'assimile à la dégradation de nos univers. Le renforcement de pôles de puissances, tendu vers une croissance d'échelle permanente pour répondre aux performances du rétrécissement du monde (en distance et communication), assujettit les structures sociales à une exigence de prévisibilité, et donc de stabilité de tous leurs systèmes, selon les principes de morphogénèse, pour résorber les effets de la fragmentation. Le souci de gouvernance mondiale s'inscrit dans cette logique : coordonner l'ordre économique à leur profit. D'un autre côté, des classes politiques, dont aucune idéologie de référence ne prône plus la radicalité, subissent ces ruptures d'échelles du fait de la même situation de concurrence avec des cercles toujours plus larges et puissants de décisionnaires. Les cérémonies en G8 ou 20 font figure de tristes séances de rattrapage, où le diagnostic des malheurs du monde répare en quelque sorte la totale perte de contrôle que les nations ont, des problèmes évoqués. D'autres structures moins visibles préparent efficacement le partage de ces contrôles, dont les groupes pétroliers par exemple sont souvent les emblèmes. Loin d'une inféodation du politique, le problème qui se pose dans la traduction concrète des intentions est bien celle de l'administration des moyens. Et privé de moyens, le politique ne peut donc que les exprimer ou… nous endetter. Dès lors qu'il est « ailleurs » et peu perceptible dans son existence tangible, le rendement financier de ces pôles de puissance est garanti d'une participation contraignante et au respect de l'effort collectif, la croissance devient l'art soit d'accommoder les restes, soit de se plier à une science de la restriction. La croissance est donc à établir en tant que telle, avec son lot de fausses raisons, boucs émissaires ou idéo-économistes de l'effort. Le rapport privilégié des classes moyennes dans ce concert n'existe plus que dans la formalité de nos intentions démocratiques énoncées par la politique.

Goût des chiffres et phénoménologie du spontané. Dans la pratique de cette formalité, l'usage des chiffres est alors essentiel. Cette science statistique du tout-dire en œuvre dans la réflexion technopolitique entretient le cycle fermé des évidences préalables à la carte pour reporter l'action sur les aspects correctifs de ce que révèlent les chiffres. Car le calcul implique des opérations certaines, et l'image de rationalité des chiffres est là pour accréditer ce qu'on révèle aux peuples sur ce qu'ils sont ou ce qu'ils pensent d'eux-mêmes, aux dépens - par une lecture en creux - de ce qu'ils pensent d'ailleurs autrement, puisque les questions sont posées en les limitant aux domaines où l'on présuppose que le public interrogé sera capable de répondre. Les sondages sont ainsi faits de questions non conçues par celui que l'on interroge, et dont le choix ne vaut que pour l'appréhension plus globale d'un résultat en hypothèse. Ils ne renvoient qu'aux préoccupations exclusives des sondeurs (les sondages électoraux par exemple). En confirmant donc sous des aspects multiples les préjugés ou idées d'évidence qu'ils ont. En rentrant progressivement dans les modes opératoires de la démocratie d'opinion. En fait, le politique ne relayant plus les attentes des citoyens pour faire des arbitrages entre des options économiques ou culturelles relevant dune conception générale de la société future, mesure constamment des réponses à des besoins (sur le mode consumériste), et se met à l'écoute de groupes, communautés, corporations : tout ce qui constitue à un moment donné l'occasion d'une quantification, quitte à reconfigurer leur vue des organisations pour en faire des objets préhensibles par l'observation chiffrée. L'enjeu politique devenant, comme on peut le voir actuellement en observant les campagnes, y compris présidentielles, une lutte concurrentielle pour une meilleure « offre politique » possible. Mais cette réduction de la boucle culturelle du politique à celui du modèle de la production économique, à un schéma besoin/produit contient un risque majeur. Les chiffres ne produisent que du vide. Par ces mécanismes, la connaissance statistique induit ainsi par fragmentation des cercles toujours plus restreints une mise en scène de personnages sociaux qu'elle entend dessiner et dont progressivement tous les paramètres lui échappent. On comprend pourquoi en revenant sur ce qui vient d'être dit de la fragmentation et des morphogénèses qui sont celles de nos organisations sociales, le sondage politico-médiatique ne peut s'intéresser qu'à ce qu'il perçoit, et ignore ce qui émerge. En plus de confirmer une complexité inaccessible à la compréhension commune, cette fragmentation (à l'opposé de l'analyse sociologique conduite à limiter - à juste raison - les conclusions partielles à son champ d'investigation et à y rester) enrichit l'approche journalistique et politique dans un discours qui tend en général à conclure - à tort - à une réalité qui dépasse son champ d'analyse. Mais le politique est un savoir sans épistémê… Evidemment, cette situation n'exorcise pas les peurs, et les élites qui en savent tant ne savent pas plus que tout un chacun en restituer quelque chose de cohérent. La nature de la parole sacrée telle qu'on l'entend ici se confine à une connaissance et une explication du monde sans autre ressource heuristique que celle du récit d'observations fragmentaires déjà constituées, redistribuant en somme un produit neutre et sans valeur réelle. Confirmant par là ce mode que Denis Muzet appelait (dans *les Echos*, 6 Mars 2007)[44] « *le récit médiatique* ». Cette difficulté de légitimité de la neutralité journalistique, qui porte en grande partie ce message chiffré, aux reproches faits au système politique lui-même. Tous deux participent de la même absence de recul de sens dans leur appréhension de l'état du monde,

[44] *Nous sommes là dans un processus assez proche du fonctionnement du mythe dans une acception assez large, et tel qu'on le conçoit dans ce qui suit... Ce qui veut dire que sa construction manifeste ce décalage existant entre l'héritage historique des références idéologiques anciennes, celles du monde du travail, et la nouvelle donne, notamment la balkanisation des secteurs de l'économie, sa transnationalisation, et la réinterprétation nécessaire dans le récit, des changements survenus. Le récit recompose cet héritage en constituant la structure de l'explication du monde en changement, pour assurer la continuité des règles...Le récit médiatique fait partie par souci de recevabilité de son « produit » dans ce cadre interprétatif de ce système de mythification.*

laissant le public à une interprétation assez manichéenne de la réalité. Il s'ensuit que « *le discrédit des médias s'en trouve conforté : 63% des Français jugent que les journalistes ne sont pas indépendants vis-à-vis des partis politiques et du pouvoir : 60% estiment qu'ils ne sont pas indépendants vis-à-vis des pressions de l'argent* »[45]. S'installe alors une pédagogie de la théâtralité et de l'émotionnel. On ne peut évidemment avoir confiance dans un système qui développe autant d'obsolescence et aussi peu de clarté. En l'absence d'un décodage précis des raisons de cette production médiatique, on comprendra que le diagnostic de collusion soit fait au prix d'un certain excès. Et la complémentarité progressive d'une technostructure politique et des médias par l'entrée en média-politique d'une classe d'héritiers, rend cette crise plus tangible. La neutralisation qui en résulte, hors de tout procès d'intention d'un processus hypothétique de collusion classique présupposé des puissances d'argent et de l'information, est ce nouveau produit informatif et politique assez directement formaté par cette relation à l'opinion, par une philodoxie certaine. Le fractionnement parabolique du réel devient le véritable maître du jeu. Progressivement les acteurs des médias disputent le commentaire et le « récit mythique » à la classe politique qui lui est associée. De cette confrontation, un acteur à fonction arbitrale est né, mis en position de la connaître, et d'interpréter des faits : l'expert à la parole sacrée, résultat de l'instrumentalisation de ces oppositions partielles. Avec cette conclusion constante elle aussi d'évidence : plus l'investigation est fine, plus le monde se révèle complexe.

L'émergence de la parole sacrée… Si les cailloux du chemin n'indiquent pas où il va, la surabondance des quantifications de toutes les données factuelles, économiques, sociales, qui se retrouvent sur les *mass medias*, premier paramètre de cette parole sacrée, a dans notre quotidien un effet certain de brouillage par accumulation brute et indigeste des figures du monde. Paradoxes, contradictions, incompatibilités, renforcements, tels sont les résultats de découvertes ponctuelles additionnées, issues du monde des données mesurées. Que l'on n'ait pas les grilles de décodage, c'est un fait. Les chercheurs et spécialistes sont là pour ça, la remise en ordre des données brutes étant leur fonction. Ce qu'il ne faut donc pas regretter puisque leur intervention, experte par définition, nous apprend sur notre réalité des aspects indiscernables dans la généralisation que nous avons tous tendance à faire de notre expérience courante individuelle. C'est même tout l'intérêt en sciences humaines, des statistiques et mesures. Mais ce qui pose problème en l'occurrence, ce sont les conditions instrumentalisantes du système médiatique, sans fin manipulatrice certes, mais assujettissant le diagnostic au

---

[45] Les sondages de *la Croix* 7/8 février 2007

récit du journalisme, du quotidien, dans une nécessité de coller au sens commun courant (c'est l'objet même du discours journalistique à la différence de celui des experts, qui ne sont pas dans une nécessité de théâtralisation), globalisant, et par nature réducteur, de la réalité même décrite par l'expert. Son intervention aboutit à légitimer le récit médiatique dans lequel il s'inscrit. Cette instrumentalisation, relativement neutre de toute perversion manipulatrice, opère une mise en conformité de la communication journalistique. D'où cette dualité : d'un côté la légitimation de la parole sacrée (rien de mieux ne peut être dit que ce que dit l'expert) qui se constitue sur la technicité de la connaissance, de l'autre la situation de cette parole : s'il est maître de son savoir, l'expert ne l'est pas de l'opportunité de la question. *In fine* c'est l'institution, en fonction de ses plans de communication (liés parfois au calendrier législatif), qui définit en réalité une grande part de l'opportunité de l'intervention des journalistes, qui, par ce besoin, instrumentalisent l'expertise. Sa mise en situation reste toujours extérieure et étrangère au contenu propre que ce savoir contient. Ainsi se fabrique un produit, comme toute ingénierie le fait pour un commanditaire dans la vie civile.

Plus frappante est la transformation progressive des figures du monde, récente d'à peine un demi-siècle. De leur statut dans notre représentation collective. Ces fragments chiffrés de réalité ont pris le pas sur les représentations idéologiques en cours jusqu'à la fin du XXe siècle, avec comme seuil symbolique de rationalité et de neutralité l'intégration des sciences humaines et les sciences statistiques, établissant une limite préservatrice contre le statut coercitif de l'idéologie. Mais la façon dont se légitime, dans les médias grand public de préférence, l'avis autorisé des spécialistes, des experts, contribue certainement à fragmenter la représentation que la société a d'elle-même. Ces faits mesurables toujours plus fragmentaires ont affaibli les représentations qu'ils construisent, et ont perdu leur force du fait de notre difficulté à y percevoir une cohérence interne et organisée. L'implosion des schémas traditionnels philosophiques et idéologiques en a imposé une lecture spontanéiste, régressive. Et de cette absence de moteur de cohérence, de grille de lecture, l'explication du monde se relativise, et combinée à cette masse d'informations sur tout, se vide. L'avènement du produit est accompli. Le processus cumulatif des faits génère complexité de lecture et chaos des images. Mais la confection de ces petites entités d'informations, de ces produits éphémères dont la règle de vie est que l'un fasse oublier l'autre, ne répond à aucune question... Avec, disons-le encore, cette conclusion constante à la marge de tous ces messages : plus l'analyse est fine, plus le monde se révèlera complexe.

Et plus le politique, en se spécialisant devra être délégué. Dans un schéma adapté faits/chiffres/diagnostics/réponses, schéma fonctionnaliste, le politique accrédite à son tour le besoin de déléguer à des hommes publics spécialisés, l'ensemble donc de la technopolitique. Celle-ci adopte d'ailleurs ce mode fonctionnaliste pour s'auto-évaluer, contrôle que les médias relaient sur le même mode que les autres messages produits. Ainsi la boulimie certaine des chiffres, (la « *tyrannie des chiffres* »), en œuvre dans la réflexion du fonctionnalisme technopolitique, entretient le cycle fermé des évidences préalables (croissance, développement, consommation, popularité, efficacité etc.) pour concentrer l'action politique sur les nécessités correctives que désignent les chiffres. Avant même qu'on se demande, ou qu'une réflexion soit produite, pour comprendre comment elle s'alimente, et avec quel niveau de pertinence s'effectuent les inductions des données aux conclusions pour acte, l'évidence est là : corriger. Et à ce titre, la complexité du monde est un incendie qu'il faut contenir.

Le résultat est sûrement complexe à analyser, mais se caractérise par une situation mettant le citoyen en état de subir, en l'absence d'une opinion précise, la parole sacrée, incapable qu'il devient de comprendre aussi pertinemment par son expérience personnelle la complexité du monde, cet agrégat de faits dont la structure lui échappe. Progressivement, la structure originelle de la grille de lecture de sa société par le citoyen, en se diluant, induit le recours aux spécialistes chargés de la fournir, comme une donnée incontournable. C'est le renouvellement d'une situation d'intermédiation, dans les médias classiques, où cette tendance se mesure par la spécialisation des thèmes d'informations, jusqu'à l'état d'obésité. Une fois de plus, le socle de cette fragmentation, dans un rapport de plus en plus économiquement formaté, fait du citoyen un prospect. Avec cette différence qu'il ne se procure plus une globalité, mais des fragments « pré-cuisinés » dont il a été la cible, en fonction de son statut social, de ses habitudes de consommateur. A charge pour lui de s'y retrouver. Pourtant les médias sont loin des effets de manipulation qu'on leur reproche car il faudrait pour cela qu'ils aient un ascendant total sur cette fragmentation elle-même, par définition impossible, et que l'environnement hyper-développé de notre quotidien informatif soit effacé, inopérant. Festifs ou dramatiques, les grands rendez-vous quotidiens de l'information, les seuls dont l'audience permette à tous de reconnaître des informations reflétant la globalité sociale, consomment un recours quotidien à la parole de spécialistes sur les sujets les plus divers en renforçant par collages cette idée de la complexité du monde. Or, en toute relativité le monde actuel n'est évidemment pas plus complexe pour nous que le monde du moyen-âge ne l'était pour un cerf illettré, ou le siècle des Lumières pour le paysan ignorant, celui-là même qui allait plus tard faire la Révolution. Mais le paradoxe est là : plus émergent de témoignages sur la diversité et la complexité du monde, plus la réalité échappe aux produits qui en rendent compte, *a fortiori* à leurs destinataires.

D'où l'hypothèse fréquente de la tentation d'une désaffection de l'espace public et un recentrage sur la sphère privée, dans le cadre de désillusions complémentaires du consumérisme, le moi et son pendant moderne, le narcissisme. Mais là encore les fausses questions sur le désintérêt des citoyens pour la politique ne sont qu'un effet d'opacité proportionnel à ce que ces boucles vides de l'information produisent. La lisibilité d'une cohérence sociale, ne pouvant évidemment s'accommoder d'une juxtaposition incessante de ces messages vides, la marche de la société paraît s'assurer en creux, dans la désaffection en quelque sorte. Cette médiation est-elle crédible ? Et n'est-ce pas une parade qui cache le vide, ou le produit ? Car quelle mécanique politique, économique et sociale fonctionnerait hors de la présence des citoyens, sinon parce que la désaffection indique un ailleurs où ils se reconnaissent (je pense à ce que signifie le problème récurrent des abstentions électorales) et que la technopolitique ne pourrait reconnaître sans se mettre en question ? Le processus de personnalisation – d'individuation - n'est-il pas au contraire un palier de mutation qu'une interprétation restrictive nous amène à ne juger que relativement à la fin de modèles comportementaux passés ? Face à cette complexité, une destruction-création de nouvelles exigences de fonctionnement de la structure sociale, reflétées y compris par le biais de ses inquiétudes, ne serait-elle que réactionnelle ? Le commencement d'un redimensionnement de forme dans les années 1970 puis 1990, de la dérive individualiste, concomitante à la crise de confiance symptomatique accordée à la condition politique, a en effet ouvert la possibilité au lien social de se reconstruire à travers un espace consensuel de liberté supplémentaire, concédé – et pas seulement par défaut - à un individu qui, on l'a vu, en a acquis les outils.

Le marketing est sans doute le second paramètre de la parole sacrée. N'en reste pas moins que dans ce recentrement, la surimpression des modes de consommation se diversifiant et s'appliquant notamment aux fondamentaux (se nourrir, se loger, s'éduquer), n'a jamais pu être installée dans la stratégie manipulatoire que lui attribue l'opinion courante. Les approches et les attentes des individus ne sont pas toutes déterminées par cette unidimensionnalité qui enfermerait la formidable élasticité et malléabilité de notre appareil productif capitaliste dans la conception d'un objectif unique, une dictature douce, intégrant tous les besoins humains dans l'exclusivité d'un mode d'échange marchand, y compris les préoccupations les plus immatérielles. En observant ce qui se passe dans la période que nous engageons, et que l'on pourrait reconnaître comme celle d'une reconstruction des critères de préservation du lien social, on mesurera combien les biens d'ultime génération, ceux de l'autonomie, fabriquent eux-mêmes les opérateurs d'une désaliénation souvent espérée. Ce qui n'épuise pas pour autant l'impact et la dynamique du consumérisme. Car cette libération même emprunte les éléments et artefacts à sa production. Or une grande partie des débats qui animent les analystes de la consommation est nourrie de cette nuance, et d'un fait dominant en ce qui la concerne : les raisons de son économie n'ont pas la primauté, face aux assises culturelles qui lui sont nécessaires. Il n'y a pas de victimes d'un grand complot du marketing. *A contrario*, il n'y a qu'à constater avec quelle minutie nous sommes observés, étalonnés et classés en catégories, pour voir à quel point le processus de production de l'offre consumériste est elle-même dépendante de la qualité de cette observation, en quelque sorte à la traîne des usages. Il existe au plus, dans l'intention coercitive de la séduction visée, une nécessité de garantir l'offre, mais pas de la programmer. Les observateurs de nos habitudes se trouvant dans la position de l'ethnologue, décryptent, mais sans pouvoir réel à transformer ce qui, à un moment donné, et par des processus autrement complexes va cristalliser une forme particulière de désir autour d'un objet ou d'un service. Il n'y a qu'à observer, en retour, leurs échecs dans ce sens. Les grands inattendus comme Wikileaks ou Facebook, ces enfants de *la longue traîne*, en apportent la preuve. Ceci étant, un constat s'impose, et non sans intérêt pour le point de vue soutenu ici. Nous sommes passés, dans cette histoire de la consommation, de la masse vers « l'hyperfragmentation », à un mode d'échange extrêmement fractionnaire, individualisé, par la capacité des marchés à réagir vers la finesse des réponses adaptées. Cette question est majeure, avec ses risques (*le bonheur paradoxal* de G. Lipovetski), mais aussi une contribution plus globale au processus d'autonomie que la société impose, dont elle tire actuellement sa dynamique. Cette construction d'un individu ayant acquis par la consommation les outils matériels de l'autonomie est une hypothèse centrale dans la compréhension que l'on peut avoir d'un processus non sans influence sur un retour directement en phase avec la construction contemporaine de la démocratie et d'une contre-démocratie au sens que P. Rosenvallon semble lui donner : un contre-pouvoir. La part contributive de la consommation ajoute donc comme couche supplémentaire à la production classique d'objets d'équipement, puis de confort qui s'est constituée jusqu'ici, des objets de reconstruction. Si les besoins sont satisfaits, deux éclairages sont alors possibles : ou l'on considère que le consumérisme est un mode dominant dans lequel de plus en plus d'aspects de la vie sociale sont intégrés par le biais de l'échange marchand, ou l 'on considère à l'inverse que les réponses toujours plus nombreuses en produits ne sont que des adaptations à des modes que la société a elle-même générés à partir de cet environnement nouveau, et que l'échange marchand se réadapte continûment à ces modes. Cet état se décrirait plutôt comme un processus réflexif, de rétroaction, créant de la dynamique mais aussi les réactions et les conditions de changements des rapports d'échange selon les principes de réversibilité, d'asynchronie et de porosité que l'on a vus. La dynamique d'autonomie recomposée autour de l'individu-citoyen placerait évidemment la production d'objets et de leur mode d'échange dans l'optique d'une maturation finale de la consommation, non sans en contester les autres.

Une interprétation négative du marketing accrédite assez rapidement l'idée d'une société aliénante et manipulatrice. Mais les discours convenus et la contestation dont le consumérisme lui-même s'accommode comme un artefact de plus dans sa dynamique de développement, ratent leur cible. En prêtant un pouvoir de transformation des usages que le marketing n'a pas. Le prix négligeable de produits apportant une valeur ajoutée sans rapport avec une quelconque possibilité de se transformer en un système d'équivalences prix-usages quantifiables, soustrait au système de prospective de ces officines toute prise sur la réalité actuelle. A l'exemple des logiciels, et à moyen terme de l'harmonisation du « système » des biens numériques sous des normes d'interopérabilité, du wifi, et du téléchargement, des droits et brevets, c'est la lecture de l'usage social qui continue de conformer les besoins et surtout maintenant d'en inventer des usages à intégrer au système marchand… Une transformation s'opère. Le glissement du statut de prospect-victime à celui d'un consommateur devenu acteur d'un univers plus global, qui renvoie donc en retour un message d'un type nouveau aux prospectivistes. On pourrait multiplier les exemples de ces nouvelles figures où la diversification se fait sur la nécessité de segments interopérables émergents, comme celui de l'agro-alimentaire, du temps de travail des femmes etc. Ce statut du prospect autonome ne signifie donc nullement que nous entrions dans une société d'un temps plus souple ou facile, même si là aussi l'offre s'est adaptée dans le sens du confort, du ludique et de l'individuel. La notion archaïque qui sous-entend une division nette du temps des activités collectives, et du temps privé risque, à court terme, de ne plus être très pertinente. Nous sommes actuellement dominés par la dépendance réciproque des trois éléments triangulaires dans laquelle se développe la consommation, fragmentation – norme - intégration, et qui comporte en son centre de gravité un individu à la fois autonome et en charge de son propre recentrement. Si l'on admet à travers cette évolution qui n'est pas qu'un mal, que le stade mature de la consommation est caractérisé par une capacité de performance accrue de l'individu et de la société globale (en termes d'intelligence collective), les traits que l'on doit distinguer dans ce process se résument en une dichotomie en mutation : celle de l'individualité citoyenne et privée. Actuellement, le progrès de notre technologie hégémonique n'est plus intellectuellement préhensible dans son exhaustivité par une quelconque intelligence individuelle ; non seulement dans son extension, mais comme système lui-même, ce qui rend donc toute interprétation « politique » de ce système des objets impossible à réaliser dans son exhaustivité. Et on entend ici comme politique, cette représentation que la multitude entretient d'elle-même par ses instances de médiation. Dont celles que représente la parole sacrée.

De fait, le monde occidental en réduisant la finalité de la technique à l'économique, en restreignant les lois de l'échange à leurs dimensions quantifiables, voit tout système de conformation économique échouer. Son dépassement d'usage conforme en fait ce qui le dépassera. Or, la parole sacrée se place d'emblée, en s'adressant à la multitude sans distinction spéciale de catégories, à la conscience citoyenne des individus, ce qui donne à cette conformation une position « politique » progressivement inefficiente, d'abord parce qu'elle n'apporte aucune réponse à la question de la cohérence et finalité de ces outils dans la capacité de notre société à se percevoir, ensuite, parce que le mode de fonctionnement même de ces instances ne les portera sans doute jamais à reconnaître ces évolutions. Même si la presse se met sur Internet, envahit nos téléphones, cela ne l'empêchera pas de rester dans les critères de la presse écrite. Même si la classe politique « tweete », ça ne l'empêchera pas d'entretenir les mêmes rapports avec les citoyens qu'avant. Même si les officines marchandes « pensent » notre avenir, ce sera sur le modèle du confort, comme amélioration de la condition économique actuelle, et non sur celui d'une simplicité volontaire. Même si les publicitaires jouent sur les emballages, ils n'empêcheront pas l'installation d'une culture de l'hygiène alimentaire qui s'installe en regard des risques que l'industrie alimentaire nous fait courir. La performance privée/professionnelle/citoyenne aurait-elle donc un effet de brouillage sur l' « entendement » des intermédiations actuelles, informatives et marchandes ? Un autre facteur de leur inefficience est la question d'une représentation de la destruction des ressources, comme on ne cesse de le répéter. Là encore, son expression écologique, en se heurtant à des stratégies de réversibilité comme dans l'automobile par exemple, (fabriquer des voitures moins consommatrices d'énergie mais en vendre plus) ne trouve pas ses marques. La conciliation des paramètres de l'économie de dépendance à la croissance et des dysfonctionnements écologiques de tout ordre est sans cesse dénoncée comme une impasse. La perte de temps qu'elle implique exigera toujours plus de radicalité dans la nécessité des solutions à mettre en œuvre. Tout est actuellement dans ce grand écart entre besoins à assouvir sur des modes qui nous paraissent légitimes – conquis par l'évolution et l'effort commun - et la reconstruction d'autres conduites légitimes, finalistes, assujetties à une compréhension préalable de l'état « hallucinogène » auquel notre mode de vie nous incite. Avant déconstruction – désintoxication - de la forme économique actuelle. Pour l'éviter, la parole sacrée, qui déplore, nous encourage dans une solution commode : laisser aux générations qui viennent le soin de résoudre ces problèmes majeurs. Se loger, se nourrir, s'éduquer, savoir pourquoi on le fait, seront certainement les questions premières et essentielles par lesquelles se reconcevra la solution de ces problèmes. Mais on ne peut savoir sous quelle forme. Concevoir Facebook, et ses équivalents, comme d'anecdotiques réseaux de convivialité est en deçà de ce qui se prépare. Nous avons là sans doute une figure nouvelle de la *doxa* . A une échelle que nous ne soupçonnons pas.

Complexité et arborescence… La complexité serait-elle réductible à quelques principes invariables, dont le principal serait celui de la diversification constante et inévitable de nos savoirs ? Devons-nous, à l'image d'Edgard Morin, appliquer à ce qui fait la matière du politique des préoccupations épistémologiques, en présupposant que ce que l'on établit de cette matière puisse constituer une discipline et un savoir entrant dans la longue file des connaissances ? Des éléments de fond, touchant à sa nature, maintiennent notre complexité dans un autre ordre. Le niveau politique se constitue sur la base d'un empirisme dont le discours ne vise pas la connaissance ; il est réglé par cette relation de l'agrégation à l'organisation, discutée en permanence comme intention, et nécessité de stabilité. Il est donc en partie préhensible par une modélisation systémique, qui n'en serait pourtant qu'un aspect réducteur. Par analogie avec ce qu'il dénonce à propos de fausses pistes épistémologiques – réductrices -, ne court-on pas un risque équivalent, suicidaire, à vouloir continuer avec obstination à réinterpréter ce que nous observons actuellement sous le mode d'une cohérence qui était la nôtre jusqu'à maintenant ? De développer nous-mêmes cette impasse conceptuelle, justifiant la complexité de notre temps ? Et sans le savoir, à la manière d'une « rhinocérite » d'Ionesco, entre fragmentation perceptive et sentiment de déconstruction de notre liberté par un arbitraire homogénéisant, à persister à attribuer cette « complexité » à un système présupposé en ordre, nous alliant comme un ultime recours le secours de formes partielles mais globalisantes allant de la pensée magique à la gestion technocratique des réalités sociales, pour de mauvaises réponses aux inquiétudes collectives ? La pédagogie de réduction du complexe est un frein. Dans le droit fil de cet empirisme, les schémas stéréotypés de la cohérence originelle sont souvent fils d'une anxiété « mondialisée », et renforcent d'autant les thèmes « antimodernes » jusqu'aux dérives intégristes. On le comprend aussi du fait que les mosaïques formées par chaque culture nationale, régionale, soient vécues comme entamées par des globalisations, dont la plus immédiate est évidemment l'homogénéisation consumériste économique. Elles ont été brouillées dans leurs représentations traditionnelles, et les évolutions technologiques immatérielles nouvelles ont en effet effectué un dépassement qualitatif et quantitatif tel, qu'il a ajouté un sentiment de complexité et de perte de cohérence inextricables de nos sociétés nationales. Le renforcement de la « transnationalisation » des codes et des fonctionnalités dans les modes de la vie quotidienne, à travers l'intelligence progressive des objets et des procédures, opère à chaque instant, et l' «homme numérique » jouira de cette surabondance qui construit notre futur, en s'éloignant de sa contingence géographique. La complexité nouvelle de la perception de chacun sera simultanément celle du monde. Or, cette contradiction d'une difficulté de représentation du total et du lieu, sera sans doute un facteur plus durable que celui de l'état de frustration individuel lié à la déception consumériste. A l'inverse, on comprend que cet état d'incertitude interprétative pousse à sublimer un certain nombre d'attributs positifs prêtés aux formes sociales antérieures, rurales, ouvrières ou même bourgeoises, dans leur propension à survaloriser la qualité supposée de ces liens. La nouvelle forme de nomadisme qui nous guette rompt avec la continuité de catégories morales existantes et les rituels auxquels nous nous identifions spontanément ; de nouvelles catégories de recentrement apparaissent, comme les fêtes du voisinage, symptomatiques à cet égard, pour en retrouver la substance. À l'heure actuelle le plus souvent, c'est la société globale qui nous renseigne sur notre appartenance à telle ou telle catégorie comportementale, selon une constitution d'image de plus en plus fragmentaire. Tel se verra appartenir à la catégorie « cadre moyen monoparental en transition professionnelle » et bien d'autres choses encore, avant d'être prolétaire ou bourgeois. Mais les comportements acquis dans la perspective des vérités antérieures, ne font plus nécessité face à la surabondance urbaine, en effaçant les effets d'implication directs d'autocontrôle et solidarité, et en les déléguant actuellement aux formes sociales institutionnelles de solidarité, Etat, associations d'aide, ONG etc. Nous serions par le fait d'une surabondance de biens d'un côté, et d'une pénurie sociale consécutive à cette régression des liens d'interdépendance et de leurs pratiques de l'autre, plongés dans un appauvrissement progressif de notre capacité à reconnaître du sens à notre structure collective. Pourtant, vu sous l'angle de son indispensable fonctionnalité, le lien solidaire, positif, ne peut disparaître en tant que tel, et sa transformation n'indique pas une condition suffisante à en perdre la signification. Le consumérisme, qui fait courir le risque d'un supplément d'opacité, par l'infiltration à tous les niveaux de ces modes de relations intermédiaires d'échange par des outils y contribuant, crée et propose des objets qui font le marché, mais impliquent une interopérabilité croissante de ces fragments et par là même produisent du recentrement. Nous sommes peut-être à l'amorce d'une sortie de cette spirale de la frustration, de la « *société déceptive* » (N. Lipovetski). Par une transformation très pratique, la place de l'individu et du citoyen dans cette hyperfragmentation consumériste conserve à l'individualité la qualité première d'atome central dans notre système. Ce serait même – et logiquement - celui de l'interculturalité. Mais il faut être prudent : la déception récurrente du citoyen est sans doute plus celle du renoncement implicite à certaines formes de liens sociaux auxquels il est contraint, que celle de son rapport de réalisation personnelle dans ce processus. A l'inverse, la très lente maturation qui a fait cette cohérence des cultures locales, essentiellement rurales, puis nationales, par le fait que tout ce qui était échangé était produit par un travail inscrit dans cette même culture, y compris dans sa dimension temporelle et les surimpressions de l'histoire, cette lente maturation fabriquait par là même les clefs du sens des oppositions et des assimilations qu'elle contrôlait, par ses mythes, ses croyances ou ses thèses politiques. Or le déplacement dans cet ailleurs transnational des produits-outils qui reconditionnent notre culture, la nouvelle culture du simultané qui s'instaure à travers une récente instrumentation du monde, cette béatitude de sa mise à plat parfois jusqu'au ridicule par l'obsession statistique, mettent l'individu en conflit avec la dimension temporelle nécessaire à la cristallisation de son propre comportement, née du retour incessant sur cette alchimie de l'héritage collectif et de ses expériences personnelles. Enfin, l'illusion que tout est à proximité, que la société globalement informante nous permet de vivre dans un monde « en temps réel », brouille également comme on l'a dit l'objet même des liens et codes basés sur cet héritage, associant le temps à l'acte… En apprenant par extension et par petits bouts, tous les jours, que l'état de la civilisation connaît une telle accélération que les leçons de l'histoire ne servent que marginalement, que le futur est trop sujet à des changements insoupçonnés pour être descriptible, et que nous sommes condamnés à ne construire au mieux que du court terme, donc de l'adaptation conjoncturelle aux dépens de toute utopie, « l'anti-modernité » peut apparaître comme la tentation d'une nostalgie souhaitable, et comme enjeu sur le sens même que l'on doit continuer à donner à une culture nationale, remontant elle à une Antiquité dont le recul justifie la valeur.

L'avenir n'ayant donc pas de mesure, le passé trop loin de cette accélération pour renseigner le présent, les cycles de maturation du sens même de la marche du monde s'enchaînent en événements dont la durée se fige dans le développement du présent. Nous ne serions pas loin des trous de mémoire d'Orwell... Si cette homogénéité sociale disparue s'établit sur de nouvelles bases, qui nous paraissent encore si abstraites ou marginales : « créatifs culturels », « simplicité volontaire », les concepts de relocalisation, encore faudra-t-il que, pour les identifier, nous ne nous attendions pas à les voir renaître dans les limites de notre culture hexagonale ou occidentale... Est-ce à l'inverse le fait d'une culture internationale, largement portée par les nouveaux moyens numériques ? Pour le moment la technologie prime sur le reste dans le sentiment d'internationalisation des échanges économiques, amenant ceux des cultures, dans l'ordre sans doute de leurs plans majeurs de préoccupations, de la biologie à l'écologie. Il existe dans la fragmentation actuelle, des modèles qui peuvent s'imposer. Sous la pression des questions que l'inquiétude contemporaine nous pousse à reprendre en compte, les liens de solidarité utiles à la structuration de la collectivité élargiront par nécessité le champ culturel des citoyens, dans le sens sans doute des syncrétismes que nous devinons et selon l'ordre des préoccupations communes. Les chocs culturels de la « mondialisation » ajoutent à cette fragmentation, à ces « *branchements* » selon l'expression de Jean-Loup Amselle. Le temps est fini des cultures dominantes et assujetties, ou même « d'accueil », et ce rapport se transforme par la conscience de la relativité même de la valeur des systèmes de toute culture, dans un effacement - très relatif encore - de notre ethnocentrisme. Dans la plupart des cas, c'est relativement au renforcement de notre propre système culturel qu'un certain phagocytage herméneutique se fait. Dans notre mythification de la sagesse orientale, quelle part de connaissance réelle des sociétés originaires s'inscrit-elle ? Par le syncrétisme, la fragmentation des valeurs et la question malgré tout réelle des chocs communautaires, des ghettos et des xénophobies montrent, et ce à travers le monde, que les comportements différenciatoires en même temps qu'identificatoires fonctionnent différemment à l'intérieur de cultures homogènes. Cette forme-là de la complexité se distingue des autres dans la mesure où elle n'implique pas seulement une mise au clair et en ordre systémique. C'est à un autre étage que se joue une reconstruction permanente et indispensable de la cohérence, voire l'homogénéisation du corps social. Les notions en cause sont : la démocratie, notre conception universaliste des droits de l'homme, le statut de l'autre, l'éducation et l'équité. Affronter la « mondialisation » ne peut s'interpréter par contre auprès de l'opinion de manière satisfaisante en puisant dans les stocks existants des explications héritées de la société passée, à l'usage de la société actuelle. Là se trouve pour le niveau politique l'équivalent d'un échec épistémologique. Car comment expliquer sans être anachronique l'importance de « droits acquis » ou la sanctuarisation du code du travail à des ouvriers sans usine ? Il n'est pas un thème politique ou social sur notre modèle global qui ne charge le contrat politique de ce type de paradoxe. Par quelque bout que l'on prenne sa rhétorique, tout thème (croissance, travail, PNB, mondialisation), renvoie aux autres en une sorte de récit qui conduit inévitablement à la conclusion implicite qu'en sous-entendant le maintien de l'équilibre social, ce qui est légitime, on se défend par un refus fait d'exclusions et omissions de nombre de réalités transnationales que nous connaissons pourtant. Et donc qu'on laisse cet équilibre disparaître. De plus, comme nous ne trouverons jamais ainsi des clefs nous donnant des repères venant de l'intérieur même d'une forme cognitive, la pure dimension économique l'illustre, cette tendance exclura la dimension culturelle apte à spécifier les catégories dont ils relèvent. Développement et croissance, entre autres, en n'étant jamais définis dans leur finalité philosophique et politique, n'éclairent en rien l'analyse sur l'importance économique elle-même, puisque l'explication de l'économie par l'économie reste une vaste tautologie. Le message qui nous en est donné pour ne pas le voir est implicite, et range ces notions dans l'ordre de l'inéluctable. Seules sont expliquées par les corrections que le diagnostic suggère, les limites et fonctions assignées à leurs contenus structurels, ce qui échappe aux dimensions du complexe : comment réformer alors les mécanismes qu'ils impliquent pour corriger, dans le développement général et la croissance de chaque pays, les inégalités, la pauvreté ou les préalables institutionnels comme l'éducation, la recherche et les équipements du territoire, pour recevoir l'industrialisation, et donc se développer. Mais développer quoi par ailleurs ? La dimension culturelle de l'incertitude, née du complexe, peut aussi changer de nature, en changeant de causes. Les maladies et famines sont pour une grande partie maintenant des risques contrôlés, au moins dans les pays riches, les conflits changent de nature, les pays développés exportant le risque hors de chez eux. Depuis ces dernières décennies, le contenu de nos interrogations s'en trouve changé. Les risques d'avant prennent maintenant l'allure d'un produit civilisationnel, en forme d'effets collatéraux inéluctables du développement mondial. Mais une nouvelle culture de l'incertitude s'installe, brutalement. Un monstre qui, au contraire de ceux d'avant, ne nous cantonne pas dans le rôle de la victime, impuissante face au *fatum*. L'incertitude est ce que nous générons et bien sûr appréhendons de la complexité, et du difficile rapport de l'intériorité à l'extériorité de notre champ culturel. Ce monstre nouveau est celui de nos erreurs, né aussi de la mauvaise identification que nous en faisons. Notre situation de victimes a changé. La connaissance scientifique progressive que nous avons des risques majeurs qui nous guettent et la diffusion massive de leurs effets, indiquent dans le même temps ses raisons avec une rigueur telle qu'elles nous mettent dans une situation d'être des victimes criminelles. Mais avec ce fait nouveau que plus le savoir sur l'équilibre du monde se renforcera, plus les comportements de diversion – d'ignorance - seront difficiles à justifier sous le prétexte du bien commun. Là sera d'ailleurs la difficulté nouvelle des monopoles futurs : se justifier par le bien commun. Ce renversement général de ce qui fait l'inconnu de demain, et dans un monde où rien ne peut être ignoré désormais du point de vue d'un système de causalité qui sera avant tout celui des risques, implique l'idée constante que nous puissions par là être capable de maîtriser la réparation. Mais par la même occasion, elle rend l'opposition entre savoir et opinion très critique et c'est dans ce rapport que se situe la complexité du politique. Si d'un autre côté peu à peu les certitudes installées s'effritent, si la fragmentation du réel se poursuit en messages de diversion, les solutions technopolitiques fonctionnelles laissent s'installer des contradictions conflictuelles : celles des moyens face à l'échelle des problèmes. Tout donne l'impression que nous allons d'une culture politique où se livrait un combat des certitudes, vers une politique de la tautologie prête à faire la concession ultime de démocraties d'opinion par une classe politique réorganisée en société de service. Le brouillage abolit le niveau du politique comme celui des idées, que nous compensons par une culture du programme et du projet. Or, programmes et projets réduisent ce rapport critique du savoir à l'opinion, à des dimensions qui en évacuent le contenu, et ce qu'il a de substantiel pour le futur. Il n'y a pas de meilleure illustration de cette neutralisation par omission. Les modes d'autocontrôle (enquêtes de satisfaction, ratios divers etc.) sont ceux de services déjà en place pour établir cette réalité comme seule réalité. Ce que l'on partage donc en réalité, ce sont les non-dits, les laissés pour compte du niveau politique : à quoi nous sert ce développement, comment se redéfinit l'égalité dans la contemporanéité, quelle type d'économie de marché devons-nous tolérer ou abolir, sur quels principes devons-nous nous ouvrir à la transnationalisation économique et culturelle ? Et bien d'autres questions demeurent… Légitimer dans un autre sens la mise à niveau du contenu politique à celui de l'entendement et des préoccupations de l'électorat nous rapproche chaque fois davantage d'une démocratie (d'opinion) vidée de sa dynamique d'émancipation des citoyens.

Dernier point à l'actif de la complexité du politique : l'opinion courante postule que la noblesse et la garantie de l'idée scientifique se trouvent dans une motivation qualitative, culturelle, opposant une garantie de vérité aux risques possibles de la norme quand elle dérive vers l'arbitraire. Cette garantie s'appelant progrès, connaissance. Les valeurs d'équilibre qui ont construit cette rationalité de notre système socioculturel né de l'exportation de la rigueur des sciences naissantes vers la raison démocratique du siècle des Lumières peuvent-elles encore fonctionner ? La difficulté actuelle des sciences à inspirer notre société est toute entière dans la limite qu'elles ont, à pouvoir admettre une réduction conceptuelle « à large spectre » qui leur permette de rester compréhensibles au grand nombre en restant vraies. Par ce fait, le modèle traditionnel libérateur de la recherche scientifique, affirmant la primauté d'une finalité de connaissance au profit des hommes sur sa contribution purement économique, s'inverse insensiblement dans la lecture qu'en fait l'opinion : la science peut être un risque. La technologie actuelle qui en est issue, entretient un rapport confus entre cette finalité et son rôle économique. A la libération collective par le progrès, s'est substituée l'exigence du progrès scientifique aux fins de compétition industrielle. Le mot innovation a remplacé celui de découverte, et nos prix Nobel disparaissent assez rapidement de la scène médiatique. Salvatrices sous conditions, depuis l'avènement du nucléaire surtout, les sciences ont perdu leur pouvoir de contribution aux idéologies de progrès. Sur cette inversion se construit insensiblement par cette complexité, un modèle moins idéalisé et plus proche d'une vision du monde presque exclusivement utilitaire. L'univers conceptuel des politiques l'a instrumentalisé en facteur de progrès économique, en simple brique de développement, puis de croissance. Dans notre pays, les réticences ou difficultés à remettre en perspective la recherche fondamentale (même si nous ne sommes pas en capacité ici d'en mesurer l'ampleur ni la portée réelle), sont symptomatiques de l'entrée dans cette « réal économie » de la connaissance scientifique et de sa perte de statut comme garantie de progrès.

Il me semblerait pourtant tellement plus juste d'appeler connaissances fondamentales ce que l'on nomme traditionnellement les sciences fondamentales. Non par caprice sémantique, mais parce qu'elles placent mieux les formes de savoir dans leurs attributions d'immanence du politique, car elles seules ont valeur d'universalité. Il est d'ailleurs, probable que les scientifiques eux-mêmes, pour réinvestir les objectifs d'un contrat humaniste, soient contraints à beaucoup de radicalité. Progressivement et paradoxalement, ce sont sans doute les préoccupations « écologiques », c'est-à-dire essentiellement d'équilibre maîtrisé des conséquences de notre développement, qui poussent à en faire preuve : sur ce plan, les scientifiques sont écoutés… Comme producteurs de sagesse. Des débrouilleurs de complexité. Tout ce qui concerne la maîtrise scientifique indispensable à l'équilibre d'exploitation des ressources et de leur impact est entre leurs mains y compris les « marchés », qui en ont besoin pour la pérennité de leur situation. Mais à terme le redimensionnement gestionnaire des ressources autoriserait à amorcer alors une mutation vers une économie mondiale réglée sur leurs principes, où l'autorité scientifique aurait à prendre autorité sur la pure économie de marché.... A cette condition seulement, les sciences recommenceraient à être un espace de production de la liberté des hommes. Nous serons un jour obligés de la respecter.

La conclusion de cette partie reviendrait à poser un des problèmes récurrents du niveau politique : la fragmentation, un des paramètres de l'accroissement de la population et donc du problème d'échelle. L'agrégation des individus, avant même sa manifestation comme culture, donc pure neutralité de situation, fait de la fragmentation, partie lisible et manifeste d'une morphogénèse globale et transversalement appliquée à tous les domaines que l'échelle intéresse, un pur problème de nombre. Historiquement, cette évolution s'amorce dès le colonialisme, en trouvant actuellement sa version globale. La territorialité des cultures et des économies ainsi dépassées, en mettant fin aux certitudes qui lui étaient associées, voient de nouvelles « géographies » transversales de la perception et de l'existence concrète du monde apparaître. On sent bien par ailleurs que le véritable enjeu de cette évolution destructrice des certitudes (identités) nationales relève bien de l'ordre de la perception que les individus composant ce nouvel univers - entre autres les générations à venir - en construiront. Elle est lisible dans la recomposition de la complexité du monde - ou recentrement - qui opère actuellement sur un large plan de la virtualité, avant d'en prendre des tours plus tangibles, ce qui sera sans doute la tâche essentielle de la nouvelle génération : syncrétisme culturel, nouvelles valeurs et refondations politiques d'échelle. La complexité du monde n'est pas, contrairement à ce qui se prétend dans l'opinion commune, attachée à la nature des économies et de l'échange ; l'économie de masse a systématiquement épousé ces effets de nombre, d'échelle. Or, ce ne peut être comme on le répète souvent, une finalité, et la stabilité des organisations devra se reconstruire au profit de valeurs explicitement déclarées au bénéfice des communautés humaines. Procréer, s'abriter, se nourrir, et comprendre, reviennent, au-delà d'une fantaisie intellectuelle, comme une résurgence de difficultés sérieuses auxquelles nous rappellent les milieux en rupture partout dans le monde, et la seule manière de revenir à de nouveaux états d'équilibre sera de redéfinir en qualité et finalité ces fondamentaux.

Plus théoriquement, le champ de la complexité que nous avons à cerner ici n'est pas celui qui préoccupe l'épistémologie. Ce qui fait la complexité politique, c'est le rapport critique entre savoir et opinion en brut. Et définir le niveau du politique revient à appréhender ce qui compose le rapport de la multitude à elle-même, par l'ensemble des dispositifs qu'elle se donne, institutionnels ou pas, en allant « systémiquement » et constamment de l'agrégation à l'organisation. Cette constance ne définit pas un état primitif mais un état latent de tout ce qui occurre. On devine alors que dans cet empirisme du politique, la reconstruction du réel se résume au discours, au narratif et ses catégories, jusqu'au mythe. Une fois de plus, si l'on affirme que le réel se construit, et avec d'autant plus de complexité comme processus collectif, l'importance des conflits comme système d'oppositions « concurrentiels » peut apparaître. La complexité que cet empirisme a à maîtriser est avant tout déterminée par la capacité du discours à la percevoir dans sa nature « vraie ».

2.8 L'ambiguïté de la doxa.

Sainte Doxa… S'en tenir à des distinctions déjà établies pour aborder un sujet général et controversé, est sans doute la seule manière, dans l'espace de ce monde magique et magnifique des recompositions thématiques et rhétoriques de la relation politique, de les déplacer, les amoindrir, les enrichir ou les réaffecter à des missions nouvelles, tout en les regardant dans une continuité de trajectoire, en respectant en somme une destinée qui ne heurte pas les destinataires des messages… La *doxa*, définie en grands sujets par de grands enjeux, a été canonisée sur le tard, sans doute parce que la reconnaissance de son existence, depuis la nuit des temps, a exprimé des catégories de notre relation au réel qui, dans ce rapport particulier de ceux qui disent, en accord avec ceux qui approuvent, l'a souvent cantonnée à un jeu rhétorique, à la mise à jour constante d'un discours sur ce réel. La *doxa* est donc la construction et l'héritage de ce récit continu de notre aventure sociale. Ce qu'elle met en jeu de ce point de vue, c'est la consistance du réel qu'elle présuppose. Jusqu'ici, le réel fit totalité, et l'existence de la *doxa* présuppose à son tour cette totalité. Elle renvoie donc en dernier lieu à cette construction du tout comme un idéal, et confond les deux. L'idéal doit être réel. La *doxa* en fait dans le discours un modèle. La *doxa* est une intermédiation active.

Ce, avant que sa consistance sociale soit remise en perspective par l'apparition des effets de masse, principalement des médias de masse, et du recentrement de cette intermédiation. Aborder dans notre boucle le traitement d'une réalité sous notre point de vue particulier de cette production collective, postule que ses procédures étaient réinterprétées dans une récurrence insaisissable par la collectivité. Sous l'enveloppe des règles de l'art de la délibération telle qu'une société, un groupe l'entendent culturellement, la *doxa* intègre au champ d'une volonté commune explicite ce que le consensus a d'intangible. Les règles et procédures qui le déterminent et qui font l'exercice de toute convention délibérative sont extérieures à l'articulation du récit consensuel lui-même, un peu comme dans le cas exemplaire de la controverse de Valladolid : la question posée sur le sujet (l'existence de l'âme des sauvages) exclut par définition toute expression directe du sujet. En restant un lieu d'échange programmé, le processus doxique réaménage des parts du consensus général tel qu'on le comprend ici : la *doxa* est un acte d'articulation par schèmes logiques constitués dans le partage des situations individuelles et de représentations collectives d'une totalité (extériorité dont il sera question) dont le récit tente d'articuler la cohérence. Ces articulations se confronteraient elles-mêmes selon ce modèle sous forme de séquences, même en catégories limitées par les règles doxiques à certains traits utiles à sa programmation, d'un statut d'opinion reconnue vers un process collectif de transformation ; une remise à jour de la cohérence du récit, mais au prix de la canalisation explicite de l'imaginaire. Le réel, toujours le réel... L'échelle du nombre concerné dans la collectivité structure aussi l'acte conventionnel. Le hors-sujet ou passé sous silence est alors la conséquence d'une manière rationnelle de tendre vers le but assigné par un débat, en tenant la réduction du champ consensuel comme nécessaire à l'efficience des objectifs définis. Dans le débat démocratique, le champ politique est tenu spontanément comme le plus ouvertement disponible à l'expression des schèmes consensuels. Or, tout ciblage thématique conduisant à restreindre le champ des occurrences latentes, celles de l'exhaustivité, les exclusions de certains aspects de la réalité sociale (de l'état consensuel) participent à la fragmentation de sa construction. Les *mass medias* de ce point de vue présentent ce risque et en offrent une illustration particulière et quotidienne. Si l'on admet que la démocratie parfait son schéma politique en trouvant dans la doxa la légitimité d'une représentation du réel, légitimité assurée par un cadre conventionnel de sollicitation, le retour sur l'épistémê particulière du comment, de l'opportunité d'être et de sa forme, marginalise le souci de l'exhaustivité. Ce qui fait que le consensuel n'est pas l'exhaustif, mais l'exclusif. Une fois de plus, cette alerte que constitue dans l'évocation du rôle central dans le récit de l'imaginaire, dont la probabilité d'exprimer le désir, l'intention dans le débat politique, amène à conclure par l'interrogation suivante : si la *doxa* dans la détermination bornée (qui se donne des limites) – rationnelle - de son exercice démocratique ne peut rendre compte d'un consensus qui se nourrit d'un désir, la légitimité des débats même menés dans le plus grand souci éthique, ne pourra se mesurer par une capacité à épuiser son sujet. Seuls seront cautionnés le formalisme de règles organisationnelles et l'assimilation de l'exercice du débat, de la *doxa*, à la contribution d'un consensus qui restera une conception potentiellement abusive vers laquelle tendra tout exercice d'autorité ; jusqu'à l'adhésion au pire, que le rationnel ne peut expliquer directement, sinon que le réel soit assimilé à un idéal sans l'alternative du désir. Comment se constitueraient alors ces équilibres que le collectif fabrique à partir des fragments livrés par les individus, le syncrétisme culturel, ou le récit historique et ses déformations occasionnelles ? Quel réel ce qui est légitimé reflète-t-il, au moins dans la relation politique?

De ce point de vue, l'ensemble des réflexions qui précèdent font regarder la récurrence de traits fondamentaux, dont elle maintient la cohérence, par un process circulaire, en boucle, qu'on qualifie ici de figure de l'inéluctable à l'inaliénable. Pourtant, un certain formalisme contribue à l'insatisfaction de la multitude sur le rôle du politique jusqu'à cette pratique faussement utopique de « démocratie participative ». Le désir s'estompe… Paradoxalement ce formalisme amène à ne pas accorder à la *doxa* l'importance qu'on devrait lui attribuer : une mesure de la construction sociale de sa vérité, dans la logique d'un réel préexistant, d'un « vrai » collectif renvoyant souvent aux modèles organiques de la relation individuelle au monde. Si comme actuellement la *doxa* se résout à une interprétation formelle et mécanique mal associée au consensus, observer cette restriction de la fonction du débat amène à raisonner mieux sur la détermination de la *doxa*, au moins selon sa fonctionnalité. Bien que cette restriction puisse être affectée au développement des moyens massifs qui la réinterprètent (*mass medias*), ce changement de son centre de gravité n'en n'altère pas la nature : opérer des transformations. Au-delà de ce déplacement d'intermédiation que représente l'espace figuratif-discursif des médias de tout ordre, il est difficile d'émettre l'hypothèse d'invariants constitutifs de la nécessité même de la *doxa*. S'il est donc impossible de régler leur réalité sur la base d'un bilan tiré d'un héritage, reste un lien de nécessité avec l'organisation. Car c'est ce lien de nécessité de communiquer sur une réalité légitime qui la fonde. Toujours est-il que depuis cette fameuse disparition des idéologies comme depuis l'apparition des nouveaux médias, la dynamique de la *doxa*, dans sa pratique classique essentielle de nos démocraties, est en échec. Les évolutions de la fin du 20e siècle ont détruit à cette occasion le schéma heuristique totalité-réalité-vérité et son exigence de partage collectif du débat. Ce dernier, comme procédure de légitimation, a été totalement recentré sur des outils puissants, qui ont consacré une rupture entre médias de masse et *mass medias*. L'impasse actuelle n'est pas sans conséquence sur le schéma classique en disparition, car l'impossibilité d'instaurer ou vérifier le vrai amplifie le recours à la persuasion. La parole politique s'y désintègre périodiquement, et dépasse comme actuellement, de manière assez symptomatique, son insuffisance de crédibilité dans le dénigrement de l'un par l'autre des concurrents politiques, ou par la délégation à l'expertise, au marketing politique et aux *mass medias*.

Cette perte de limite, cette incapacité à identifier un système de référence qui porte une vérité légitime amène la recherche du recevable, cette probabilité résultante du vrai, à être plus que jamais un art technique de la persuasion, impliquant un art des topiques en exercice pour éventuellement, les remanier, les démonter, ou les retourner. Elle oppose distinctement la culture de l'opinion à d'autres formes aléthiques, selon une sorte d'opposition entre philodoxes et philosophes... Où la *doxa* revient à une puissance toute formelle de l'opinion en ce qu'elle ne révèle pas de vérité seulement accessible aux gens en recherche de sa consistance, le reste n'étant que compromis grossier et insatisfaisant avec le réel, que seuls les philodoxes, les sophistes exploitent pour duper ou se duper eux-mêmes. S'en tenir là n'épuisera pas pour autant l'existence de cette nécessité d'intermédiation dont l'opinion, même la plus stéréotypée ou la plus mal formée, a besoin, dans ce rapport de compréhension que chacun doit établir avec la société à laquelle il appartient. Le territoire de fait de la *doxa* se constitue donc toujours autour de cette question d'un système d'intermédiation reconnu nécessaire et suffisant à toute élaboration d'un « juste » politique. Et comme procédure, se confond avec cette dernière. Mais « l'autrement » de la vérité, comme dynamique de production collective, dépasse les effets de la persuasion, et l'action seule sur l'opinion éclairante des élites, engendre un risque d'enfermement dans le formalisme de la démocratie d'opinion d'une dynamique de la légitimité. Ainsi, le « lieu » doxique, est un espace conceptuel d'idées nécessaires à établir les formes de la communication particulière aux objectifs de la délibération (espace thématique), qui font comprendre en retour l'importance de la dynamique des conflits (oppositions thématiques) ; un espace social de la nécessaire identification des arguments et éléments de productivité de la délibération. Caractérisé par des conditions de probabilité plus que de certitude, ce lieu, où la vérité est définie comme recevable et légitimée une fois la délibération accomplie, change de nature. La délibération n'engageant toujours que termes de probabilité la vérité qui convainc, rend probable ce que le récit rend inaliénable, puis son héritage inéluctable. Cet héritage, depuis la nuit des temps nous fait conclure le sujet de la *doxa* en relevant plus particulièrement ces deux aspects.

D'abord une pratique gnoséologique transforme toute vérité collective en une vérité probable, légitimant le juste par défaut. Une pratique de transformation qui instrumente directement l'actualité des conflits « conceptuels », et fait l'exercice en même temps que l'intelligence collectivement exercée de l'organisation. C'est la pérennité de la dynamique des conflits.

Ensuite, au-delà de sa réorganisation, à travers un éclatement récent du schéma délibératif, de son exercice, de sa procédure, l'évolution à laquelle nous assistons actuellement met les *mass medias* en concurrence avec les médias de masse, témoignant de la prise en main directe de son opinion, voire de cette gnoséologie, par ses acteurs.

La philodoxie « tendancielle » des premiers fait du recentrement son objectif de communication et tend constamment à questionner une vérité présupposée, ce qui en conséquence autorise à expliquer. Elle ne renseigne en rien sur un partage des références communes. Elle les présuppose immuables.

Le syncrétisme, tout aussi tendanciel et multiculturel à terme du second, soulève aujourd'hui plus de questions qu'on en résout. Il est possible que le mode dominant de ce pendant à la philodoxie soit une sorte d'effet *longue traîne* appliqué au schéma communicatif et à la dynamique des conflits. Il est possible que la génération actuelle des vingt ans nous montre la voie d'un process en cours.

L'ambiguïté de la doxa est donc telle, qu'en étant à la fois l'action communicative et son résultat, elle ne peut établir sa nécessaire légitimité que dans une dimension aléthique. Ce qui amène à penser que toute adhésion à cette dimension aura recours à l'imaginaire pour se former, au désir et l'intention, dans l'espace du langage. Comme par ailleurs pour tout citoyen, l'instrumentalisation des références qui lui sont utiles dans le déroulement du process délibératif devra tenir pour constituant du vrai, tous les degrés de son outillage que sont les interprétations rhétoriques, symboliques, historiques, philosophiques auxquelles il est fait appel lors de l'échange délibératif. Que confirmer ou infirmer de tout cela dans des représentations nouvelles, dans cet espace virtuel nouveau, dont la légitimité n'est pas nécessairement de se manifester comme « contre-démocratie » organiquement attachée à la conservation démocratique, mais sans doute à terme comme une démocratie parallèle ?

Du découpage d'une continuité à la confiscation de l'acte. La relation politique entre acteurs (ceux qui ont délégation d'agir sur les bases de la délibération) et le public citoyen, se cristallise finalement dans une notion des plus vagues. Sa réalité communicationnelle s'inscrit dans une continuité restreinte par le champ notionnel de l'acte délibératif ajoutant à tout ce qu'on a dit un paramètre de production collective de négociation instable et mal déterminée y compris souvent dans son résultat formel ; entre remises à jour récurrentes des topiques en cours sur chaque sujet, et fondement fonctionnel ou procédural. Reste à savoir si la délibération, comme le veut l'acception commune, continue à favoriser de la même manière les conditions du consensus ou au contraire de moins en moins, en n'en photographiant plus qu'un aspect selon le mode classique et un cadrage particulier. Et le mot est juste, car le consensus, que nous distinguons ici par le fait qu'il est le paysage dans son exhaustivité, n'est parfois que photographié ; comme si actuellement l'effet *longue traîne* cumulait à l'infini les petits clichés de toutes sortes, ceux des minorités par exemple, échappant alors aux médias « classiques » cherchant à faire des panoramiques. Mais sur les réseaux, le fait cumulatif et vivant du rapport de ces petits clichés devient visible, et parfois revient au premier plan.

Si les déterminismes des mécanismes délibératifs peuvent être considérés comme immuables par les nécessités telles qu'on les a définies, leur forme procédurale reste assujettie aux évolutions de la société, et la boucle de pérennisation de l'opinion, en restant soumise aux croyances d'une vérité produite collectivement s'autorise pour cela à un changement de manière, dont les outils actuels lui transfèrent peu à peu la maîtrise. Nous avons assisté sur trente ou quarante ans à une lente évolution où le primitivisme des photographies politiques se contentait de moins en moins de mettre en scène des hommes. Nous voyons maintenant à l'inverse des individualités se mettre en scène. L'intrusion des formes substitutives de débats d'experts, de journalistes experts, a progressivement introduit une rupture de ce temps particulier de la parole politique, et mis sur un même niveau d'autorité ces formes différentes de la parole. Par le jeu du fil rouge de l'actualité, cette dernière a été intégrée à sa continuité, où le commentaire tient lieu de conclusion. La délibération s'auto-instruit et gomme la discontinuité doxique. Faut-il craindre que le poids de l'information de masse reprenne par délégation l'élaboration collective de la délibération, avec la destruction de ce fait des moyens traditionnels du débat, de leur capacité à être, en endossant un rôle de reproduction des éléments du récit. Néanmoins, des formes naissantes de débats hors de ces médias s'installent, désormais motivées par des communautés ou par leurs thèmes d'intérêt. Dans une position extrême, la situation tunisienne a montré comment la confiscation de l'acte délibératif par un formalisme pur et coercitif n'était plus possible, ni même réaliste du point de vue même de l'oppresseur. Cette « contre-démocratie » des réseaux entame les stratégies politiques en place construites sur des idées tenaces comme celle d'une démocratie ne s'organisant que sous l'alternance, ou celle d'une délibération qui ne doit vraiment intéresser que les forces politiques dominantes (par le fait d'une opinion majoritaire), avec des composantes minoritaires d'alternative subissant les conséquences d'un effet de seuil, arbitraire parfois. Ce dogme de la dynamique délibérative fait le bipartisme dans les médias de grande audience. L'invisibilité d'une déstructuration interne du système délibératif est fille de cette audience massive, occultante des médias.

Le retour des philodoxes. Ce qu'il est possible alors de lire dans la neutralité informationnelle (sous raison « d'objectivité »), c'est l'organisation de l'éventail des restrictions thématiques presque techniquement utiles des éléments du récit, selon les mêmes modes que dans une assemblée ordinaire, celui de la restriction communicable du sens des représentations, des topiques, slogans etc. L'intention permanente de neutralité journalistique-médiatique en arrive à instrumentaliser ce rapport d'inclusivité des éléments délibératifs directement dans ceux du récit (en clair : faire les questions et les réponses), sous les apparences d'une véritable élaboration collective, exprimant l'opinion : la philodoxie. Plutôt que de parler de démocratie d'opinion, qui ne peut qu'incomplètement se réaliser à cause de la logique d'assemblage de contraintes et de choix que gouverner représente, il faut parler de formes… car l'erreur des philodoxes est là : faire de l'opinion une vérité formelle, sur les bases de ce que l'on présuppose qu'elle est. Une splendide tautologie en somme, avec cette particularité que rien ne se négocie réellement maintenant, et surtout de moins en moins la reconnaissance des enjeux de situations vraies ou plus probablement des effets de rupture et de dépendance. De ce fait, malgré les apparences, comme rien n'est à négocier, l'image de la certitude est acquise, avec elle, celle d'un inaliénable qui s'accomplit, et confirme à son tour l'image d'une inéluctable condition d'un renouvellement de l'existant. Serions-nous ainsi condamnés à produire plus de voitures pour l'éternité et pourquoi ? Personne n'a à l'expliquer. C'est inéluctable. Le conservatisme en marche des philodoxes, ne peut toutefois contraindre l'importance des ruptures et surtout la sensibilité particulière que nos sociétés contemporaines en ont, même par la théâtralisation médiatique. Mais la conclusion sur les philodoxes ne peut être que transitoire. Elle n'est qu'un signe. Dans ce domaine confus de la gestion de nos démocraties actuelles, notre intérêt doit se porter sur ce constat que nous sommes amenés à formuler, malgré un développement peut-être imparfait et fragmentaire. Nous voilà devant un système de transformation où, peu à peu, dans nos cultures occidentales, l'émergence et la diffusion de la connaissance ont créé des conditions relativement élaborées de gestion massive des éléments de la *doxa*, éloignée de son dogme classique, dont la conséquence sur le schéma de la délégation parlementaire de nos démocraties sera à terme loin d'être anodine. La personnalisation de la politique particulièrement vraie dans notre système présidentiel actuel n'en est sans doute qu'un signal paradoxal. On avance souvent le futur des démocraties directes jouant de la puissance communicationnelle qui émerge actuellement pour minimiser le rôle de la délégation parlementaire. Bien que ce schéma ne soit peut-être pas totalement imaginaire. Mais ces outils communicationnels sont aussi et avant tout des outils de partage, accompagnent des process transculturels plus larges, qui condamnent sans doute à terme les éléments les plus fragiles de nos cultures politiques nationales. La volonté politique européenne se manifestera sans doute plus par ces process émergents, que par les décisions de compromis qui ménagent les systèmes politiques en place, et par là même leurs intérêts économiques que l'on croit encore nationaux. De la manière dont on peut appréhender ces conquêtes, et définir par ailleurs ce qu'elles impliquent en process de transformation, ici ce qui revient au process de transaction, est capital. Certains rites de la démocratie parlementaire seront à porter au bilan futur des profits et des pertes, sans doute, mais ils le devront à la philodoxie. Politiquement, le contrat de la représentation est à la fois constitutionnel et moral, l'évolution de ceux qui par là escamotent la construction du vrai entame cette garantie. Fondamentalement, si la vérité ne constitue qu'une commodité de tout système, elle est instable par nature. Sa traduction politique va appréhender, représenter, gérer, conjurer ou endosser cette instabilité. Elle génère, dans cette optique, la récurrence de grandes catégories de sa représentation, qui dans un souci d'homéostasie donnera aux débats, par le grand récit, la charge de construire et reconstruire incessamment sa vérité légitime.

Opportunité d'une distinction, ou la perte de la délibération prédictive… Le grand récit est fait de tout ce qui se dit, se débat, se raconte, se trouve, se cherche, se découvre et s'interroge. Dans ce foisonnement, cette abondance incessante qui fait le matériau de notre quête, la multiplication des artefacts à disposition, reste immense. Ils constituent autant de fragments et d'autre part, analyser l'impact de cette fragmentation, de la virtualisation et de la procédure dans le déplacement ou la fragmentation de l'activité délibérative, condamne le politique, par le rôle des médias dans la formation de la délibération, vers une pratique nouvelle de la rhétorique délibérative. On peut interpréter le « marketing » politique comme une conséquence de ce phénomène. La perte de la maîtrise de la réflexion et de la délibération prédictive par la classe politique, aura un impact certain sur le rôle et la consistance de sa fonction représentative. Si l'expertise et les savoirs spécialisés, vrais médiateurs de la prédiction, se substituent au rôle prescripteur des chambres élues, la part de la « Boulé » dans l'élaboration du diagnostic et de la prédiction politique flotte dans le vide. Ainsi déléguée à un relais non politique, la prise en charge de l'activité prédictive est reportée sur des instances collatérales, hors du contrat que le citoyen lie avec le politique ; instituts de sondages et autres observatoires dépossèdent inexorablement les hommes politiques de leurs contrats opératoires.

Le consensus ne peut plus se refléter en ce sens dans une pratique univoque opérant par la mise en relation contradictoire et délibérative de plusieurs entités conventionnelles sur un sujet. Une fois de plus, la relation directe qui les associait dans un même projet praxéologique s'est vue redistribuée dans des relais d'information eux-mêmes abondants et fragmentaires. Le modèle qui veut que le consensus soit le produit de la délibération, n'appartient plus à cette histoire simple de l'orateur, armé de sa rhétorique et de sa force de persuasion, et des citoyens, délibérant dans l'enceinte du forum. Nous voudrions voir nos politiques confirmés dans ce rôle encore aujourd'hui. Ce qui reste de nos jours de ce mode-là de transformation, est l'art de souligner le contour d'un réel de convention.

2.9 L'ambiguïté du consensus.

De l'extériorité à l'univers des évidences... Si alors la délibération fait l'objet d'un process composite bipolaire, la formation du consensus en deviendra d'autant plus complexe à cerner, si tant est qu'on parte d'une hypothèse d'un rapport dialectique qui s'installe entre la délibération classique, et celle des moyens en réseau. Et comme troisième facteur, commun aux deux, l'évolution vers l'individuation telle qu'elle transforme sans cesse les conditions d'un « *Nous-Je* » de Norbert Elias par exemple. Il faut rappeler par contre qu'au-delà de sa « solidarité organique » ou de la puissance de l'identité de genre, l'individuation conteste fortement ce que l'on attribue de destructeur à l'individualisme. Même si le consensus, admis comme l'exigence d'exercice proportionnelle à la qualité d'une démocratie demeure par son extériorité insuffisant à permettre d'identifier l'essence du collectif, l'individualité « de genre » qu'il légitime ne peut être détruite par quelque effet d'individualisme, en fonction même de la liberté qu'il accorde par principe à cette entité. D'abord, parce que l'individu de référence qui a inspiré jusqu'à notre révolution ne se prête pas à la critique d'individualisme, puisqu'il n'intègre pas cette dimension ; ensuite, parce que l'autre, celui qui existe dans son individualité procède d'une interrogation constante de l'autre pour son propre compte. Puisque aussi, lapidairement dit, tout individu cherche dans la structure consensuelle, ce « *visage* » plus large, contextuel, sans lequel son identité ne peut se former. La relation individuelle avec la qualité de réponse consensuelle de la collectivité - qui passe à nos yeux pour être l'excellence de la démocratie - expliquerait la capacité de chacun à être et produire dans l'intelligence collective – le désir - une grande fécondité culturelle. L'ensemble des artefacts humains que l'enquête scientifique exclut, questionne directement ou indirectement ce désir, comme une addition en perpétuelle recherche de résultat : un roman, une œuvre plastique, une danse comme une participation au grand récit... Même contestée, la notion de *visage* empruntée à E. Levinas, joue, par sa probabilité à produire cette instabilité d'interrogation et d'attente que tout un chacun forme dans sa relation à ceux qui le composent, à conduire toute lecture d'individualisme dans une impasse. L'individuation est, comme on a tenté de le montrer, une sorte d'individualisme inverse, qui s'inspire pour son autonomie non pas du refus mais de la matière collective, se construit en y retournant, mais sous l'empire de son propre désir, sous l'autorité collective. Elle use de cette force réactionnelle à la détourner et à la « remoudre » selon les valeurs qui lui permettent une cohérence de représentation et d'action. Cette part collective est un échange qui, dans les sciences humaines constitue le cœur des enquêtes. Pourtant, cette question ne trouve-t-elle pas sa limite interprétative par le fait même de rendre compte des artefacts consensuels comme de simples processus rationnels, des attributs mécaniquement assemblés de la praxis ? La conception d'un imaginaire collectif, bien qu'on le trouve souvent mentionné, mais sous réserve qu'il reste un rivage sur lequel ces disciplines n'ont pas à s'aventurer, reste un mot. Sans doute parce que l'acception courante le cantonne à la créativité, s'entend la créativité individuelle ou raisonnée d'une équipe, un groupe etc. Or la difficulté n'est pas dans cette qualité mais dans l'objectivation de ce qui la porte : la collectivité. L'imaginaire ne se matérialise pas seulement comme des productions dont on a parlé, mais dans un rapport d'intermédiation dont la rupture, la « disjonction » raisonnée, dans notre société politique crée la nécessité. Sur le plan électoral par exemple, derrière les relevés de l'état d'une opinion changeante, d'électorats dont les choix de tendances politiques se déplacent, se discernent des constantes tenant à une absence de représentations construites d'abord, mais sans doute secondairement sur un plan plus global d'un imaginaire partagé ailleurs, non intégré à « l'offre » politique, expliquant au passage l'abstention. C'est d'ailleurs à l'occasion des élections au suffrage universel, établissant par définition le rapport univoque d'un homme seul au multiple, que les déficits de représentation résultant de la philodoxie sont majeurs. En se simplifiant toujours plus, de manière inversement proportionnelle à l'explosion de données fragmentées, des catégories préformées de généralités servent, à l'échelle d'échange mobilisée dans le corps social, de liant interprétatif, constituant la monnaie courante qui les lie. Et à l'extrême, les catégories les plus globales, les plus immanentes restent les moins signifiantes sur le plan de la rationalité, comme la xénophobie investie lors des campagnes électorales par les philodoxes, visant plus d'efficience sur le lien imaginaire, sur l'affect, et l'émotion.

Des stéréotypes pour monnaie. Si la force des stéréotypes est donc celle des évidences que l'on partage, surtout quand ils touchent le domaine politique, c'est qu'ils ne seront contredits ou mis en cause par personne tant est immédiate, spontanée et unanime la conscience de ce qu'ils évoquent. Si cette unanimité légitime une représentation communicable par le fait très réducteur de cette évidence même, la convergence des idées qui le constitue, dans leur actualisation constante aux commentaires des faits (fonction prise en charge par les médias actuels) désigne la récurrence de procédures plus larges. En somme, établir la relation étroite instaurée en permanence dans le compte rendu journalistique, syndical, patronal, ou politique entre événements et thèmes stéréotypiques par lequel cette lecture se fait, rendra compte de la dynamique du récit, autant que de s'attacher aux fonctionnements des stéréotypes eux-mêmes. Dans le discours courant, les stéréotypes peuvent rester conçus comme des briques de ces évidences, sortes d'entités élémentaires. Comment leur articulation intervient-elle par la suite dans le récit doxique ? Comme les assemblages des jeux de *Lego* des enfants ? Selon des règles d'inférences logiques simples des prédicats ? L'histoire du concept est récente et recentre un nuage notionnel assez large allant de lieux communs à des préjugés. Mais la difficulté, depuis sa définition par William Lippmann en 1922, est que son enrichissement a individualisé la notion, se centrant sur l'aspect psychologique et psychosocial. Le critère de répétition de ces représentations communes n'a pas été retenu comme principal, ni empêché un certain recentrage sur son vecteur essentiel « atomique », l'individu, aux dépens des critères d'efficience d'une pensée commune, de la *doxa* au consensus. La préférence donnée au facteur de rigidité interprétative de certains auteurs, en a détourné la base conceptuelle vers une sorte d'intentionnalité défensive avant tout individuelle, pour qu'ensuite, par simple extension à la pluralité appliquée aux groupes sociaux, la participation de ces traits rigides aux comportements différenciatoires/identificatoires se reconnaisse facilement aux fonctionnements mêmes qu'ils autorisent : la défense des traits identitaires de groupes organisés. Mieux, en ce sens, ils serviraient de ressource argumentaire, toujours assemblée selon cette logique déductive simple. Seulement, s'attacher aux thématiques plutôt qu'au fait décelé dès l'origine par Walter Lippmann (la fréquence des traits et assemblages), a cet inconvénient très frustrant de nous priver de toute perspective sur cette capacité communicationnelle étendue des stéréotypes. On ne peut les limiter en somme, à être pour autant des archétypes, ou des préjugés structurés par leur dimension identificatoire. Comme nous savons que l'opinion n'est pas l'addition arithmétique de l'opinion de chacun, *a fortiori* des rigidités de chacun, la manière dont actuellement les transformations de ces attributs élémentaires de l'échange social se développent, nous montrerait au contraire, une grande plasticité de ces unités, et non une collection de rigidités. Ce qui manifeste la stéréotypie, c'est l'évènement, voire l'accident. La xénophobie par exemple, assimilée terminologiquement au racisme, effectue actuellement des transformations très instables entre l'utilité des immigrés, leur coût social et la concurrence toute fictive de main d'œuvre qu'ils représentent. S'en tenir au relevé de ces thématiques occulte notamment « l'utilité » des opérations macrologiques d'objets communicables qui les expliquent : le chômage. Ceci à travers le langage naturel, qui complique la communication du poids propre de ses impératifs, avec le risque d'en rester aux traductions rhétoriques dans chaque camp. Il faut alors pour atteindre ces objets communicables, supposer une opération où la prédication perde du sens pour y revenir, jouant sur les assemblages de sens, sur le fait de cette nécessité de neutraliser les extensions de sens de manière inversement proportionnelle au nombre d'acteurs intéressés. Une histoire de probabilité d'être efficace inversement proportionnelle à la richesse de sens des concepts exprimés.

Mais la « *puissance de la multitude* » s'exprime sur des réductions simples de ce qu'elle confronte à la pratique comme économie/niveau de vie, éthique/normes morales, valeur/travail, qu'englobe notre dynamique des conflits. Les événements, en assignant un statut instable à ces catégories, forment ce qui fait le quotidien de la relation politique : ces briques, cette monnaie, qui dans les démocraties s'échangent entre mandants et mandatés, constituent mieux qu'une part d'intermédiation. Ils sont à travers leur nécessité, une part de la négociation permanente qui par le politique se fabrique en stabilité que nous dirons systémique, et que la multitude entretient comme pour persévérer dans son être. La *doxa*, le débat, puis le consensus, sont traversés par ce niveau de l'échange en propos stables mais inversement proportionnels en finesse sémantique à la globalité des domaines qu'ils représentent. Cette source presque fonctionnelle qui occasionne le « débat d'idées » fait la richesse des démocraties, au prix d'un travail collectif constant. Dans l'exercice de nos démocraties modernes, le débat est une action volontaire, organisée, instituée, reconnue par la qualité des outils d'informations qu'elles possèdent, et la garantie de leur pérennité. Mais au-delà de l'examen du statut que nos sociétés contemporaines donnent à la *doxa*, et de la révision conceptuelle éventuelle à en faire, émerge la consistance finale de ces mécanismes : le consensus. Car le consensus, largement déterminé par le désir qui lui attribue son extériorité, intègre la catégorie de l'imaginaire que le désir génère.

Le consensus est immanence.

Argument 3

L'indispensable inconsistance du politique

3.1 De l'inéluctable à l'inaliénable.

La profondeur des temps nous impose comme une évidence universelle d'évolution l'inéluctable marche en avant de l'humanité... Des préhominiens jusqu'à nous, l'histoire en établit sans cesse la réalité, par la description des systèmes auxquels elle attribuera le sens et le contenu d'adaptations successives, au bénéfice de conquêtes inaliénables. Ce mouvement légitimerait à son tour, dans un cycle que les hommes identifieront alors comme ce *fatum* de leur condition première, une raison conséquente d'être en société. Ainsi l'inéluctable résumerait dans le discours courant ces « choses éternelles » de la vie, celles qui façonnent un consensus alimentant ainsi un capital d'incessantes conquêtes humaines, devenues inaliénables et références ultimes, par l'histoire, les histoires que les hommes en tirent. La pérennité de cet élan préserve le corps social. Toujours plus renseignée, cette récurrence essentielle reconduit sans cesse l'occasion d'une unique interrogation : quelle finalité percevoir ou donner à la société, dont se construirait ainsi la pérennité ? Ou, devrions-nous admettre qu'elle nous échappe ?

L'éternelle récurrence de l'inéluctable à l'inaliénable... Ce qui suit propose d'avancer dans notre compréhension du politique sous cette forme imagée d'une récurrence bipolaire. Excluant la conception d'un cycle, elle décrirait plutôt un mouvement spiralé d'une capitalisation empirique apparemment inorganisée, dont l'effet serait de transformer tout artefact produit en condition d'être. Comme un accomplissement engagé dans le temps. Sans faire modèle d'une quelconque réalité de la marche en avant de la société, d'y adjoindre une conception déterministe équivalente à la fatalité du développement, cette description vise à être une sorte de première grille de lecture de la matière consensuelle qui nous unit. A ce titre, cette récurrence implique parallèlement une dynamique de la représentation (comme nous l'avons déjà pressenti dans nos conclusions sur la crise), et qui elle, fait la matière consensuelle. Ces mouvements pendulaires d'une boucle entre deux pôles irréductibles l'un à l'autre, sont traduits par les termes d'inéluctable et d'inaliénable. L'inéluctable inscrirait comme condition humaine celle d'un « ordre des choses » hors d'atteinte. L'inaliénable, comme conquête humaine, deviendrait alors sa contrepartie, rentrant ainsi dans l'ordre de l'inéluctabilité, en en recomposant une nouvelle mise ordre. Considérer ces transformations comme une dynamique, un investissement collectif autorégulateur et consensuel, visera alors à observer comment la remise en ordre des représentations de la réalité sociale au-delà d'un idéal attendu, ou d'une logique d'appréciation de modèles, se fait. Cette spirale intéresse essentiellement la formation du consensus. Toute notre attention devrait ainsi se porter sur le fait de vérifier, dans un process compris entre un récit global et la pratique, la place de curseurs de vérités collectives. Mais aussi, opérer une description de la façon dont le récit collectif nous autorise à dépasser ce qui ne peut être atteint, par la manière dont nous voyons l'autre en société. Et encore entrevoir que sa structuration n'a pas pour sujet le développement, mais le désir.

Le terme d'**inéluctable** apparaît donc comme attaché à la détermination de l'être, de l'essence des choses, autrefois condition du divin, et sur laquelle aucune action humaine ne peut intervenir. En première instance, une réalité hors d'atteinte, une totalité.

Le terme d'**inaliénable** comprend au contraire ce qui relève d'accumulations, progrès, conquêtes sociales, acquis civilisationnels résumant l'état d'une production collective, ce reflet de la volonté constructive qui nous distingue du reste du vivant.

Les paliers de crises, qui ont pour fond de structuration actuelle l'inquiétude écologique, et les effets d'agression de la dépendance économique, nous poussent vers des points de rupture où la liberté elle-même, telle que les peuples la perçoivent, sera atteinte. D'autre part, le débat - la *Doxa* - se trouve entamé et frappé d'obsolescence, dans son exercice classique, par le développement des NTIC et les ruptures pratiques qu'elles entraînent dans le rapport au politique. Le propre de la crise est de renvoyer à terme à un conflit de souveraineté, jusqu'au point où la finalité s'oppose au pragmatisme économique. En fait, une référence idéale, même commune, forme-t-elle le désir de démocratie ? Ferait-elle seule office de finalité ? Rien dans ces limites de la logique d'un individu de principe restreignant la nature de l'alter ego qu'elle sous-tend, n'apporte de réponse à la dimension ontologique de notre condition. C'est en fonction de cet échec que la question de l'extériorité s'impose, là justement où le postulat de complexité d'E. Morin ne fait qu'en repousser les frontières, et que nous tenterons de cerner cet au-delà qu'est la condition d'extériorité. Enfin, la question de la dépendance économique déjà définie renseignera d'une nouvelle dimension la « mythification » dont on parle. Développement, droits acquis, croissance, changement, ces opérateurs du mythe économique se sont installés sur un déficit plus profond, celui du récit social brouillé que nous faisons aujourd'hui de la liberté.

Inéluctable extériorité. Si le Big-bang est le commencement de l'univers, qu'y avait-il avant ce commencement ? Comment la collectivité peut-elle voir et discerner par expériences successives ce qui fait les causalités plus fondamentales des troubles actuels ? Et avant, comment cette aptitude au discernement peut-elle se constituer ? A quels problèmes est-elle soumise pour cela ? Les élites, victimes de la contraction de la relation des citoyens à leur réalité, ne sont plus l'extériorité savante de la multitude. Comment alors cette antériorité, cette nécessité de la genèse, deviennent-elle à un moment donné, un fait d'extériorité ?

« *Dans une lettre restée fameuse à son ami Gasquet, Cézanne note que les paysans de la région d'Aix n'ont jamais « vu » la Montagne Sainte Victoire. Ce que Cézanne exprime par là, ce n'est pas, bien sûr que lesdits paysans n'eussent pas la capacité visuelle de percevoir cet élément remarquable de leur environnement ; c'est qu'ils n'y voyaient pas un paysage. (...) Ce sont d'autres valeurs paysagères - telle la fertilité - qui attachent le paysan à la terre.* »[46]

À la suite de quoi, A. Berque cite l'exemple des ethnies qui, sans extériorité physique possible par rapport à leur environnement, n'acquièrent pas la notion de paysage. Ainsi, en Amazonie, la forêt est perçue comme un continuum et il n'existe pas de mot pour le désigner. Dans nos sociétés développées, l'exemple cité renverrait en parallèle à la formation progressive de notre mode de vie urbain, provoquant cette perte de contact avec ses extérieurs, d'abord la ruralité, perte elle-même transposée dans cette différenciation entre formes distinctes de l'urbanité. Quoiqu'il s'agisse ici d'un cas concret sorti du champ de l'expérience pratique, le « vu » de notre société suggèrerait néanmoins les limites liées à une « fertilité » systémique. Toute position analytique n'existerait que sous condition de reconnaître cette extériorité, cette capacité à distinguer la pertinence d'une interprétation par ce biais. L'ignorance immaîtrisée de ce paysage, sommes-nous capables de la comprendre par les critères de vérité des énoncés qui la forment ? Répétons qu'en tant qu'appropriation collective, le sujet politique ne peut, dans la forme libre et empirique du discours, s'approprier sa propre extériorité. La pensée construite, philosophique, s'oppose en ce sens à la pensée spontanée, et laisse celui qui ne s'en arme pas dans la position des paysans de Cézanne. La considération ici de l'extériorité oppose la narration consensuelle et son pendant philosophique : opposition motrice dans la formation du « paysage »

---

[46] A Berque, ***Les raisons du paysage*** *: les civilisations non paysagères : le proto-paysage du paysan.* Edit. Hazan, 1986

social. Sa mise à distance par la philodoxie, a expulsé de la sphère de la représentation collective cette capacité à saisir le problème de l'extériorité des philosophes, nécessaire à la compréhension sociale. La cohabitation d'un récit partagé construit selon des règles d'usage et un schéma déductif inverse implique justement une forme raisonnée et avouée d'extériorité assimilable aussi par la culture collective. Pourquoi les temps de crise ne la génèrent-ils pas plus intensément ? Il est vrai que si la philosophie, les sciences humaines, ont cette capacité épistémologique de rétroaction, et décident des limites de leur domaine, la pensée empirique du politique déroule son récit dans une impasse constante, car il est tout à la fois, et simultanément. Embrassant une totalité réclamant sans cesse une impossible mise en ordre, elle génère notre dynamique des conflits. C'est ainsi que ce rapport difficile des fragments à une totalité implicite aurait comme recours pour une synthèse ultime, l'imaginaire. Est-ce un invariant de nos récits collectifs ? Au-delà, le formidable gain d'autonomie individuelle que la société demande, et que l'économie impose, rend tout individu objet de dépendance à celle de l'autre, comme garantie de la sienne. Plus la nécessité d'efficience s'avère, plus elle m'oblige à considérer encore davantage l'autre en réciprocité de statut. Cette réciprocité seule donnera du sens à la mienne, car ce qui me la donne, implique la présence de l'autre plus qu'avant. Mais ce n'est pas suffisant. Cette situation nouvelle vers une plus grande objectivation de la relation à autrui oblitère la solitude qui me mettait dans la nécessité de rechercher l'autre comme manifestation de l'extériorité. Toutefois, une grande difficulté préside à l'entendement de cet état. Si l'on voulait le résumer en une figure rhétorique rapide, il faudrait dire que l'extériorité est ce qui reste de toutes les pistes écartées lors de la conceptualisation les relations humaines : l'irréductible à la construction conceptuelle de notre relation au monde comme le monde lui-même. Nous avons distingué ici, deux façons de l'aborder : celle de la réflexion et celle de la manifestation collective, postulant que si la philosophie statue sur le rapport des hommes à leur dimension ontologique, l'anthropologie nous explique comment l'observation de leur rapport à leur culture est leur univers, et leur univers, le monde. Cette différence autorise la reconstitution des deux aspects inhérents à nos situations individuelles, et à donner indirectement du sens à la nature du consensus. Sur ce dernier point paradoxalement, la tendance à l'efficacité veut que l'équilibre d'une situation consensuelle soit d'autant mieux assurée que la base des idées qui la détermine soit imprécise, parce qu'adaptable à l'interprétation, donc l'interprétation de celle des autres. La fertilité de l'évidence impose donc une intervention constante des deux aspects de l'extériorité à celui qui pense.

> « *Dans la mesure où le visage d'Autrui nous met en relation avec le tiers, le rapport métaphysique de moi à Autrui, se coule dans la forme du Nous, aspire à un Etat, aux institutions, aux lois qui sont la source de l'universalité. Mais la politique laissée à elle-même, porte en elle une tyrannie.*[47] »

« L'être est extériorité ». Il serait logique que cette partie de notre développement soit circonscrite au statut de l'individu tel que reformé par la modernité, en individuation ; cette dernière n'impliquant en rien d'ailleurs une révision des préoccupations philosophiques de l'extériorité. La situation fondamentale des individus à être par Autrui est inchangée. Chez E. Levinas, pris ici en référence, ce face-à-face avec la société, avec le Même, réalisé dans le *langage,* instaure par ce rapport entre le Même et l'Autre, transposé à l'individuation, l'importance de la communication, du récit d'Autrui ou le nôtre à son encontre, par une « *rupture de totalité* ». Ce qui nous conduira à conforter la conceptualisation du consensus, à partir de l'image du « v*isage* » dont le philosophe parle. L'attention portée à ce qui empêche les individus de percevoir une totalité que l'on suppose souvent se confondre avec ou être le réel, en révélant la part de « l'incertitude » ontologique manifeste dans les rapports qui les lient, ne peut écarter la reconnaissance d'une fertilité du « langage » consensuel. Dans « *L'être est extériorité* » *(*conclusion de *Totalité et infini)*, des références à la multiplicité, et à l'impossibilité de l'admettre comme une totalisation, signalent cette difficulté de la sociologie, de la psychologie entre autres de rester « *ainsi sourdes à l'extériorité* ». Ce qui effectivement dans le projet globalisant et empirique, champ du politique, ne peut être ignoré. Là, cette surdité y est naturellement évitée, dans la mesure où la considération positive de l'objectivation n'est pas utile. La subjectivité y est intégrée. Mais si l'on tente de se mettre dans le fil de sa pensée, l'irréductibilité de la dialogique du subjectif et objectif, de la thématisation positive et de l'intériorité, d'Autrui comme « *source de signification* », tout ceci, en en excluant l'essence intelligible, ne se manifeste que par le langage. On ne peut abstraire donc de ces « états » de la relation humaine, ce « Nous » sujet du consensus, lorsque Autrui « *se coule dans le moule du Nous* », même au prix d'une réduction du langage, qui reste langage même au sens où il est entendu ici. L'objectivation de la totalité comme réel, porte cette dégradation qui fait une contradiction du politique. Sa réalité n'intègre pas l'extériorité où, également, « *la séparation est l'acte même de l'individuation* » qui se fait à partir de soi. Cette extériorité vient de l'intérieur comme une idée de l'infini qui nous dépasse, principalement concevable comme une relation métaphysique du moi à

[47] E. Levinas. *Totalité et infini*. Ed. Livre de poche 2008/Martinus Nijhoff 1971

l'altérité. Comme « *visage* ». Cette représentation d'une sorte d'extériorité intérieure que le langage construit mais ne peut épuiser, (ou du réel chez Paul Watzlawick,[48] et les constructivistes), et donc condenser en nous, laisse une trace a-historique dans le présent de notre être, rendant aussi le lien à l'autre comme incapable de faire image de totalité. Comme référence à l'extériorité, saisir ce qu'il y a d'interrogations en nous sur cette impossibilité de savoir, connaître ou saisir une vérité comme solution de ce qu'est l'autre, en contenu et contenant identique à moi d'une totalité - réalité insaisissable - est à rapprocher de son symétrique « constructiviste » qui considère qu'il n'y a de réalité qu'approchée, construite dans l'acte communicatif. L'objectivation, à son tour, nie le désir comme contribution au vrai. A ce titre, le fait d'ignorance non plus d'ailleurs, ne se limiterait pas à une construction définitive de l'omission de réalités occultées, laissées pour compte, ou non perçues. Celles-là par l'inaccomplissement, l'inachèvement, ou plutôt l'impossibilité de la *Doxa* à les consommer, dans les récurrences du débat et ses conflits dialogiques, se recomposent et sont toujours ré-objectivées, y compris comme omission. L'ignorance se complète de cette extériorité de l'Autrui, en même temps que le Nous devient une composante de ce territoire, par tout ce que le grand récit en raconte. Par le Nous, le désir, détaché par là d'une raison métaphysique, prend un sens anthropologiquement proche de celui que l'on entend ici, comme générateur de l'intention. Un sujet de l'univers culturel comme monde. Mais ce Nous reste dans une position qui n'est pas celle par qui les rituels, mythes, croyances sont produits et agis. La totalité non plus n'est pas là dans une exhaustivité hors d'atteinte de la conceptualisation du réel, mais plus dans ce rapport que l'on recherche sans cesse à comprendre avec ces fantômes, pour leur donner une vérité. L'extériorité se constitue de cette tension résultante. Alors, une certaine totalité vue comme désir, condenserait une irréalité non « idéale-positive » manifestée dans l'expression sociale elle-même, celle que porte principalement la fonction esthétique dans son autonomie. Mais ce sujet socialisé issu du Même et de l'Autre, l'alter ego, se réduit toujours, pour affirmer son identité, à une forme. L'individu que je suis, pourtant, serait donc contraint de tisser des liens particuliers, par abandon de ce que qui correspondrait chez Jung, à cette brèche qui se trouve dans l'expression personnelle entre le croire et le savoir.

On le voit au sujet de l'identité, les énoncés contiennent souvent un préalable d'exclusion de leur champ, des éléments avec lesquels ils ne peuvent opérer. Nous dirons qu'ainsi bien sûr la totalité n'est pas la totalisation, l'addition mécanique et conceptuelle des autres, que le désir de

---

[48] *L'invention de la réalité,* Contributions au constructivisme. Sous la direction de Paul Watzlawick. Points, 1999.

l'autre comme identité du Même n'est pas métaphysique. À l'inverse d'une transcendance, expérience intime issue de l'intérieur, d'un moi enfermé dans son histoire, la totalité socialement considérée serait là, avec l'Altérité, comme le dépassement de son impossibilité à savoir ce qu'elle est vraiment par le Même. L'extériorité étant donc Être insaisissable à la thématisation de la connaissance, et elle le sera *a fortiori* d'une conception de la société résumée dans son entité participant à identifier le politique. Sur ce plan-là notre individualité, nourrie de rationalité, y compris dans ce qu'elle nous apprend de sensible sur l'impossible accomplissement du rapport à l'autre, nous ramène toujours à cette question : de quoi l'alter ego que je regarde comme un citoyen qui m'est égal, est-il fait ? « *L'extériorité, comme essence de l'être, signifie la résistance de la multiplicité sociale à la logique qui totalise le multiple.* » Même si le désir est réduit conditionnellement à la théorie qui fonde la réflexion et l'action politique, les relations finies de catégories dites logiques représentant le réel que légitime son « *langage* » - cette réduction à des objets tels que bien-être, sécurité, liberté etc. - laisseront toujours échapper cette « *résistance* » de la multiplicité. Elle est elle-même sujet de la persistance de l'empirisme politique. Peut-être la véritable « puissance de la multitude » est-elle là. L'être (« *L'être est extériorité* ») fait donc de l'individu, ce porteur de la logique du Même à l'Autre, une l'altérité irréductible à une unité de compte. Comment ferait-on alors rentrer de tels paramètres dans un bilan comptable, économique, cognitif, et psychosociologique? Pourtant comment ignorer d'un autre côté cette « résistance », cette présence dont notre commentaire de Jung a déjà fait état, dont la « société déceptive » de Lipovetsky rend compte ? Résoudre à tout moment cette dimension du rapport à l'autre en nous-mêmes, dans cette préoccupation constante que l'on en a, du lien social, de notre solidarité et de notre empathie pour l'autre, de la logique du don, de l'échange économique régulé par le sens de l'humain et de l'équitable, induit cette continuité du désir dans ses interrogations et artefacts constants comme une présence manifestée de l'extériorité : l'être. Y a-t-il une seule part de réalité qui n'y aboutisse pas comme ultime interrogation ? Et derrière l'individu, à une revendication du Même sans cesse mise en avant dans l'envie de société, le personnel politique oppose de manière tyrannique le fait politique comme l'art exclusif de gérer la réalité citoyenne. Jusqu'à la scolastique technocratique comme actuellement, toujours plus d'objectivation conventionnelle de leur statut réduit et soustrait à la conscience des gens la présence de cette immanence de l'altérité comme extériorité, et de la totalité comme aporie. Elle créerait – selon cette hypothèse - une contradiction latente et invariable dans la formation elle-même du consensus, entre une revendication du recouvrement de *« la mise en question de ma spontanéité comme éthique »,* d'autant plus inexprimable par la politique d'homogénéisation en marche du monde post-consumériste, et une « *merveille de l'extériorité* » qui se réveillant sur d'autres plans manifeste là cette résistance de sa nature. Or, malgré l'obsessionnelle inquisition d'une réalité chiffrée, on ne retrouve cette émergence dans les nouveaux déterminants de l'individuation ; il est possible que par incidence, celle de la résurrection (ou reconstruction nécessaire) du politique redevienne lieu légitime de tout débat, avant qu'on sache en faire « *un siècle spirituel* » comme l'envisageait A. Malraux. Le conatus de Spinoza, manifestation de la puissance, interprétée comme une intrusion permanente de l'Extériorité, permettra de comprendre la crise de la pensée actuelle des faits-objets, et l'arbitraire tyrannique qu'elle implique. Tout se résume dans le « *visage* ». Ce lieu où se forme le rapport du moi individuel au Même, situe l'alter ego moderne dans une totalité qui ne soit pas faite que de totalisation, et exige le lien et le langage. Mais la destruction du Même, comme identité de genre, s'oublie dans ce faux miroir consumériste du moi. Absorbé dans un processus d'échange économique, le genre s'aliène cette relation à l'autre comme dimension de l'Extériorité. Ce meurtre, à l'avantage des figures imposées de l'économie érigée en modèle rationnel garantissant des affres de cette interrogation, n'aboutit néanmoins, et en aucun cas, à une mort quelconque du moi. Il réinterroge le statut de l'autre dans une dimension qui ne rebondit tout au plus que dans l'enfermement déceptif de son individualité sociale.

La nature de cette extériorité admise, nous pouvons échapper à l'unidimensionnalité arbitraire de la morale conventionnelle, ou de son pendant économique regardant les théories de l'échange, et approcher notre définition de l'inéluctable et du désir ainsi réaffecté au consensus, à la reconnaissance de son territoire entier, et non plus celui de cette totalisation du multiple. A l'issue de ces réflexions, et non sans paradoxe, nous concevrions donc une fonction à l'extériorité. Même s'il est normal que dans la logique de son développement, E. Levinas ne se soit pas attardé sur le deuxième aspect (que nous appelons ici par commodité de distinction : anthropologique), ce partage social constant et éphémère qu'est le consensus, en restant très dépendant d'une dialectique de cette merveille de l'extériorité, devient en même temps un pivot de son expression. Cet inobjectivable, irrecevable à la connaissance, est malgré tout mentionné par cela même que la matière anthropologique nous propose de regarder, d'interroger et d'investir. Sous la raison confuse d'une réponse à cette question récurrente, la société elle-même agit en intermédiation et permet depuis la nuit des temps, de réinterroger sans cesse nos productions pour en espérer une réponse. Pour autant, y aurait-il deux extériorités? Il semble que dans une situation de double statut, l'un implicite et l'autre révélé par ces productions, l'extériorité en tant que vérité anthropologique ne puisse ni contrôler ni interpréter utilement la première. Le récit-monde qu'investit l'anthropologie se trouve en butte au récit permanent de l'échec de la réponse primaire. L'enquête anthropologique se situe dans un discours qui observe, construit et l'histoire et l'outil d'investigation. Confirmant que toute totalité visée par les conditions de sa manifestation sociale cristallise finalement un aboutissement sans terme, cette investigation, à l'inverse de la spéculation du philosophe, en arrive à être la fin même de sa forme de savoir. Contrainte à cette fragmentation dans laquelle le discours élabore la représentation de ce que les hommes veulent atteindre en eux, cette connaissance ne se propose donc jamais de faire référence au Un de l'humanité. Elle identifiera à son sujet le bricolage dont Levy-Strauss parle. Les invariances culturelles émises en hypothèses, et destinées à nous renseigner sur cette dimension humaine, n'accomplissent peut-être qu'un chemin inverse, celui qui mène à l'infini de Levinas. Ainsi, l'extériorité suivant chaque approche ne peut non plus cantonner la dimension intraduisible du désir dans le carcan du tangible. Le désir est ici une tension. Dans cette tension réside celui de son propre dépassement, et ainsi de suite. Par elle, le moi de l'éphémère expérience, indépassable par la mort puisque la mort est l'histoire du moi par les autres, appartient à mon être dans ce qu'il a de mon désir d'être, et s'allie le moi qu'a façonné mon appartenance d'être social. Par extension, ce *visage*-là est celui que je lis en moi de ce que la société construit de l'altérité comme modèle pratique concret ; l'autre, fait de psychologie, de savoir, d'intentions, d'égo et de morale, intervient aussi dans cette représentation en moi d'une « identité de genre », qu'est ce Même.

Pour ce qui regarde la construction d'une modélisation du consensus, l'éclairage de cette notion de visage, d'extériorité, ne peut plus faire l'objet d'une pensée enfermée dans un espace de pure objectivité. Cette lutte héroïque dont je suis le héros sera livrée pour donner sens à mon désir, par ma conscience du même, traduite par l'altérité, dans une histoire toujours rééditée de nos relations sociales.

Anthropolitique… Le territoire de l'anthropologie est à la fois particulier et immense. Elle traite comme à l'envers cette extériorité qui exclut tout désir métaphysique. Elle traite l'intelligence des êtres comme immanence. Elle traite du lien d'individu à société comme d'une intelligence à sa réalité.

Sans s'opposer à ce que la philosophie politique construit de son côté, l'extériorité anthropologique induit la notion d'individu, en l'articulant aux questions de la mise en ordre d'un monde supposé, perçu, reconstruit par lui. L'extériorité y est parfois comprise comme une souveraine prééminence d'un jeu fictif de maîtrise du désir, le mythe, qui structure le jeu social. Prééminence d'un désir construisant le réel. De ce point de vue, l'autorité anthropologique consiste souvent à se constituer sur la comparaison transversale de sociétés organisées, de leur interprétation de cette souveraineté-là, se référant par là à cette récurrence "merveilleuse" au sens d'une traduction magique cette fois, authentifiant la souveraineté d'extériorité comme image vérifiant l'inéluctable. Ainsi, l'analyse anthropologique peut-elle poser plus directement le problème du politique en donnant des indications sur sa nature. Car elle pose très concrètement le problème de l'articulation du pouvoir à la culture qui la légitime. Ce que nous avons titré "anthropolitique". L'ouvrage de Marcel Gauchet sur le retour nécessaire pour refonder le politique y fait dans « *la condition politique* », une allusion indirecte[49]. Au fondement reçu et ethnocentré de notre modèle historique social, les travaux de Pierre Clastres qu'il commente, apportent un démenti. Il n'y a pas de fatalité pour une société à être issue d'une continuité historique allant du primitif à la raison, selon un déterminisme évolutif où l'on admettrait à l'inverse que : « *Dès lors en effet qu'obscurément ou explicitement la réalité de notre civilisation est assimilée à la vérité pleinement déployée de l'état de société, l'absence empiriquement constatable dans les sociétés sauvages d'une instance de pouvoir séparée, d'un procès continu de transformation lié à la structure sociale, d'un système d'écriture, d'un dégagement de surplus dans l'ordre de la production, ne peut être interprétée qu'en termes de défaut ou de manque.*»

La signification de ce constat ethnologique de sociétés aux chefs sans pouvoir, de sociétés où la « division » n'a pas été introduite comme marque politique, pose la question du politique : *« La politique est-elle une création des sociétés à un moment de leur histoire ou la dimension politique est-elle inséparable de l'état de société ? »*[50] Cette question, qui devient alors celle d'une préexistence d'état du politique, n'est pas réductible à une simple question d'échelle, nous dit M. Gauchet. Dans certaines ethnies, le statut du pouvoir - sa coercition - n'est que relatif, actif seulement en cas de menace sur le groupe, pour s'effacer en tant de paix. La relation du chef et du groupe a d'autre part chez ces tribus un objet autre que de garantir de la coercition. Cette autorité sans pouvoir est celle d'une centralité, du contenu d'une représentation collective, dont M. Gauchet dit si bien qu'« *empêché de se disjoindre d'avec la société et de se poser en extériorité vis-à-vis d'elle, le*

---

[49] *Marcel Gauchet, « La condition politique »,* in *La leçon des sauvages,* p.91 et suivantes. Ed. Tel Gallimard, 2006.

[50] Idem p.99

pouvoir n'en constitue pas moins dans la société, cet Autre à la société par laquelle elle fait le détour pour s'assurer de son identité. » Celui de donner (aux gens) *« à voir en quelque sorte qu'ils sont en société »*. Le réglage du politique comme instance, au politique comme substance, fait différence. *« À voir en quelque sorte qu'ils sont en société»* identifie d'une manière incomplète ces formes de l'extériorité, de la souveraineté comme on le développera plus tard au travers de notre définition du consensus, en partie par un dépassement formel par le récit commun, de l'instance et « du multiple ». Car si la division (Etat-société) se passe par le rôle que nous connaissons de l'Etat, c'est que la substance du politique est actuellement définie dans le consensus comme conséquence issue de l'inéluctable, et non comme substance construite comme inaliénable. *A fortiori* actuellement, celle des sociétés en dépendance économique. Mais ceci ne disqualifie en rien le fait d'établir cette constatation majeure utile pour nous renseigner sur le politique qu'*« à cet égard, le pouvoir impuissant du chef Indien n'en est pas moins politique que le pouvoir tout-puissant de notre Etat séparé revendiquant la prise en charge intégrale de l'existence collective. »*[51]. Apprendre que la possibilité avérée d'une organisation sociale, non seulement sans Etat, mais contre l'Etat sous-entend que le politique soit au-delà de la question du pouvoir comme évolution inéluctable de la société, ne montre pas comment, dans les nôtres, le processus d'évidence de sa nécessité se perpétue, ou, dit d'une autre manière, comment le pendant qui lui donne toute sa signification, l'ignorance de son contraire, s'est construit. Le fait politique « anthropologique » – ou anthropolitique - n'est donc pas donné par une quelconque naturalité évoluant vers un contrat, ou même venant de cette constitution du Nous d'E. Levinas. La relation individuelle comme relation à Autrui persiste quand il applique à la collectivité le fait anthropolitique. Il est l'état par lequel se lit le processus consensuel (si l'on peut l'appeler tel) ce qui fait la résultante commune de la relation à Autrui, vérifié par la lecture de l'organisation des intermédiations au réel que nous appelons plus loin transaction : rituels, tabous, liens d'autorité, structure de pouvoir etc. Pourtant, les catégories logiques de récits sous-tendant et légitimant les prédicats essentiels de nos propres organisations ne sont pas vérifiées pour autant par cette approche. La charge évolutionniste existante et contestable dans une bonne partie de la littérature politique reste certes relativisée, mais sans véritable anthropologie politique de nos sociétés contemporaines qui puisse constituer une alternative théorique. Les charges qui contestent une évolution inéluctable disparaissent, et en même temps l'idée de finalité ou téléonomie. Le constructivisme encore ignoré devrait donc imposer au-delà du récit des faits, une sorte de nouvel arbitrage

51 Idem p. 103

anthropologique. Sans cela en effet, la relégation du pouvoir comme fatalité, et son corollaire de soumission aux exigences de l'homogénéisation mondiale – ses risques - seront un grand danger pour la souveraineté des sociétés futures, si l'on ne se dégage pas de cette logique théorique béate de la fusion de la question du pouvoir à une naturalité d'être. En ce sens, la question perçue et restituée du politique nous donne un bon exemple du défaut de relativisme – de l'absolutisme - dont la représentation du politique a souffert. En ayant constitué la question de la démocratie telle qu'elle est débattue depuis l'Antiquité, par exclusion de tout préalable relatif à la nécessité d'un schéma de souveraineté, l'anthropologie politique nous apprend de manière incidente que la légitimité d'un système de pouvoir tel qu'il a toujours été posé par nous comme inéluctable, en a exclu toute interrogation sur sa consistance profonde. En agrégeant cette question à une configuration systémique – organisationnelle - de la liberté démocratique elle a donc ignoré au moins partiellement ce que le politique hors de cet aspect, pouvait avoir de puissance heuristique, quant aux variantes de son exercice. Ceci à l'heure où au nom de cette même exigence centrale fonctionnelle indispensable à l'homogénéité du monde, on pose les jalons de ce qui pourrait constituer la légitimité d'un "gouvernance mondiale". Voilà pourquoi les alertes très diverses venant de disciplines organisées convergent vers des dénonciations qui sont autant de mises en défaut d'une compréhension du politique sortie des schémas d'une démocratie « occidentocentrée » dangereuse pour les cultures d'accueil ou assujetties. Le premier apport de la relativité anthropologique du modèle étatique que nous avons évoqué, serait d'expliquer le statut de cet enracinement de l'inéluctable. Dans cette boucle de l'inéluctable à ce qui devient inaliénable, le système normatif de l'utilité, - celui de la fertilité des paysans - constitue le matériau principal du paramétrage politique dans le consensus. Dans cette mécanique construisant la légitimité de l'inéluctable, le récit historique racontera ce que le consensus distinguera d'inaliénable. Les arbitraires du récit, valeurs universelles par exemple, à partir du moment où l'on reconnaît qu'il y en a, mettront à jour les déplacements, "bricolages", assemblages, inférences et transformations, manifestant l'intrusion de l'imaginaire dans la construction. Le constat « anthropolitique » ouvre donc de lui-même un nouveau champ théorique. S'il n'y a rien d'inéluctable dans le fait que le politique ne puisse se construire que comme système de pouvoir, pourquoi n'est-il pas mieux révélé par la démarche rationnelle sur la liberté, la démocratie ? Sans doute parce qu'il contient implicitement cette autre question théorique : toute société travaillerait essentiellement à la stabilité de son état, à laquelle le politique répondrait par une organisation propre à son échelle. Cette nouvelle question pose indirectement celle de la différence entre organisations stables et instables dans lesquelles, historiquement, la naissance de l'écriture, qui consigne le retour critique, la mémoire spéculative, la réinterprétation des faits, et l'intrusion de l'imaginaire, jouent le rôle principal. Hors de cette différence, à l'intérieur même des paramètres de la stabilité, la tendance à l'homéostasie nous indiquerait en principe comment modéliser progressivement un développement civilisationnel inéluctable, par ce constat critique de ruptures accidentelles et reconstruction cycliques vers de nouvelles conditions de stabilité. La nécessité de consensus s'expliquerait ainsi, par l'instabilité tendancielle de l'organisation sociale, mais entre les deux pôles de ce mouvement pendulaire exercé selon l'effacement constant d'un désir manifestant chez chacun l'extériorité de l'Etre puis du Nous. À la convergence des déséquilibres contribuant aux crises.

Conclure sur le problème de l'extériorité, appréhender le désir de réel, c'est ouvrir une porte sur la compréhension du consensus. Comprendre qu'il n'est pas anodin, et que sa formation, la transformation des états d'équilibre qui le traversent, se font sous le contrôle du désir, hors de ses déterminants factuels. La forme conjuguée de ces deux pôles, dont nous nous sommes servis pour conceptualiser notre récurrence spiralée, peut être discutée sans interruption. Objet d'un découpage que l'intermédiation du langage exige, la différence entre une ontologie qui présuppose un archétype de l'être, et un archétype humain du Même dont l'anthropologie nous dit à tout moment qu'il est relatif lui aux conditions de sa culture, n'a évidemment pas de frontière tracée. Malgré cela, il existe bien par contre une rupture que cette dualité théorique révèle sur l'état d'instabilité constituant la marque de l'évolution de nos sociétés par différence avec les autres (comme marque de primitivisme). Nous croyons impossible par principe chez nous, dans les sociétés "stables", tout ce que nous identifions comme mythe, en fonction même d'une propension à raisonner sur cette extériorité, en dépit de la démonstration récurrente de son impossibilité d'atteinte par la conscience. Toutes nos productions en témoignent, mais au prix de l'épuisement périodique d'une interrogation qui renaît sous d'autres formes. Le statut de l'inéluctable introduit une instance de cette extériorité indépassable par le raisonnement dans le systémique, la matérialisation du progrès technique, des connaissances, des organisations humaines et autres. A défaut de raisonnement sur une nature qui est celle de notre civilisation, le statut de l'imaginaire, tout aussi rationnellement reconnu comme catégorie productive qu'il soit, fournit la raison de ne pas nous expliquer une nature (civilisée) d'une autre manière que le ferait un mythe racontant la nature à une organisation sociale stable. Ce que nous avons qualifié de dépendance économique, telle qu'elle s'est établie dans les esprits, plaide plutôt pour cette thèse. Y aurait-il, comme on l'a suggéré, un artefact induit, concluant de la complexification représentative du monde une reconstruction dans l'imaginaire ? Cette interrogation qui en aucun cas n'implique de l'irrationnel, fait entrevoir une dérive qui peut mettre nos démocraties en grande fragilité. La surdité dont la classe politique fait preuve à l'égard des constantes mises en garde du désir, de l'insatisfaction et réactions de défiance très négatives induites sur le fond de notre dérive économique, en dit long aussi sur cette « surdité à l'extériorité ». L'incapacité d'être du rêve collectif, par les acteurs de sa condamnation, technopolitiques et pourfendeurs des méfaits de l'idéologie, défenseurs de la neutralité d'avis, apologues du juste milieu et autre bien-être par le médiocre, innocente aisément l'ignorance préservatrice d'un intérêt à un système vu comme profitable. Le méchant capitalisme par défaut, capte le rêve. « Plus de croissance » nous disent les voix du système. La plasticité des crises a cette particularité qu'elle nous rappelle de quelle manière l'extériorité constitue, au fur et à mesure de leur déroulement, le lieu ultime de leur mesure, et sous des conditions appelant à des reconstructions théoriques solides de l'avenir. Le fait que rien ne puisse les porter - et en osant le terme d'ontologie collective - n'explicite, ne recentre intégralement la crise sur l'individu, en fait un retour aux sources commun de cette interrogation récurrente : quelle finalité ?

3.2 Du principe d'obligation

L'héritage. La longue histoire qui nous lie à nos idées sur la démocratie a ses vieux démons, ses anges exterminateurs parfois. La question de la souveraineté en est un sans doute parmi eux. La relation difficile des souverains et sujets, que nos sociétés occidentales ont mis de nombreux siècles à digérer, procédait d'une relation dissymétrique qui devint insupportable à la faveur des crises et des mutations économiques du XVIIIe siècle. Le XVIe siècle nous valut une réorganisation générale des idées en la matière, née des conflits incessants et transversaux que l'Europe connaissait. L'état de guerre contribua au remaniement périodique et continu jusqu'à la Révolution Française d'une conception duale de la nature humaine (homme naturel et homme social), et de ses effets sur l'organisation dans son expression politique collective. Le pivot central en fut la place résultante d'une autorité souveraine et la discussion sur sa nature. Ce qui nous sépare maintenant de l'énoncé originel tient à la distribution de ce débat à des sphères progressivement de plus en plus larges de la population, par le fait de l'éducation. De manière à la fois plus directe dans ce qu'elle prescrit, et plus abstraite dans ce qui la détermine, nos républiques ont prolongé la logique des sujets et de la souveraineté, sous la forme de la légitimité du vote et du référendum. Le Sujet, le Roi, Dieu, deviennent les allégories du mythe politique fondateur de la souveraineté dans lequel se sont élaborées l'idée du peuple et celle de l'irréductibilité de la liberté individuelle. Dans sa réinvention moderne, la liberté fut progressivement conçue sous condition de n'admettre quelque concession que ce soit à une entité mettant en cause la volonté individuelle, autrement dit un contrat qui ne procède pas de l'entier consentement de ceux auxquels il s'adresse. Cette redistribution s'imposant désormais comme une sorte de qualité naturelle de relation au pouvoir. Cette construction notionnelle fut celle du *Contrat Social.* A l'inverse des jusnaturalistes, dont la réflexion tend à concilier deux principes antagonistes et deux logiques opposées fondant l'obligation politique sur une obligation morale et volontaire d'un pouvoir régulateur absolu (Hobbes), conséquente à la nature humaine, chez Rousseau, l'individu, qui se détermine par libre examen et dans son rapport à autrui, ne peut consentir toute obéissance que d'un lien librement consenti. L'obligation ne découle ainsi que d'un consentement issu de sa volonté propre, qui a son tour instaure dans l'absolu la distinction du collectif et de l'individuel. Tout système politique dépositaire du pouvoir aura donc en retour l'obligation de garantir cette distinction. Et comme nous l'avons remarqué, le peuple, qui associe les individus pour être collectivité sans être collection, oppose une abstraction à un être tangible, aux prises avec le problème constant de l'altérité comme son image propre. Dans tous les cas, que ce soit par l'effet d'une nature humaine ou de sa perversion par la vie collective, le statut de la souveraineté se trouvera généralement très solidement installé sur un constat d'incapacité des hommes à assumer les risques de leur société, hors d'une volonté commune fixant des règles de stabilité. Toute organisation collective induira une structure formée pour les préserver. Et reste souverain celui qui concède son pouvoir à cette structure, organisée par sa volonté commune… Fin de la persistance du récit fondateur sur la légitimité naturelle du souverain despotique éclairé, sans écho de nos jours. Pourtant, la réfutation de toute souveraineté de droit arbitraire divin pour affirmer l'exercice inverse de la volonté commune, ne distinguera la forme de la souveraineté quelle qu'elle soit néanmoins, du concept de pouvoir lui-même. Les affectations de sens une fois recomposées, le principe de souveraineté sera habité par une abstraction dont la chair sera le peuple. Au-delà de la variété des composantes de cette axiomatique de la souveraineté, les propositions assurant une description des systèmes de nombreux auteurs tendront à confirmer une logique identique. De là, la souveraineté du peuple posée en fin ultime, relègue toujours la question de la nature du pouvoir à un champ restreint à la question des modes de délégation, moyens, procédures, et lois.

Puisqu'il paraît, ou il me paraît, évident aujourd'hui et mieux établi par nos connaissances, que la condition tribale – d'agrégation - a assez probablement précédé le langage, les rites sociaux, et les comportements susceptibles de reproduction acquise, apprise des autres, la seule déduction, presque figurative que nous puissions en tirer, c'est qu'un système a-culturel (non figuré par la communauté) peut non pas précéder, mais s'accomplir dans l'autonomie de ce qui devient plus tard une structure organisée. Dissoute dans la modernité, la problématique de la nature humaine s'est ensuite auto-protégée, l'irréversibilité des règles de l'évolution préservant désormais les êtres sociaux des effets de cette naturalité, entre autres par la primauté de l'intelligence, mais en fait, en détruisant en quelque sorte la conscience de cette autonomie systémique. Par là, un exercice identifiant la société comme lieu de transformation capable de fonder la construction d'une nouvelle modalité politique, la volonté commune, a retranscrit cette virtualité : le peuple souverain se rapproche ainsi dans son état de ce qu'est l'état neutre – virtuel - d'agrégation. Or, comment fonctionne la représentation de cette volonté commune ? Pour en construire les bases, on pressent ce qui en constitue pour nous l'équivalence préalable. Le renversement de souveraineté ne demeure qu'au bénéfice d'une sublime abstraction, le peuple-agrégation, sans cesse contrôlée par sa traduction concrète, l'organisation. Mais c'est à l'inverse cette abstraction qui transformera face au concept systémique d'organisation une somme d'individus en ce qui lui équivaut : l'agrégation. Lorsque l'équivalence, l'abstraite agrégation-peuple-souveraineté naquit, la société civile comme nous l'entendons actuellement n'existait pas, la démarche scientifique non plus. Oserions-nous dire que le politique non plus ? C'est par la conception de son équivalent individu-organisation-pouvoir qu'est née progressivement cette souveraineté déclarée, en nous posant maintenant deux questions importantes :

* la pérennité de nos démocraties est-elle obligatoirement assujettie à une inévitable reconstruction cyclique d'un même lien de souveraineté ?
* comment la « *puissance de la multitude* » se manifeste-t-elle comme telle et agit-elle sur cette reconstruction du lien potentiel entre agrégation-organisation ?

Sur ce plan, il faut aller au-delà d'une crise de défiance générale actuelle - pratiquement culturelle - des technocraties politiques, mais l'observer comme une usure de notre formalisme du concept politique républicain, révélée par la mutation très brutale de cette société civile. Ses moyens sont en effet ceux d'une « puissance » nouvelle, et la regarder sous l'angle des prédicats classiques ne renseigne plus sur sa consistance réelle. Plus clairement, interroger les malheurs de nos démocraties actuelles sur le mode d'une reconstruction – de leur reproduction - occulte le fait que ce gain de puissance passe à la réalité. On ne cesse d'en avoir la preuve quotidiennement, par la percée informative et relationnelle des outils numériques comme on le répète souvent. D'où ce renversement concevable de perspective, selon lequel c'est par la société civile que le contenu de la finalité politique commence à s'exprimer, et s'ajournerait désormais périodiquement, en incarnant la condition même de l'existence du politique. La préservation de toute dépendance serait-elle acquise pour autant, si l'on reconnaissait à la société civile cette capacité nouvelle d'être, et le laboratoire, et l'objet de ses propres pratiques? L'économie actuelle nous montre en effet des paliers d'échelle de prédation de nouveaux monopoles transnationaux, mais ignore en face cette virtualité de l'agrégation à cette même échelle, même si la puissance de la multitude s'agrège encore en « intelligence collective » instable. C'est là, à l'endroit même de ces agrégations éphémères parfois, que se trouvent sans doute pour le futur les structures conflictuelles sur lesquelles on reviendra, et sans doute comme une réponse à ce premier point : la pérennité de nos démocraties. C'est là que se joue également l'identification du politique d'autant plus subtile à saisir que la présence du rapport d'échelle n'est pas encore manifeste, et se traduit en creux par une insatisfaction du simple rapport de délégation. Le sens même du politique échapperait ainsi progressivement à ceux qui le pratiquent. Y aurait-il une entropie du rapport entre monde civil et politique ?

Peut-être plus proche d'une configuration moderne de la situation actuelle du politique, parce que débarrassée de l'aporie des origines qui fut celle de nos prédécesseurs, la conception de Machiavel présentait déjà une préoccupation plus moderne du politique. La *Virtù* de son discours (*La première Décade de Tite-Live* et *Le Prince*), traite de la relation de puissance du pouvoir avec ceux qui le subissent, s'y opposent, y participent ou le convoitent, et mène à une nécessité de ce qui pourrait être probité (intellectuelle) et esprit d'équité, parfois sous la nécessité stratégique qu'impose la situation de pouvoir. Autant donc par cette nécessité que sur le fond, Machiavel en comparant des systèmes, plus qu'en cédant à un imaginaire anthropologique sur la nature des hommes, pose sa vertu comme l'efficience d'un système d'autorité sans allusion systématique à une nature humaine sur laquelle de toute manière il faut être lucide. L'exercice de la vertu doit donc imposer sa force légitime à l'exercice de la souveraineté, visant la bonne marche d'un système. C'est dans sa dialectique avec le hasard, l'occurrence *Fortuna* (que nous résumons souvent ici comme « évènements »), que la vertu doit trouver son sens. En quelque sorte, dans celle de la juste conscience et de l'action. Pour peu que l'on puisse résumer Machiavel de cette manière, on constatera que si nous ne pouvons répondre directement aux questions que pose l'avenir, les clefs actuelles de toute forme d'organisation soumise à ce que l'on désigne comme logique managériale nous sont fournies. Bien que cette identité « systémique » de la position du pouvoir lisible agrée le technopolitique, elle pose, comme on le voit dans les conflits actuels, un problème de lisibilité de cette puissance (de la multitude) que l'on évoquait dans notre deuxième question. La lecture de Machiavel vaut pour son universalité, en ce sens que sa logique ne relève de rien de moral mais considère la contingence presque systémique de l'organisation. Comme le sort de nos démocraties ne se joue plus en « interne », mais dans une situation partagée de double détermination de la souveraineté économique/transnationale et territoriale/nationale, la leçon de Machiavel reste actuelle. D'abord sur le plan des relations de pouvoir, de conquête, de conservation et de rapports de sujétion, les modèles de réflexion sont là, intemporels. On sent bien d'autre part, que sur le rappel de ces modèles, le rapport de puissance nouveau que les pouvoirs légitimes devront envisager – pour assurer leur pérennité - sera de continuer comme actuellement d'élargir leur conception propre de la souveraineté, et composer avec une référence commune, transnationale. Le cas européen construit son histoire de manière exemplaire de ce point de vue à l'usage du monde futur. Car il pose depuis sa création les stratégies, procédures et modèles négociés visant un changement d'échelle majeur. Sa nature transculturelle, bien que relative, par l'héritage de l'histoire commune séculaire de la mosaïque européenne, va vers une intégration politique où il faudra tout reconcevoir des nouveaux critères de souveraineté. Il y faudra une « *Virtù* » explicite et préalable au niveau de cette échelle des plus contrôlables par la collectivité. Car une fois de plus la « *Fortuna* » économique fait obstacle à la condition vraie de la « *Virtù* » publique. La crise nous montre comment. Au contraire des thèses sur la gouvernance mondiale qui font courir le risque à nos sociétés de ne mettre potentiellement de l'ordre que du point de vue de l'intérêt des puissances économiques monopolistiques déjà structurées selon cette échelle, la collectivité aura des préalables à imposer et à maîtriser dans ses effets par l'action directe des citoyens. A imposer leurs intentions, et non celles qu'on leur prête. La crise - crise d'échelle avant tout - exigera en fait un récit social de réorganisation de la dialectique *Virtù/Fortuna* comme une exigence du hasard et de la nécessité, sur l'instabilité, sur la tendance constante de nos processus sociaux à la stabilité, contre le hasard des événements, la fragilité du complexe. L'écologie, la redistribution et l'expression de la finalité économique devraient en être obligatoirement les principes.

C'est sous cette double dimension de résistance directe à l'environnement de crise, et la nécessité de reconcevoir « collectivement » la rénovation systémique qui y réponde pour y résister, que les instances souveraines ont besoin d'un consensus nécessaire ; pour ce, formaliser la construction nouvelle entre pouvoir et la « *multitude* » pour et au nom de laquelle il agit, face non plus à son opinion, mais à une forme de son autonomie à l'étroit dans les conceptions de notre démocratie. Mais ne considérer ce conflit latent que comme une question de formalité constitutionnelle ou juridique touchant notamment les règles de délégation, introduirait les dissymétries d'analyse qui sont les limites du réformisme.

Je ne résisterai pas à la tentation de citer P. Rosenvallon sur ce point, quand il parle du second des deux aspects de la légitimité de la démocratie représentative, l'aspect moral : « *La confiance est beaucoup plus complexe. (...)Elle procède d'abord à un élargissement de la qualité de légitimité, en ajoutant à son caractère strictement procédural une dimension morale (l'intégrité au sens large) et une dimension substantielle (le souci du bien commun). La confiance joue aussi un rôle temporel : elle permet de présupposer le caractère continu dans le temps de cette légitimité élargie.* »[52] On ne peut mieux dire au sujet de la « *Virtù* », ni de ce plan de l'intention tel que nous l'entendons, de cette « légitimité élargie », que le temps consensuel fabrique.

Enfin, notre interprétation du principe d'obligation est liée à ce que l'extériorité anthropologique nous apporte de contre-exemples face à l'universalité prêtée à nos schémas bien installés sur la démocratie et les systèmes de pouvoir (P.Clastres), mettant ainsi en échec sa « naturalité » d'être. L'universalité de ce que nous envisageons maintenant de cette nature là s'efface, mais il ne reste pas moins universel que toute identité individuelle en s'affirmant du simple fait qu'elle soit, demeure néanmoins et intemporellement la molécule de base de toute intention politique, puisque s'agrègent pour s'organiser des identités différentes mais identiques, sommes d'alter ego. Cette universalité-là commence donc par être une ontologie avant de devenir une individualité purement conventionnelle structurant la volonté organisatrice... La condition naturelle n'est plus matrice du droit.

---

[52] P. Rosenvallon, *La contre-démocratie*. P.11. Les livres du nouveau monde, Seuil, 2006

L'émancipation du principe d'obligation. Le terme de « *principe d'obligation* » est dû à Bruno Bernardi[53]. Il est sans doute difficile de justifier une relecture du principe d'obligation à la lumière des changements que la société civile a consommés, contrainte par le filtre de la dépendance économique, en infléchissant en retour celle de la structure politique. A l'image de l'accès à l'emploi du salariat par exemple, souvent vécu comme un droit économique au statut social désormais subjectivement inscrit dans l'opinion comme une condition minimum de liberté que l'Etat a en charge d'assurer, la dépendance économique a progressivement inscrit le lien économique dans le principe d'obligation. Le principe d'obligation ne serait donc plus seulement une donnée d'ordre conventionnel faussement contractuelle. Le territoire du contrat moral de liberté en s'étendant au domaine économique, oblige l'Etat à inscrire une capacité nouvelle de la sécurité structurelle d'une nation à ses devoirs, action primordiale pour la notion moderne de liberté. Cette évolution a donc fortement déterminé la dépendance du système politique à l'économique, la croissance qui, plus qu'un élément de confort, d'accumulation de richesses et de bien-être pour chacun est devenue cette assurance seconde de la liberté, engageant le système politique, par la gestion de la quotidienneté économique des citoyens, dans une spirale sans fin. Le principe d'obligation s'est ainsi élargi. Le consensus constitué autour cette obligation-là est contredit par la crise que nous connaissons actuellement, derrière la forte dissymétrie de la répartition des richesses dans un contexte de petite marge de croissance. Car non seulement l'Etat n'assure plus le rôle qui lui a récemment été attribué, mais se voit également discrédité par sa défaillance à maîtriser les processus structurels de ce lien protecteur, les phases aiguës de la crise (les « subprimes » et les fonds toxiques mettent en difficulté la sphère bancaire), ayant révélé le découplage complet de la sphère financière de toute implication sociale. Les réactions des économistes contestataires dénonçant les errances de choix et constatant le retour des finances à leurs « mauvaises » habitudes ont-elles quoi que ce soit de réaliste ? Les spéculations qui se font toujours hors de toute considération de finalité hormis la capitalisation financière et le souci de refermer positivement une boucle spéculative, ne concernent en rien les exigences de nos finalités sociales. Et d'ailleurs quel Etat prescrirait l'extension d'un principe d'obligation extraterritorial à l'échelle de l'économie mondiale ? La supranationalité se constituerait contradictoirement à celle de la territorialité politique, dont ont besoin les Etats pour assurer les nouveaux aspects du principe. Cette extension de fait du principe d'obligation a des corollaires tout aussi démonstratifs sur la structure de souveraineté : l'organisation

[53] Bruno Bernardi. *Le principe d'obligation.* VRIN/EHESS Collection Contexte, 2007

administrative et son conflit de vocation entre l'exigence de traduction de la défense du bien public et l'organisation de sa rationalité économique. Depuis les trente glorieuses, la réforme de l'Etat s'est trouvée motivée par deux facteurs convergents. L'apparition de nouveaux besoins en services de la communauté, et l'ajustement du coût du service du bien public à la perte de croissance, en même temps que son amortissement économique basé sur les nouveaux outils de rendement économique. Les facteurs structurels et économiques évoluant dans le même sens ont provoqué cette situation de conflit de vocation entre extension des services et diminution des moyens.

Les citoyens doivent interpréter les critères de rendement, de productivité, et financiers, sur ces principes adaptatifs structurels-là, et non le contraire. La « modernisation » de l'Etat, souvent présentée comme provoquée par la régression économique actuelle, définie avant tout par ces préalables, s'avère d'autant plus facilitée que les NTIC sont là pour ajouter de l'efficacité. Mais la conception moderne d'organisation administrative à prévoir, en sera-t-elle découplée de la notion de service du bien commun, comme émanation de choix politiques ? Sera-t-elle objet des nouvelles bases d'une autonomie fonctionnelle d'organisation sur les critères énoncés plus haut, sous impératif d'exploitation d'une ressource finie de moyens budgétaires ? La réponse ne peut être ni simple, ni claire, car derrière la dimension économique, le modèle idéal-typique du principe d'obligation peut, d'une certaine manière, se voir renégocié par ses exigences organisationnelles, en entamant indirectement les prérogatives de la représentation politique. L'évolution dans nos sociétés des organisations à but économique ou non économique relevant progressivement de mécanismes identiques, ces opérateurs d'efficience nouveaux sont actuellement assujettis à la dépendance économique, en faussant effectivement hors sujétion d'exploitation, le rôle des administrations qui doivent « civilement » relayer les besoins des populations, non exclusivement ceux de l'économie de croissance.

Il est une évidence que personne ne discute : notre mode de vie, de consommation, exploite comme à l'infini des ressources qui ne le sont pas. La conséquence logique qui s'impose au raisonnement est alors qu'il faut changer de mode de vie, et raisonner plus avant sur la réduction de nos besoins en matières premières, en même temps que sur la régulation de leur partage, assurant le respect d'une universalité dont le monde occidental est si friand. Du tri sélectif à la décroissance, on observe alors toute une gradation des attitudes, dont beaucoup d'ailleurs d'une discipline personnelle tenant plus de la posture morale que d'une réelle conviction ou envie de changer les choses. Ces actes, certes utiles et louables, ont une certaine appartenance à cette tradition de la bonne action expiatoire. Notre surconsommation ainsi pardonnée peut continuer à exister sans culpabilité supplémentaire. Les paliers de conscience suivants sont plus difficiles à assurer car ils entament cette manière de vivre. On pourrait les résumer par les principes de la simplicité volontaire, des créatifs culturels. Le dernier palier d'engagements plus profonds, enfin militants, altermondialistes et décroissantistes, représente le niveau d'expression politique de l'alerte écologique centrée sur une diabolisation du capitalisme néolibéral peu mature, en se trompant de cible puisqu'en l'occurrence l'ennemi, sur ce plan, est bien l'adhésion implicite du peuple souverain à ce système par défaut. Même si cette fragmentation répond à une commodité d'approche, une certaine continuité dans les différentes attitudes – et craintes - que provoque la conscience des équilibres à maintenir, ne doit échapper à l'analyse. Mais l'engagement du niveau politique vaut par l'exemplarité de la différence actuelle d'impact cherché par les partisans de toutes les nuances de l'écologie, et les limites d'audience et d'adhésion de ses thèses dans l'opinion. Il est à craindre que les écologistes soient perçus – au moins dans les circonstances actuelles - comme de bons photographes des risques de notre forme de développement, et comme des agents utiles de la régulation de notre système socio-économique. Rien d'autre. Mais la contradiction est là : l'expression politique de cette alerte soulève par la nature même de son contenu un système de causalités beaucoup plus global, donnant à cet engagement une exigence plus forte que celle de la préservation. L'examen des conditions de sa réussite amène vite à des conclusions plus radicales : l'interdépendance de tous les paramètres économiques est telle qu'on ne voit pas quel type de compromis avec le système de production pourrait se faire. En ce sens, les thèses de la décroissance sont logiques et lisibles. Or, si la liberté touche à la préservation individuelle, l'atteinte à ce qui en fait la bonne assise concerne de fait cette préservation. C'est donc au nom de la liberté avant tout que le risque écologique doit être défendu. Et si garantir la jouissance non contrainte de notre patrimoine vital est une des formes à comprendre dans une définition de la liberté qui ne pouvait être conçue à l'époque, quelle valeur peut avoir un contrat relevant d'une obligation que l'autorité souveraine ne remplirait plus ? En somme peut-elle être envisagée ? Sous un aspect plus fondamental, le risque écologique réclame donc que soit reposé le problème de la souveraineté en de nouveaux termes. En effet, qui aura la maîtrise des régulations et avec quels outils ? Un système libéral est-il apte à s'autoréguler dans ce but ? Comment le rapport de force avec les monopoles actuels, et en cours de concentration, doit-il être engagé ? On ne peut non plus, dans la gestion de ce bien commun, considérer uniquement les agents directs, mais toute la chaîne de contribution à la surconsommation de nos ressources et évidemment le consommateur. D'où cette contradiction formidable qui consiste à convaincre deux extrémités d'une chaîne d'intérêt économique de l'urgence d'un changement radical. Et dans des conditions totalement antinomiques. Si pour les uns, il s'agit de l'intérêt financier, les autres considèrent leur liberté comme justement ce qui les aliène.

Une écologie politique ? Il est souvent frappant et même surprenant de constater comment un sujet peut faire débat, rentrer dans la logique de la *doxa* et ne jamais faire dans la représentation commune l'objet d'une définition commune et claire. C'est l'objet du débat dira-t-on, d'arriver à une représentation commune. Mais le paradoxe est là : les définitions ne s'installent pas, mais à leur place les conventions, les mythes qui le touchent sur des références soit morales, soit éthiques de comportements collectifs vécus comme valorisants. L'écologie est un enjeu exemplaire de ce genre de processus dans nos sociétés. Devenu projet politique, sa conceptualisation s'en trouve faussée par la position politique de ses défenseurs. Ils sont de deux sortes : ceux qui, à l'origine, ont une action de terrain et la perpétuent, par conviction et pratiques, ceux qui y viennent par différenciation de l'offre projective politique telle qu'elle « s'offre » sur le marché politique actuel. Dans les deux cas, et sur des plans conceptuels peu différenciés, les arguments fondateurs des deux sont ceux d'une nouvelle axiologie politique. Le système moderne de la démocratie par l'alternance se trouve ainsi investi d'une nouvelle catégorie distincte dans son discours et ses aspirations de celles, traditionnelles, qui lient l'action politique à des références exclusivement philosophiques ou de philosophie politique, et d'économie politique. L'écologie comme projet ne renvoie qu'indirectement à des références mettant en cause une vision des hommes, de leur situation existentielle ou des raisons d'être de la société elle-même. Cette sorte de plafonnement conceptuel, due à l'ouverture préférentielle d'une porte sur une situation d'urgence indéniable, n'induit souvent dans le discours dominant qu'une pratique limitée à un univers comportemental individuel ou gestionnaire. Le syndrome du tri sélectif serait-il par ce biais celui des idées ? La productivité des prescriptions écologiques a cette capacité à intégrer totalement la logique de marché des grands groupes néolibéraux, en offrant une préparation de la réceptivité de l'opinion optimum pour l'exploration et l'exploitation de nouvelles niches. Cette démonstration risque à terme de faire le tri de l'apport et du support, de l'ensemble des innovations provoquées, au prix de la perte du message politique le sous-tendant.

Requalifier le contrat. Les deux exemples qui précèdent illustrent la convergence à laquelle nous sommes confrontés : hors de son acception morale, qui est importante par les injustices qu'elle crée, ils montrent que la non-condamnation à terme de cette dépendance inhibe la solution de l'exploitation mondiale des ressources. La logique verte comme perçue actuellement ne ressourcera pas le modèle, car ce dernier n'est probable que sous un effet d'échelle antinomique aux critères de l'économie actuelle, et des moyens qu'elle engage : moyens pour l'innovation en dégradation/réparation, et échelle de maîtrise calculée des moyens d'exploitation des ressources. Ceci relève d'une situation de force en face de laquelle l'éthique ne suffit pas. On peut supposer par ailleurs que nous sommes dans une phase où les derniers éléments de poches de croissance se redistribuent mondialement par exploitation de gisements de main d'œuvre, ce qui permet à la grande distribution de continuer à diffuser des produits en prix encore compatibles avec notre crise de croissance et l'abandon des couches sociales en difficulté. Si les pays comme la Chine connaissent des taux de croissance qui sont ceux des économies de rattrapage, et une forte nécessité pour le capital financier de se conformer dans cette phase aux exigences du capital industriel en préservant la destruction de l'implication sociale par le financier, la constitution de leur marché intérieur, et la relative précarité de la concurrence internationale de la main d'œuvre, leur feront suivre la voie de la dépendance à la croissance dans un contexte de crise étendu. D'abord parce qu'ils deviendront nos concurrents sur le plan même de ce qui constitue notre sauvegarde économique, ensuite parce que leurs problèmes sociaux internes liés à la redistribution, au relèvement du niveau de vie et au vieillissement de leur population ne nous permettront plus de vivre de leur différentiel de coût de main d'œuvre. Les investissements de présence des Chinois en Afrique, témoignent d'une grande lucidité à cet égard, car ils savent que la conquête d'un marché intérieur signifie une perte de performance dans cette concurrence internationale qui déplacera la concurrence de main d'œuvre dont ils ont profité il y a trente ans. D'un autre côté, et armés des meilleures intentions, les *mass medias* se mesurent plus par leur capacité à rendre compte des performances dans notre dépendance à la croissance qu'à en contester les effets. Ou même, le plus souvent, à présenter ces effets comme une inadéquation à cette même dépendance. Par un artefact intrusif dans la quotidienneté de chacun, la pratique a tout naturellement amené le personnel politique à le concevoir comme un outil de présence, de promotion, et de leur adhésion aux revendications et désirs du peuple. En même temps, les contradictions se révèlent par cet effet d'exposition et de représentation. Sans qu'il y ait de démagogie à continuer à accréditer l'idée de sauver le monde par la croissance, sous l'aspect écologique aussi le piège se referme, fabrique l'exclusion et requalifie le contrat par le biais de cette véritable addiction. En résumé, ni l'administration des choses, ni l'écologie au sens des équilibres en regard d'une finalité de vie, ne constituent des systèmes économiques en puissance, et encore moins celui de contribuer à redresser les effets de la dépendance. Par contre, ils fournissent des raisons convergentes pour redistribuer lentement dans l'opinion la conception économique du monde, et en face, donner les indices des contours que pourrait avoir le principe d'obligation.

Celui-ci gère actuellement de fortes dissymétries structurelles, dont celles que l'on ne cesse de disséquer sur la dépendance économique, et dont l'évolution laisse à penser que plus le temps passe, plus le jeu marginal de son exercice se joue mondialement sur des marges toujours plus faibles, avec le risque pour les Etats de se trouver en difficulté du point de vue même du « contrat économique » qui les lient à leurs nations. Outre la convergence des effets structurels et de l'éthique, et toujours selon le point de vue d'un système, le principe d'obligation se caractérise secondairement par une dissymétrie d'échelle qui, dans le système représentatif est inversement proportionnelle à celle de l'électorat qu'il représente. L'élu local au niveau local, le président au suffrage universel. Plus l'électorat est sollicité globalement, plus le niveau de représentation concerné est restrictif, réductif. Ce concept concentre par l'intention même qui lui est explicitement prêtée, l'essentiel du contrat et de l'obligation. De fait, l'état consensuel s'exprime dans une proportion directement inverse en finesse à l'échelle des destinataires des messages. Nous risquons une personnalisation de la crise qui, amplifiée par les médias, peut nous faire courir un danger d'appauvrissement entre le message du dépositaire institutionnel de notre principe d'obligation et la bonne compréhension de la situation par l'opinion. Inévitablement cette personnalisation, en nous conduisant à la simplification messianique, délivrera une fois de plus de fausses alertes, pour de la mise en conformité inopérante.

La conclusion est inquiétante : la dissymétrie entre petit nombre des membres de l'exercice du pouvoir en face de la multitude de la nation ; et la triangulation monde/pouvoir/nation s'est inversée. Les nations se confrontent au monde par un effet induit du renforcement de la technicisation de leurs Etats. La dissymétrie devenant alors progressivement celle d'un rapport nation/monde comme régionalisation du monde économique, par-dessus le pouvoir des Etats, entamant par là même les fondements traditionnels et conventionnels du principe d'obligation. La société civile se trouve dans un dilemme qui n'est sûrement pas celui du pendant procédural du droit, mais de la légitimité morale de la délégation. Les mécanismes par lesquels elle entend se sentir confortée dans son niveau de vie et de protection sociale sont devenus ceux de la perte d'un pouvoir qu'elle ne peut plus se représenter comme efficient sur le plan de l'autorité sur les choses, en cohérence avec ce que le consensus imagine, que devrait continuer à être ce même pouvoir. Une instabilité extérieure s'oppose à la stabilité de principe induite par une juste application du principe d'obligation. Cette conclusion s'ouvre donc sur une question : où sont les points d'équilibre ?

3.3 Le consensus et la doxa.
De la différence comme méconnaissance à la différence comme reconnaissance

A propos des sondages, Pierre Bourdieu dans une communication[54] baptise la mécanique sondagière d'« *illusion* » qui constituerait une opinion publique *« comme sommation purement additive d'opinions individuelles »* évidemment comme un leurre : « *l'« opinion publique » qui est manifestée dans les premières pages de journaux sous la forme de pourcentages (60% des Français sont favorables à...), cette opinion publique est un artefact pur et simple dont la fonction est de dissimuler que l'état de l'opinion à un moment donné du temps est un système de forces, de tensions et qu'il n'est rien de plus inadéquat pour représenter l'état de l'opinion qu'un pourcentage.* »

L'imprécision de l'acception usuelle du consensus est telle qu'il en résulte à son bénéfice une certaine puissance plastique, sans que la *doxa* n'en couvre la consistance. Évaluée le plus souvent comme cet état préexistant à la délibération, sa relation à l'utilité doxique ne s'établira toujours que comme un compromis par défaut de ce qui ne soulèvera pas ou peu d'opposition, entendant que toute adhésion prenne une forme conditionnelle. Le consensus traduirait, avant et après les transformations évoquées, une cohabitation de différences en équilibre. Et c'est le propre des démocraties de se reconnaître dans une gestion d'équilibres fragiles ou décevants, parfois par le flou des compromis. C'est cette gestion qui, en retranscrivant l'exigence d'une conjonction de principes justement explicites de proportionnalité et d'efficience, attribue dans la nécessité évoquée son rôle arbitral à la *doxa*. Ces équilibres entendent donc :

- qu'une règle de proportionnalité instaure un principe majoritaire, et s'applique à l'arbitrage d'édition institutionnelle de règles procédurales afférentes à la délibération. (Ces règles majoritaires simples ou

---

[54] P. Bourdieu, *Questions de sociologie*. Les Éditions de Minuit, 1984-2002

proportionnelles, à l'unanimité par exemple, qui sont des arbitrages arithmétiques de seuils d'équilibre) ;

- que des règles d'efficience prennent en charge la pérennité de ces mises en équilibre, dont les principes d'arbitrage institutionnels « déclaratifs » spontanés - mais explicites - précédents doivent relever, définissant ainsi un niveau conventionnel d'action.

Si l'on voulait résumer le rapport consensus-*doxa* en une image contemporaine, on dirait au sujet du premier, qu'il est un nuage, le « *cloud* » de la *doxa*. Ce qui revient en fait à étayer la démarche de contrôle du vrai – capitale dans toute stratégie argumentaire - en les supposant réglés sous conditions d'opérations logiques. Evidemment, on conçoit qu'il soit difficile de décrire ce qui fait la mécanique consensuelle, autrement que dans la mécanique doxique. D'où ce postulat tiré de R. Boudon[55],

« *Soit X un objectif, une valeur, une représentation, une préférence, une croyance ou une opinion. On dira que X s'explique par la rationalité ordinaire (RO), si X est aux yeux de l'individu qui adhère à X la conséquence d'un système de raisons S dont tous les éléments lui sont acceptables et s'il n'existe pas pour lui à portée de vue un système de raisons S' préférables qui l'amènerait à souscrire à X' plutôt qu'à X. Dans ce cas, on dira que S est la cause de l'adhésion de l'individu à X.* » Ce système de raisons S' toutefois définit l'objet même des enjeux de communication qui font le débat et forment la base des échanges argumentaires autour desquels s'emporte l'adhésion à un système de raisons. Par défaut, ou exclusion, le *« système de raisons S »* que présuppose X qui lui, constitue un autre système préalable, celui de notre nuage. Or, cette immanence est elle-même la résultante d'autres systèmes de raisons S qui se multiplient ainsi à l'infini. Le lieu de ces échanges règle la procédure doxique, et son résultat la partie mesurable qui fait le bonheur des statisticiens. Mais quelque chose de beaucoup plus subtil préside à l'existence du consensus. En effet, même si le débat a emporté une adhésion à un système de raisons (pour reprendre les termes de R. Boudon), ni le système S ni S' n'épuisent l'ensemble des constituants d'un argumentaire. L'adhésion à un système restreint l'ensemble des notions articulables possibles sous les raisons structurées par un objectif particulier. La *doxa* se définirait par la catégorie des raisons, le consensus par celle des notions. C'est sur ce plan-là que le problème de la stéréotypie se pose. Comme l'avait pressenti Lippman, c'est bien sur le plan de la réduction du champ sémantique que se joue l'adaptation du sens aux contraintes d'échelle, du plus grand nombre. Or si l'échelle de la réalité exige de descendre toujours

[55] Raymond Boudon, *La Rationalité*, Edit. PUF 2009

plus profond dans la finesse de sa description, un peu à l'image de notre connaissance de la matière, celle de l'efficacité communicationnelle de cette même réalité exige, pour la faire partager au plus grand nombre, le rapport inverse, à l'image cette fois de ce que tente souvent toute vulgarisation. La réalité – sa représentation - perd en précision et gagne en probabilité d'être comprise en proportion du nombre de ceux qui la partagent. Sinon, le bruit cher aux spécialistes de l'information s'installe.

Nous considérons d'autre part que le stéréotype n'est pas lieu commun mais unité interopérable, la plus petite unité répétitive des échanges courants, et effectue des réductions conceptuelles proportionnelles à la nécessité communicative donnée par l'échelle de cette communication. L'étape suivante de cette conceptualisation, voudrait que l'on fasse une analyse de ces unités formelles – cette monnaie - une monnaie gérable selon la logique dite propositionnelle : inclusions, exclusions, additions, opérations logiques d'équivalence etc. Mais nous nous abstiendrons, cette tâche étant trop particulière. Convenons alors que le lien entre stéréotypie et le consensus serait ce qu'il faudrait mettre en œuvre de cette efficience à réduire le complexe, pour reprendre un terme cher à Edgar Morin. Ce qui ne veut pas dire, une fois encore, que seule la réduction au banal puisse permettre de communiquer pour construire des équilibres, mais simplement que l'on ne peut convoquer toute la complexité du monde derrière chaque brique de notre discours, avec cette illusion d'atteindre la réalité. Ainsi la stéréotypie intéresse un process extensif de régulation du récit général de notre organisation sociale. C'est une détermination par la nécessité qui engage en permanence ce process, d'autant mieux que les outils actuels et nouveaux dont nous disposons pour cela en ont amplifié la résonance, par puissance et fragmentation des usages : médias, médias de masse et virtualisation.

Du consensus aux mythes. Comment circulent et se hiérarchisent alors les fragments du grand récit qui vit en nous, que nous partageons tous, au terme près parfois, comme proverbes et dictons ? Ceux où tout a son importance tant leurs leçons sont éternelles ? Comment en naissent de nouvelles qui, par dispersion, prennent le relais des autres, souvent aux fins des mêmes démonstrations ; qui, en exigeant leur partage par les hommes, donneront pour cette raison même à ce grand récit, une utilité sociale ? Celles qui se répètent, car la répétition de leurs traits et leurs glissements progressifs assemblent en chacun de nous les raisons d'être des sociétés. Ce process, que la collectivité met en œuvre – sous réserve d'une cohésion de moyens de communication présupposée partagée par tous - fabrique une forme de récit qui se distingue avant tout par une transformation graduelle de faits en manifestations héroïques. Le nuage aussi intègre l'action de l'imaginaire. Par métamorphoses, de situations exemplaires en situations mythiques, une entité, une individualité cristallisent des valeurs de références qui en feront la hiérarchie. À partir d'une situation sociale donnée, son contenu élabore dans la durée la légitimité d'une sorte de surmoi collectif... Au delà d'une entité, d'un homme. Une individualité devenue virtuelle avec laquelle ce que je partage me permet de communiquer avec autrui, valeurs, habitudes, cultures. Un passage à l'expression symbolique et mythique, principalement ramené par les conditions de sa communication au fonctionnement de la rhétorique, ou maintenant de la rhétorique iconographique, forme nécessaire à l'accomplissement identificatoire du surmoi à sa référence héroïque, qui ne constitue pas toutefois une condition suffisante pour rendre compte de ce besoin fondamental incessant de fabriquer des mythes... Ou de reconduire, réinventer les mêmes. Qu'il y ait nécessité de vérifier en permanence la légitimité arbitrale de ce surmoi collectif, pour régler sur le plan de l'éthique, comme de la systémique sociale, la conception que les collectivités se font de leur mise en équilibre, est implicite, mais l'affectation des traits du récit aux valeurs qui constituent cette légitimité ne suffit pas à éclairer sur sa régulation des « invariants » systémiques susceptibles de traverser les cultures. Or, la transposition d'archaïsmes à nos sociétés contemporaines ne s'accommode plus forcément de certains héritages naturels, nous laissant relativement orphelins, sur le plan de ce qui a été évoqué sur le contenu de la crise, essentiellement par exemple la mythification de la croissance : ce surmoi économique investi d'un récit tiré d'une histoire libérale héroïque jusqu'à sa victoire sur le modèle des républiques socialistes soviétiques. La stéréotypie économique actuelle continue d'attribuer à ce fondement cette capacité d'amélioration globale de leur sort ; une adhésion qui ne procède pas que de l'individualisme égoïste. Dans bien des cas, nous manquons d'éléments synthétiques, généraux sur la conceptualisation du consensus, qu'on ne considère souvent que comme ce qui assure un état d'équilibre. Le politique, qui a vendu son âme à la gestion juste et équitable de l'inéluctable développement économique, n'a plus la volonté de maîtriser, d'agir sur cette communication privilégiée de la représentation du réel, et pour cause. La modernité lui oppose à la fois son inexistence grandissante comme vérité, et une complexité à l'expliquer qui ne relèverait plus apparemment de sa situation pour le faire. Mais l'échelle et la fragmentation ne font pas nécessairement des sociétés dans lesquelles nous vivons des systèmes inextricables, au point que nous ne puissions en trouver quelques clefs. Cette idée si répandue sublimant la gestion comme seuil unique d'efficience est celle d'un effet d'ignorance. Donc de deux choses l'une : ou ce surmoi n'est qu'une facilité notionnelle du discours tenu ici, ou il est possible de lui trouver une existence dans la lecture structurelle du consensus.

Rappelons que la recherche d'une raison originelle de l'agrégation (qui constitue l'aporie des origines) ayant force de vérité ne pourra jamais être épuisée. Les mythologies attachées à la représentation d'un système que se seraient donné des hommes pour vivre même sous une condition nécessaire d'être, puisqu'elle est manifeste par notre organisation, résultent d'une interrogation tout aussi nécessaire, non seulement de nous inscrire dans une histoire, mais de nous fonder comme unique par l'histoire. Même si elle ne justifie souvent que la recherche d'une légitimité de contexte et par extension d'un dispositif politique, elle revient par une tautologie qui lie la nécessité d'être à celle d'être gouverné, preuve confirmant qu'elle doit obligatoirement se trouver une raison originelle. Ainsi nos motifs narratifs actuels la construisent comme inéluctable. Trouver une raison fondatrice à la raison politique et à son utilité a suscité cette problématique des origines. Le Divin n'opérant plus cette fonction, le récit se transformant en déduction raisonnée de la raison des hommes à vivre en société, la référence à l'antique y jouant un rôle déterminant, cette histoire-là, par le postulat de continuité d'un modèle démocratique invariant à faire évoluer, cache pourtant une rupture. D'une certaine manière l'autorité de nos connaissances ne gère plus le problème de la légitimité à construire le vrai. Nous ne pourrons vraisemblablement jamais arriver à situer de manière visible un seuil de développement à partir duquel on puisse définir un signe générique de vie sociale comme acte fondateur de civilisation. Plus les connaissances archéologiques avancent, et plus notre étonnement à cet égard est grand, car la naissance de ce moment mythique ne cesse de reculer. La naissance du langage[56] ou des rituels funéraires des premiers actes distinctifs patents d'une vie collective, transfère cette question à l'archéologie seule. Privé de raisons génériques légitimes, le moteur de la formation sociale ne pourrait donc être en conséquence limité à l'ordre d'une origine. En faut-il une histoire ? L'idée de la continuité d'un héritage tribal préconscient ne suffit-il pas à convaincre que dès ce stade nous aurions hérité d'une organisation prélogique ? Ainsi le mythe des origines ne se substituerait à lui-même que comme une inconnue. Le souci juste de son intemporalité supposerait alors que la raison d'agrégation puisse directement être déduite d'une invariance pré-langagière

[56] *La découverte récente du développement de certaines zones du cerveau humain, expliquant son début de différenciation sur le plan de la chaîne de l'évolution en ce qui concerne la mémoire visuelle, la réduction de la zone d'interprétation au profit de celle de la mémoire visuelle chez les préhominiens a conduit à émettre l'hypothèse d'un proto-langage, basé sur une gestuelle mémorisable et ce depuis environ 4 millions d'années, avant le développement du larynx et la formation de phonèmes primitifs. A quel moment alors sont nés les premiers actes de communication, signes certains d'une sociabilisation ?*

originelle permettant en retour de lire une condition de pérennité instruisant elle-même sa nature systémique induite à terme : l'organisation. D'une certaine manière, le pourquoi et le comment du politique s'en trouveront détruits par l'abandon à ce recours d'une histoire impraticable désormais. De quoi alors héritons-nous ? Evidemment, notre société échappe difficilement à une dimension de subjectivité et *a fortiori* dans notre culture politique, et il est délicat de croire donc que ce qui nous guide obéit à des choix dictés par la pure rationalité. On prendrait alors le risque d'entretenir l'idée fausse que le niveau « mythique » de la représentation du monde s'adresse au primitivisme. Le reflet trompeur des connaissances fragmentaires et l'arborescence de leurs investigations dissolvent par brouillage la perception d'une société moderne constructible sur des comportements et références rationnels. L'approfondissement de ces connaissances nous sortirait-il du risque d'y voir de nouvelles variantes ? Le récit de la puissance scientifique du XXIe, « société de l'information », montre comment le formidable développement des techniques a là aussi instauré une fausse équivalence de maturité entre notre comportement politique en démocratie et les connaissances scientifiques, leurs productions techniques. Il est compréhensible que la vitrine technique cautionne globalement le progrès comme les deux aspects d'un même ensemble en marche, la vision d'un niveau élaboré de nos démocraties. Mais est-ce juste ? Le pire des dictatures et des théocraties s'appuie sur les mêmes outils : l'imaginaire, et la prise en compte de catégories symboliques sous-jacentes à la construction d'un consensus. En rénovant d'anciens idéaux, le renforcement de l'empreinte mythique nous protégeant d'un monde qui se transforme en idées courantes. Le commerce équitable rachète et rénove le vieil idéal universaliste, de même que les ONG etc. Les paramètres de la virtualité viennent en permanence en mettre la pertinence en lumière, en apportant des éléments « objectifs » à la transformation du récit. En foi de quoi, on est en droit de poser qu'il est nécessaire d'établir avant toute analyse l'existence au moins partielle d'un étage mythique à la constitution du grand récit ; même si la pertinence de sa constitution en objet d'analyse imposerait une démarche préalable justifiant un ouvrage dans l'ouvrage. Mais la crise rend manifeste la relativité des récits à l'inéluctable, comme celui de la croissance et d'autres. Cette relativité même destitue le mythe de toute valeur de vérité. Le mythe est ici cet assemblage de raisons d'équilibre rationnellement fondé sur un récit dont le moteur de réalité est l'imaginaire. Osera-t-on parler d'imaginaire collectif ? Je terminerai ce développement en m'appuyant sur une analogie puisée dans l'architecture, concernant les fenêtres. Tout percement provoque une rupture dans cette continuité qu'est un mur. Mais ce trou ne devient fenêtre que par l'ornementation qui la caractérise. Les mythes équivaudraient à ces ornements qui enrichissent le récit d'accidents multiples, de ruptures, en leur donnant raison et légitimité. Dans notre architecture contemporaine, cette continuité ne s'inscrit plus dans un ordre canonique de la composition, la structure globale et la stéréotomie. La nécessité de raconter ou de sublimer cette rupture a disparu, puisqu'en grande partie sans objet. Il n'y a plus de règles, mais d'autres codes s'y sont substitués…

Du forum antique à la proximité virtuelle, ou l'échelle et la technologie. Je suis toujours frappé de voir qu'une réalité à laquelle on ne lie que très peu la question de la consistance du politique ou la persistance de la démocratie soit celle de la question d'échelle. C'est un préalable qu'il n'est pas sans intérêt d'évoquer, parce qu'à mon sens il revêt à l'heure actuelle une importance nouvelle. En effet, nous sommes arrivés à un stade de notre histoire humaine où la question de l'échelle se pose, par le biais des évolutions technico-économiques, de la confrontation directe et quotidienne des cultures ou de la démographie. La théorie n'intègre ce point que comme une donnée d'amplification, mais rarement comme une donnée systémique motrice et déterminante. Or, c'est bien, à un moment donné, l'échelle de la demande en produits et énergie pour les fabriquer qui nous fait franchir le seuil du tolérable en matière d'exploitation de nos ressources. Et c'est bien aussi la contradiction qui s'annonce comme une impasse entre l'échelle de cette demande et la substitution de moyens ou procédures compatibles qui laissent encore aux destructeurs-réparateurs l'espace suffisant pour consolider les grands pôles de puissance que l'on voit se former actuellement. Cette impasse va assez vite en faire apparaître une autre qui constitue un leitmotiv de cet ouvrage. Un effet systémique se distingue, actuellement mis en avant par sa traduction économique ; un rapport direct entre l'échelle des pôles de puissance et l'exercice de la souveraineté géographique locale des nations en établit cette lisibilité. D'ailleurs, la pertinence de cette question a été remise à jour par les seules NTIC, grâce à la dimension des mécanismes nouveaux qu'elles laissent espérer, en donnant à la citoyenneté une arme transnationale malgré les risques de leur virtualisation. Leur impact dans l'individuation représente actuellement la seule réponse d'échelle adaptée à la situation de dictature contributive qui nous guette. Mais elle implique, pour échapper sous cette dimension aux dangers de la virtualité, de refabriquer conceptuellement de nouvelles formes de proximités, sans doute transversales et plus volatiles, conjoncturelles. Sous cet angle, c'est la récurrence et l'identité de procédures qui identifieraient les modes d'actions, ou avant, les types d'agrégation-organisation. Disons une fois encore que les réseaux sociaux les préfigurent, mais on pressent que d'autres se créeront pour aller vers des sortes de spécialisations correspondant à des groupes d'intérêts ou de choix conjoncturels politiques. Toujours est-il que cette perspective peut se préciser en voyant la répétition des manifestations « d'indignés » un peu partout dans le monde. Le vrai sens d'un retour à la proximité sous-entend donc avant tout de reconcevoir, dans la modernité, l'échelle comme un geste opératoire, et la proximité comme une éthique... Ce retour confirmerait à la fois l'examen des techniques de communication sous la simultanéité de l'abstraction de la dimension spatio-temporelle de leur consistance, et de la nécessité d'inscrire cette virtualité d'intermédiation sous le contrôle et le bénéfice en amont d'un rapport concret à la société globale et physique de ses membres. Face au paradoxe d'une dématérialisation de la proximité que nous craignons de voir disparaître, se recomposerait, en posant le problème d'une potentialité d'échelle sans limite, une contribution transculturelle à l'enrichissement de l'identité d'appartenance à des communautés et d'une conscience nouvelle de leur situation et leur durée. Et à partir de ce moment, deux voies peuvent chacune prédominer : l'une en créant une homogénéisation profitable à la gouvernance mondiale des pôles de puissance par assimilation et dissolution des cultures, l'autre au contraire où la société civile mesure par cet outil, d'elle-même, les différences qu'elles contiennent et la fécondité qu'il faut respecter, un peu comme on apprend une langue d'un pays où l'on projette d'aller pour élargir la base des contacts que l'on y aura, comme par exigence éthique. Et nous sommes là, par la valeur du récit, dans la volonté qu'il prête à l'imaginaire d'en avoir justement. Car il y a, de la proximité du forum antique, aux formes d'intermédiation de plus en plus larges et insaisissables de sa dématérialisation, une mise en concurrence avec l'espace concret du politique jusqu'à nos jours, et celui de la représentation locale élective jusqu'au référendum, même si ces procédures collectives doivent en tout dernier lieu s'inscrire dans l'espace de la relation tangible. Le problème de l'intermédiation, auquel celui de la représentation et les paliers pertinents de représentation du civil et du politique appartiennent, se voit remis en question dans ce contexte. La situation elle-même de l'individu, en se trouvant changée, pousse à la redéfinition au quotidien du rôle des intermédiations classiques, y compris dans leurs justifications collectives. Il en résulte cette double dimension d'échelle du lien social : celle des relations traditionnelles et celles de l'infini de l'interactivité. Comment se traduira dans le temps cette double relation que contient tout mandat (que la loi encadre et que la confiance détermine en crédit moral), si son rapport s'éloigne dans cette intermédiation virtuelle jusqu'au fantasme d'une « démocratie participative » ?

L'échelle qui croît est celle de la multiplicité des connaissances, comme celles des pratiques, des recoupements et syncrétismes culturels, des événements, des interprétations étendues, partagés avec d'autres cultures. Or, si l'on admet que l'accroissement d'échelle multiplie les intermédiations en reconstituant les mêmes modes fonctionnels et structurels, (comme toutes les organisations en montrent un exemple) pour reproduire le « programme » originel (dirait-on homéo-morphogénèse ?), on comprend qu'il n'y ait pas de contradiction entre fragmentation et cohérence, mais qu'elle ne puisse se résoudre dans l'étroitesse de la conception politique classique. Sinon sous peine de cette coercition occidentale universaliste désormais bien affaiblie. La conception d'une démocratie « participative » dénotant la confusion d'une conception politique qui ignore ce qui se profile déjà : une société civile qui s'installe dans cette fragmentation avec ses propres codes et outils.

L'oralité, cette apparition d'une sorte de « soulagement », « extension » ou « ramifications » du langage notamment par le graphique alliant mieux qu'avant l'image au sens, ont sans doute renforcé l'urgence de la cohérence et amorcé une forme de réparation de la fragmentation, donnant aux communautés volatiles un chapeau communicationnel commun et pérenne. Même si sa structure laisse l'observateur interactif lire des figures « globales », et relègue parfois le texte à un rôle fonctionnel, la puissance opératoire de ces sortes d'unités de signification leur vaudra une valeur de vecteur sémantique universel, libérant la communication des obstacles des langues particulières, comme un fruit de l'échelle.

Ce préalable à l'analyse de notre culture politique est indispensable pour saisir une forme nouvelle aux questions du consensus (et par là, du mythe). Et pour ce qui nous intéresse ici, il transforme notre capacité collective à comprendre le politique dans son rôle fondamental : la communication des idées que la multitude se fait d'elle-même. Pour certains, nous irions ainsi par régression vers une nouvelle culture de l'opinion porteuse d'un risque pour la démocratie. Mais comme le prouvent des événements récents, il n'y a plutôt de risques que pour des démocraties formatées par des nécessités de reproduction de privilèges, celles pour qui toute intermédiation doit être contrôlée. Les formes concurrentielles d'intermédiations virtuelles ou concrètes, l'oralité qui entre en force dans notre contexte culturel, le « bruit » de la surinformation du monde, ont peu de crédit pour le moment auprès des théoriciens du politique. Les comptes-rendus d'analyse de ce domaine, de ses composantes actuelles ou de son devenir, restent cloisonnés dans le registre propre des disciplines (sciences humaines) qui abordent le problème. Or la surinformation, l'intermédiation concurrentielle et transculturelle, l'oralité moderne qui pèsent et pèseront sur l'évolution de la place du politique, doivent être considérés non comme artefacts mais comme des catégories structurantes d'une situation nouvelle que l'on doit rendre lisible.

Préalables sur… le récit. On ne peut aborder l'analyse de la conception du consensus dans ses mécanismes de représentation, sans s'intéresser à celui du récit et de ses ressorts internes puisque tout consensus se raconte. Toutes les descriptions et les interrogations largement débattues touchant à sa nature, composition, fonction, nous amènent à constater que le sens ne se bâtit pas que sur l'articulation logique des arguments énoncés, qu'il ne s'agit là que d'une forme incomplète et non probante de leurs intentions à la vérité. Ce qui restreint cette part définie dans le probable de la vérité, renvoie à des actes de communications dont le contenu est un reflet articulé à l'extériorité et au désir, selon une logique lui échappant. C'est tout le problème fondateur d'une « anthropolitique » mesurant la communication politique comme constitution de son récit, de son vrai. Avec comme constat paradoxal que l'irrationalité des éléments mythiques, magiques, peut faire système dans des structures parfaitement logiques, et nourrir les institutions d'une légitimité certaine. Ainsi, l'incertain de la définition du politique découlerait de cette difficulté de transfert des modèles eux-mêmes, non totalement formés, à une catégorie encore plus large du discours, à savoir identifier par hypothèse une de ces formes issues de l'intelligence collective, structurant le discours du politique, augmenté de cette difficulté que les modèles analytiques conçus par les anthropologues ne contiennent pas, et ne peuvent transposer directement. En travaillant sur des contes, ou sur des mythes, le territoire du récit se plie à des règles analytiques que la globalisation sur le discours consensuel ne peut supporter comme suffisantes. Il faudrait, pour répondre à cette situation s'appuyer sur une sémiotique qui nous permette d'appréhender le récit au plus près des caractéristiques principales qu'on lui connaît, mais en extrayant dans cette perspective ce que l'anthropologie nous apporte de l'articulation des raisons du discours – cette rationalité d'articulation d'éléments irrationnels - et donc percevoir une cause essentielle de la raison d'être de l'agrégation : construire le sens de son objet organisationnel. Cette ambiguïté se retrouve en permanence là comme ailleurs dans des cadres théoriques qui sont loin d'être figés mais qu'il est quand même nécessaire de formaliser. Associer l'idée d'un récit collectif à celle de consensus, exige de mettre en lumière à l'usage des caractéristiques du discours politique, ce que nous estimons être les constantes référentielles de toute catégorie de discours et particulièrement celui d'aujourd'hui. L'ambition est énorme et exige une certaine naïveté – ou candeur - mais pourquoi pas ? Nous avons déjà dressé un portrait de l'inéluctable comme référence probable du discours sur le développement. Il faudra donc à la suite du « niveau ontologique », définir à ce même niveau, le niveau systémique, puis le niveau fonctionnel avant de conclure sur le niveau consensuel de toute irréversible conquête, l'inaliénable, comme une dimension en devenir de l'inéluctable. La valeur de cette hypothèse ne peut, bien entendu, être vérifiée dans un premier temps que dans l'espace du discours politique. Ainsi par exemple, le discours tenu en son temps par Machiavel, réduisant cet aspect de notre boucle à une problématique du pouvoir, n'excluait pas la perception du peuple comme entité participant à l'équilibre sociopolitique, pensant collectivement donc ; mais en assujettissant la part de l'inéluctable de la reproduction du pouvoir à celle inaliénable du Prince et aux conflits systémiques liés à cette seule reproduction. Dans l'optique « volontariste », comme chez Rousseau, il s'agira d'un récit fondateur (par anticipation) de ce qui fait l'inaliénable, résultant d'un effort théorique d'assise d'un inéluctable refaçonné au profit de la souveraineté de la collectivité. Dans le discours fondateur du libéralisme, la liberté individuelle préexiste à la souveraineté collective, qui en devient conventionnelle. L'inéluctable tient à la reconnaissance de la nature d'une libre disposition de l'individu par lui-même, que toute règle collective doit respecter. Il est possible de fonder sur cette boucle (de l'inéluctable à l'inaliénable) les caractéristiques d'une typologie à l'avantage du discours politique comme un dernier recours possible, menant, à force de raisonnement à l'idée d'une origine essentielle que le récit puisse élaborer au sujet de la souveraineté du collectif.

Comparer néanmoins les typologies de discours sous l'angle de l'efficacité de cette boucle, tiendra essentiellement au fait de pouvoir distinguer dans ses manifestations « spiralaires » les déplacements de ce que nous avons qualifié ici de systémique : les raisons de l'organisation. Nous situerons la raison fonctionnelle de l'étage consensuel par celle de l'efficience de cette boucle, mais justifiée malgré tout sur le plan des transformations de ses conditions d'être explicites, par la force d'un récit commun. L'espace consensuel remodèle ses interprétations par paliers, ou parfois dans l'histoire, conteste fortement dans sa légitimité le pouvoir quand il impose un inéluctable au prix d'une mise en défaut insoutenable. Est-ce le cas à l'heure actuelle, où le profil de la crise nous enseigne que l'inéluctable loi du développement et sa logique de la croissance ne sont plus des outils conformes à la légitimité d'un récit fondateur du bien commun ? Le récit qui en est fait est celui d'une destruction progressive. Le consensus sur lequel tend à s'établir en Europe particulièrement les solutions aux impasses de la dépendance économique bat en brèche le grand récit de l'expansion intemporelle du développement.

La part du mythe. L'importance du récit qui contient les figures d'un mythe tient à l'apparentement de ses figures avec d'autres, et à leur articulation avec un contexte plus large expliquant leurs mutations ou réinterprétations. La forme préside en premier abord au raisonnement analytique, démarche qui fut le grand problème de leur identification. Je me souviens des critiques de C.L.Strauss à l'égard des fonctionnalistes russes à ce sujet. Avant même tout commentaire de celles qui nous tiennent à cœur dans le politique, la question préalable qui se posera donc ici à leur endroit sera de savoir comment les distinguer. Car il ne s'agit plus à ce moment-là de figures rhétoriques qui caractérisent l'art de convaincre. Le contexte est plus large et lui échappe. Les figures appartiennent au grand récit. Y a-t-il par exemple une différence entre Hercule, et une star du foot ou des jeux olympiques ? L'exemplarité héroïque serait-elle entre autres une constante par ce qu'elle perpétuerait comme valeurs de référence ? Serait-ce pertinent de considérer que le héros actuel remplit les mêmes fonctions sociales et de référence, mais se trouve investi de la conjoncture, de l'immédiateté, de la volatilité d'un récit plus ample dont la vraie « fonction » serait de traverser le temps ? Comme une remise à jour d'une invariance de cette humanité qui refonde le récit moderne, son attachement aux héros, ceux qui portent les figures. Faillibles, ils réalisent pourtant des performances hors d'atteinte du commun, tout en restant des hommes palpables, concrets. Les stars de cinéma, du sport sont l'objet de cette constante ambivalence de leurs personnages et de ce qu'ils sont, comme un état extrême et public de nos propres conditions. En représentant l'enveloppe qu'enveloppe l'héroïsme. Ce récit-là n'est plus ce que la rhétorique nous livre, mais ce que l'actualité commente. Ces remarques ont de quoi jeter un doute sérieux sur le fait que nous vivions dans une société qui aurait tué ou évacué tout besoin de recours à ce fonctionnement, donc la persistance du mythe dans le récit. Et il ne serait pas infondé de chercher à vérifier que nous ayons paradoxalement recours non à des mythes fondateurs – nos connaissances ne nous le permettent plus - mais, face à la confusion de lecture du complexe, de la technicisation de la procédure, de la virtualité, à une puissante restauration du désir, portée collectivement par les grandes catégories que l'imaginaire réinvestit périodiquement à des fins de cohérence. Comme les figures du croire, portées collectivement en nous dans cette équilibre du savoir et du croire. Combien de fois le croire s'avère-t-il plus puissant que le savoir dans notre vie collective, politique? De cet observatoire-là, les préoccupations de la complexité, sur l'organisation, la technicité, la systémicité du politique, peuvent être vues comme un recours ultime à vouloir fonder une société de la rationalité, ou du moins une démarche rationnelle organisant mieux sa marche sociale, par la réorganisation de ses paramètres objectifs. Un champ du cygne, peut-être face justement au besoin inverse dont nous avons l'urgente nécessité. Car l'imaginaire produit. Et la différence entre consensus et *doxa*, vient de ce que si l'on prête à la *doxa* une prérogative de tension volontaire liée à la manifestation du débat, lieu de raison, alors le consensus l'englobe ; ce qui suppose que la dimension mythique soit constitutive de son récit, pour parfaire et enrichir les figures de la société.

Par conséquent, ce « fonctionnement » nous protégerait-il consensuellement d'un monde qui se transforme ? Pas complètement, puisque les paramètres du mouvement constant des sociétés viennent en permanence en mettre la pertinence en question. L'imaginaire pourtant se nourrit d'éléments « objectifs » dans la transformation du récit, à l'étage du savoir. La question est donc celle des émergences d'invariants, apparaissant au fil des transformations opérées dans un univers notionnel enrichi de l'imaginaire. La mondialisation par exemple est une figure dans l'imaginaire différente de la transnationalisation, terme employé ici justement pour se distinguer de ce que le premier comporte de subjectif. Face à elle, la nationalité, principe fort de l'imaginaire, y est attaquée, son identité culturelle aussi, mais plus que par une réalité, par la représentation même de ce qu'est cette mondialisation : un gouffre d'incompréhension fait de l'illisibilité des valeurs qui le gèrent. L'alternative d'abandon des structures de coopération sociale devenues inadaptées concerne également les invariants sur la défense des droits acquis, affectés à la logique de l'inaliénable. Comme de nos jours, l'emploi prime sur la raison économique comme condition inaliénable de liberté. On voit souvent aux portes des usines qui ferment, la détresse convoquer l'imaginaire et fabriquer une issue irréelle que les politiques ne savent gérer. Pas de différence de posture entre les populistes, les conservateurs les socio-démocrates, les écologistes et la gauche néo-communiste, à ce niveau-là. La perte d'irréductibilité de l'inéluctable, quand il prend la figure de la pression financière sur les peuples, réactive des invariants défensifs sur des sujets objectifs : les droits inaliénables de se nourrir, se loger, s'éduquer et se soigner convenablement, une fois de plus imaginés comme inhérents à une liberté de vivre. En foi de quoi, on est en droit de poser qu'il est nécessaire d'établir avant toute analyse, l'existence au moins partielle d'un fonctionnement réglant l'immanent imaginaire du récit consensuel. Au regard de la définition du mythe, son application à la pertinence de la lecture des récits sociaux et courants dans notre société reste une hypothèse forte. Nous ne constituons pas plus que d'autres sociétés, plus primitives, des sociétés rationnelles. L'importance de la question de l'extériorité renforce cette hypothèse. Impossible à une entité pensante quelconque, individu ou groupe, de maîtriser cette condition intruse dans toute réflexion majeure sur la condition d'être. L'extériorité y trouve au moins un reflet qui révèle et qualifie cette condition, sans que l'approfondissement de son objet ne soit vraiment utile en pleine conscience. La *doxa*, en gérant au profit de la communauté la raison de ces raisons, forme par une solution collective de compromis l'issue d'un problème qui lui échappe. La raison du consensus s'en trouve ainsi posée dans la mesure où se manifeste par lui un résultat traductible en droit et légitimité raisonnés. Le niveau systémique des instances ainsi légitimées répond à cette nécessité récurrente de l'organisation : l'état de son équilibre. La représentation des réalités sociales se construit principalement à cette fin, et non sur une stricte vérité de la réalité. Ainsi rôde, comme considération de l'ignorance, cette part d'une réalité hors d'atteinte, que le consensus reconstruit, mais dont on sait qu'elle est là. D'où cette idée simple, que l'approche positive a du mal à gérer dans ses investigations, mais que le politique gère comme une dimension incontournable sinon nécessaire : l'imaginaire et sa forme mythique.

Bricolage. Ce développement est un peu particulier, et bâti sur ma tendance à l'éclectisme, à partir d'un mot employé par C.L.Strauss dans son anthropologie structurale. L'image employée est simple et peut être prise en compte à notre profit sous l'idée suivante : si tout récit réorganise d'autres récits, factuels ceux-là, de cette altérité qu'est la société globale et son extériorité, cette récurrence permanente d'une simple combinatoire d'objets abstraits, effectue par soustractions, ajouts, un bricolage assemblant des bouts de réalités. En nous renvoyant à ce paradoxe connu selon lequel toute représentation d'un système, d'un état, devra avant tout être prise en considération en tant que système de représentation. Celui qu'on a de l'autre, de l'altérité comme instance, de la « mêmité » comme usage. La persistance de la politique à être progressivement perçue à ce niveau comme n'étant plus qu'une réponse mécanique et de forme à la représentation des problèmes, fait ou fera pour commencer de la crise politique une crise de sa propre représentation. Ce que les idéologies évitaient même dans leurs condamnables outrances et indépendamment de cet aspect, s'appréciait en termes de valeurs, par une finalité déclarée à leurs organisations sociales. L'imaginaire et le bricolage assemblaient les catégories qui les définissaient.

3.4 Conclusions sur l'inéluctable et l'inaliénable.

Même inspiré par la bonne intention de former une « anthropolitique », liant des thèses très différentes, augmentées d'une ambiguïté interprétative que ce terme d'anthropolitique peut induire, la difficulté qui court peut garder l'avantage de la fécondité des voies ouvertes qu'on leur devine. Plus particulièrement, à l'hypothèse qui veut que les mythes aient une existence politique, éventuellement une universalité culturelle fondée sur cette totalité insaisissable que constitue la totalité sociale, l'empirie, s'ajoute le risque important qu'il peut y avoir à réinvestir ensemble tous les éléments théoriques qui la définissent. Les asseoir de manière suffisamment solide et claire, dans un autre contexte que celui de l'interrogation classique, c'est, en intention, éviter la réduction du champ politique à la question du pouvoir. Sous l'argument que posée comme telle, sa condition organisationnelle joue contre sa condition d'être. C'est donc quand même au nom du critère d'extériorité qu'il convient de regarder cette difficulté à transposer *stricto sensu* un acquis théorique de ce qui ferait – ou fait - le mécanisme des mythes dans leur dimension universelle à nos productions collectives consensuelles, en évitant ainsi de l'enfermer dans un statut de simple fonctionnalité sociale de fabrication d'équilibre. La fragilité de la perception du mythe se caractérise par la difficulté à atteindre l'explication satisfaisante d'une qualité totalisante. Et à nous faire entrevoir quelle est sa contribution au soulagement de l'extériorité. Le pont entre l'anthropologique et le politique se situe là. Car dans l'univers du politique, et par différence, le recours au fonctionnement mythique doit en principe se transgresser et transformer ce bricolage en capacité prédictive. Il organise dans le consensus les marges de l'action structurante. Nous avons donc ici, même en l'absence de toute finalité, un mobile fourni à ce même bricolage. D'autant plus que la fragmentation de la représentation du réel, se faisant sous une forme narrative que le langage organise par référence à une totalité jamais préhensible, tend à une stabilité qui assure précisément cette légitimation par le compromis au réel, que la plasticité du récit permet. La narration politique, particulièrement aiguë lors des campagnes électorales, organise inévitablement ces fragments (substitutions, assemblages, amalgames) par le bricolage, suivant ses auditoires… Et les éléments consensuels présupposés favorables.

Conclure ce troisième argument sur la liberté du dire délivre son développement d'une obligation de soumettre en retour la démonstration à celle d'une crédibilité mobilisant par là son épistémê, ou de vérifier la valeur heuristique d'une construction transposable à d'autres domaines d'interrogation : par exemple en remarquant comment l'opinion remanie l'histoire au bénéfice de courants, crises ou idéologies particuliers. Pour lever alors tout scepticisme induit par cette démarche éclectique, l'exercice prédictif s'imposerait à ce moment de notre raisonnement, pour évacuer toute critique sur la boucle inéluctable>inaliénable, et ne pas la voir figurer comme une fantaisie personnelle. Intuitivement, on perçoit alors que les éléments qui la caractérisent, effacent la dialectique du concret et de l'abstrait, et fondent sans temporalité une sorte de continuité appartenant en propre au collectif. Ainsi, la boucle règle l'équilibre stabilité/instabilité suivant des critères d'une capacité corrective originelle, qu'à un moment donné de son histoire, par l'écriture et la mémoire d'une modélisation rationnelle, les sociétés occidentales ont transposée en d'autres antinomies structurantes, contractuelles et morales dans leurs démocraties. À la différence d'avec les sociétés « primitives », pour lesquelles le siège de l'inéluctable reste les forces naturelles comme instance magique, notre raison philosophique et notre quête anthropologique dans leur effort à figurer une réalité commune à l'ensemble des sociétés humaines, donc secondairement à situer la substance du politique, restent pratiquement terre inconnue. Ce en quoi nous ne sommes jamais en capacité de trouver réponse sur le plan de schéma binaire de l'équilibre, et *a fortiori* d'instabilité par lequel notre société reformule la contrainte originelle en nous précipitant dans des renouvellements constamment retranscrits par les figures fractionnaires que nous bricolons… Et c'est sur ce point que les hypothèses sur le mythe se ressemblent, activant toujours les mêmes tensions fondamentales communes : celles des figures de la finalité.

A propos de la relation de l'inéluctable à l'inaliénable, s'il est bien clair que la conceptualisation de l'inaliénable est dans la boucle qui définit la relation fermée des deux, celle du récit qui se contractualise, le statut de l'inéluctable est lui, cantonné jusqu'ici à cette sorte de *fatum* construit du seul fait de l'agrégation sociale, impliquant ce qui n'est pas autrement défini que comme « allant de soi », forme de pensée arbitraire de la pensée courante, reconstruite par le désir. Ce sont des formes plus collectives de l'imaginaire, mythiques, qui en témoignent, facilitées en cela par les mécanismes de la stéréotypie comme efficience communicative ; leur existence dans cette nouvelle virtualité, des capacités nouvelles de la virtualisation, donnent au désir des moyens nouveaux de contester ces mécanismes de l'inéluctable. Non de dissiper ce système binaire qui préside aux mécanismes de reflet par lequel s'articule tout équilibre. En ajoutant une puissance nouvelle au désir de saisir les figures d'une finalité remettant en question celles du politique, avec comme première question : à quoi nous sert l'économie ? Quant à la relation du récit à la construction d'un contenu nouveau, une finalité nouvelle, la capacité que l'on aura à le faire, sera évidemment largement conditionnée par l'incapacité de notre culture à être extérieure à elle-même, et à s'observer, malgré le fait d'être constamment nourrie de disciplines et connaissances majeures... Si transformation il y a, elle ne se fera pas extérieurement au contrôle de ce binôme. Au fond, par cette disjonction purement référentielle, se constitue une bipolarité dont aucun des pôles ne peut être assimilable à l'autre. Et nos modes d'inscription dans le temps et dans l'environnement, de nos sociétés comme de celles distinctes des nôtres, si utiles à nous servir d'occasion à théoriser sur nous-mêmes, s'inscrivent dans cette bipolarité, question de degré d'équilibre. Depuis que nous percevons « l'inéluctable » progression de notre condition humaine, qui semble si bien nous convenir comme schéma principal de notre condition, le « mouvement » humain s'articule suivant ce qui le confirme, et devient un bien précieux, inaliénable.

Argument 4

De l'inconsistance au chaos.

Même légué sous la raison de l'inéluctable à des générations qui devront comprendre que le poids de tous les malheurs dont ils héritent en monnaie sonnante et trébuchante n'est explicable que par le fait des droits légitimes et inaliénables de nos conditions d'existence passées, ce que nous aurons laissé en héritage n'aura pas tenu à un défaut de conscience, mais à un effet d'ignorance. Nous sommes en train de signer nos accords de Munich avec nos prédateurs. Arc-boutés sur la solution économique, nous ne voyons pas quelle guerre elle prépare et laisse aux générations futures. Le temps confirmera que c'est en fait sous la raison épanouissante de la dépendance économique, que nous avons accepté en fermant les yeux, de pénétrer cette impasse si bien éclairée de la perte du crédit du politique. Avec cette conséquence de mettre en évidence, non l'émergence d'un chaos qui nous signalerait la fin d'un système, mais au contraire une déstructuration de l'organisation classique des sociétés civiles – nos démocraties dans leurs formes presque académiques actuelles - pour la reconstruction d'un ordre qui nous échappe, et qui exigera de nous confronter à toutes sortes d'organisations coercitives de grande échelle, usant à leur profit du formalisme des procédures qui contraignent nos règles démocratiques et les affaiblissent dans leur capacité à répondre à ces attaques. Nos enfants seront débitables de la paix que nous achetons. L'enjeu de ce nouvel ordre implique pour les pôles de puissance en formation des assujettissements définitifs à une réorganisation mondiale des besoins configurés sur les principes de l'économie de la dépendance. Cette tendance à la neutralisation de la « *puissance de la multitude* » à persévérer dans son être, résonne comme une donnée majeure qui déplace lentement les centres de gravité des affrontements. Un conflit entre une société civile possédant des outils d'une puissance inouïe mais dont elle ignore l'importance, et des pôles de puissance construisant une déstructuration progressive de la substance du principe d'obligation, de la relation du peuple à sa souveraineté. Les théoriciens qui voyaient déjà le consumérisme comme une érosion de ce principe avaient raison, mais ils ne l'ont qu'incomplètement analysé, le traitant souvent comme un rapport exclusivement aliénant. La dépendance est plus profonde, puisqu'elle a capté une part de l'intérêt de tout individu à vivre de sa dynamique. En sortir reviendrait à ne plus voir la constitution des empires économiques comme une réalité confirmant la nature inéluctable de l'échange, rendant le passage de frontière des empires invisibles aux pôles de puissance, intangible. La traduction politique en serait vite accomplie. Paradoxalement, face aux désordres qui s'installent, les arguments de l'économie restent pauvres. A la question « à quoi sert-elle ? », la majorité des réponses demeurent très fonctionnelles ou consuméristes. Mais elle se pose : que faire de l'économie ? La finalité économique et ses prérequis politiques se posent sous condition d'urgence. En l'absence de quoi, les discours sur les contraintes de l'économie deviendront de plus en plus difficiles à gérer, car ils cautionneront pour la multitude des obligations en retour de moins en moins profitables. La prise en compte de l'échelle, toujours absente des considérations théoriques sur la démocratie, comme s'il était possible d'en abstraire l'impact des organisations qu'elle intéresse aujourd'hui, est dorénavant déterminante. Sans cesse oubliée sous l'effet hypnotique de notre universalisme, revue dans une vision candide de la « mondialisation », elle implique en fait ce que les assimilations réciproques des cultures par effet de transnationalité vont en traduire par syncrétisme ; ce n'est qu'à ce moment-là que la puissance de l'universalité des principes d'obligation démocratiques pourront rétablir la finalité économique dans une vraie dimension. S'obstiner à penser que c'est aux démocraties occidentales de l'exporter, est en partie faux – ou partiellement vrai. Et pour en finir avec la dépendance à notre système économique, nous constaterons que les pôles de développement actuels sont avant tout d'une échelle bien supérieure aux nôtres : Russie, Canada, Chine, Brésil, Inde… Avec des systèmes politiques parfois très dissociés de notre représentation de la démocratie et de son lien à l'économie, comme en Chine ; preuve supplémentaire de l'autonomie du système économique à l'encontre des différents types de régime politique. L'a-démocratie chinoise consacre une forme organisationnelle dissociée qui sert au rattrapage économique de cette zone, mais qui dans sa dualité pouvoir/liberté d'entreprendre repose sur un modèle autoritaire auquel on peut prévoir une limite.

Le paradoxe le plus flagrant veut que la redistribution du pouvoir et de l'échelle des pouvoirs que le monopolisme capitalistique provoque coercitivement, conduise par les désordres locaux qu'il instaure, à sa mort sans doute par fragmentation. Loin des conceptions de contradictions classiques ou revenant à des thèses sur l'entropie, ce sont : la cristallisation politique et la dégradation écologique. D'une logique de cristallisation, on pourrait entendre une notion de stabilité progressive exigée par le changement d'échelle. Si l'on pose que le contrôle économique est évidemment soumis à des risques de perte de rente du fait d'aléas imprévisibles (sociopolitiques) dans ses zones d'influence, le contrôle impliquera systémiquement une nécessité de former des pôles exerçant une puissance directe (finance) ou indirecte (politique). Les exemples de prise de contrôle sur des éléments infra-économiques sont multiples (par exemple, l'évolution actuelle du statut de la propriété intellectuelle[57]). L'institutionnalisation de ces évolutions consacre historiquement outre la loi du plus fort, extrêmement dangereuse pour l'avenir, la contre-productivité évidente générée dans le domaine de l'avancée scientifique sur la base du principe de connaissance comme bien commun.

Si nous convoquons maintenant à notre raisonnement ce qui a été dit sur la fragmentation, en le considérant d'un point de vue de sa traduction systémique, nous pourrons assez facilement concevoir qu'il y a une forte tension de compatibilité fonctionnelle entre une extrême fragmentation (ou hyperfragmentation), telle qu'elle se produit actuellement dans tous les domaines, et la concentration avec maîtrise conjointe de leur évolution : autrement dit, de faire évoluer un système qui a toutes les occasions à son échelle micro-organisationnelle de produire des événements et de l'instabilité, sans changement de la stabilité ou d'une entropie nulle à l'échelle macro-organisationnelle. Pour anticiper sur ce qui sera développé, le problème principal insurmontable du capitalisme monopolistique serait avant tout de voir un mode d'irréversibilité des équilibres en tout lui échapper, et donc l'inefficience à terme, un palier de puissance supranationale finalement inconstructible. Sans attendre une fin naturelle de la dépendance économique qui nous lie et nous fait subir les crises, la plasticité du système qui le fait perdurer tient à ce que nous sommes nous-mêmes des producteurs, partie prenante de cette dynamique. Ainsi, jusqu'à présent nous avons vu les périodes de basculement n'être qu'amorties par notre propre intérêt à ne pas laisser les crises et ruptures trop brutales s'installer. N'être jamais affrontées.

Si à l'horizon, le virage inquiétant qui nous attend se confirme, les grands fondamentaux économiques de la condition humaine (se nourrir, se loger, s'éduquer et se protéger des risques sanitaires), concentrés dans les mains de destructeurs-réparateurs, seront en jeu, s'ils ne le sont déjà, comme par exemple l'impact négatif d'un agroalimentaire industriel sur la santé. Nous devrons comprendre que tous ces secteurs, attaqués sur l'unique critère de la rente le seront avec l'ampleur de cette nouvelle échelle, hors d'atteinte définitive des Etats-nations. En nous faisant courir les mêmes risques de « subprimisation » à tous ces secteurs vitaux. Quel Etat peut actuellement résoudre son problème de l'eau, sans avoir à compter avec ces pôles de puissance ? Comment investir les moyens énormes nécessaires pour assurer l'égalité alimentaire sanitaire, sans compter sur une maîtrise préalable de ceux qui détruisent les agricultures locales ? Établir ce lien causal entre la dépendance, la fragmentation et l'usage du complexe, c'est reconnaître que

[57] Cf. Gaëlle Krikorian et Florent Latrive, *Post capitalisme, imaginer l'après.* Edit. Au Diable Vauvert 2009

la pédagogie politique nécessaire ne peut se faire sans aveu d'impuissance sur le plan même des situations où il lui est demandé d'exercer sa primauté. La cristallisation, cette lente fixation des éléments sous forme solide et figée, ne peut être le fait du *fatum*.

D'autre part, l'économie de la ressource dépasse l'acception usuelle de l'écologie. Plus proche d'une pédagogie d'éveil à la situation globale, l'écologie a malgré tout en face d'elle un obstacle de taille, qu'est la dépendance économique. Il y a une sorte d'incompatibilité première et fondamentale entre le fait de poser le problème des ressources sous tous ses aspects et celui de faire des concessions à la croissance. Et ceci sans forcément devenir un décroissantiste intégriste ou objecteur de croissance. L'écologie investie de cette manière dans le rapport politique actuel dénote une erreur de vocation. Le politique doit sur cette question comme sur le reste avoir la primauté. Car depuis la nuit des temps et en fonction même des nouveaux paramètres que l'on a décrits, le politique se définit entre autres par un objectif de mise en équilibre de l'agrégation (cette dernière partie tente de l'expliquer).

Toujours est-il que ces remarques introduisent mieux notre partie conclusive sur un plan majeur. Si la démocratie se reconnaît comme la meilleure réponse procédurale à s'accorder de l'instabilité tendancielle que contient l'évolution même des sociétés et de leurs cultures, et maintenant du syncrétisme culturel, tout ce que l'on a dit sur sa situation actuelle (maximalisation de l'échange marchand, fragmentation, oralisation, virtualisation et autonomisation de la société civile) recrée des conditions vers lesquelles les dispositifs qui caractérisent notre démocratie actuelle devront se reconvertir. La résistance des systèmes en place sera forte. Cette alerte à la mutation n'adviendra évidemment pas avant que les mécanismes consensuels, selon les modes que l'on a décrits, soient activés dans ce sens que l'imaginaire, le désir façonnent une nouvelle représentation de la finalité. Si l'importance de l'écologie se situe à un niveau de mise en alerte, de mise en activation de l'imaginaire sur la finalité, elle ne saurait être un but en soit, et de ce point de vue, l'ensemble des thèses sur l'entropie qui préside à la remise en question des conditions de ressources de la planète est indispensable. Mais le véritable adversaire des équilibres n'est pas un monstre abstrait. Répétons-le, l'échelle économique des réparations est désormais telle que le vrai risque des déséquilibres réside dans le fait que ceux-ci ne puissent être maîtrisés que par ceux-là mêmes qui en sont la cause. Autant dire que nous serions livrés, pour la solution des problèmes écologiques majeurs, à ceux-là mêmes qui feraient de la réparation, un système de valeur économique de second rang dont l'intérêt majeur serait qu'aucun problème de dégradation ne puisse être résolu sans eux, sous cette condition déjà dite que cette réparation leur soit économiquement profitable. Il est à craindre d'ailleurs que ce process soit en route.

Mais ceci ne saurait constituer une conclusion. Au-delà de l'effet moral et anesthésiant de l'indignation et de la dénonciation, c'est un autre enjeu qui doit apparaître à tous. Cet enjeu, il faut le concevoir, et mieux le construire. Le choix de ce terme à ce moment-là de la conclusion, qui ne peut en être une, n'est pas anodin. J'ai croisé par une forme personnelle intuitive d'abord, puis par le rejet surtout de cette idée d'un réel qui nous attend quelque part comme un territoire vers lequel nous irions, par la force de nos progrès, le chemin d'une voie dont je me suis aperçu ensuite qu'elle était fortement constructiviste. Car cette idée qu'il n'y a de réel que la représentation que nous pouvons en faire, s'était installée en moi, alimentée par les problèmes exemplaires soulevés par la physique moderne bien au-delà de cette discipline : les épistémologies constructivistes fécondes et de sources diverses ont donné une structure à ma démarche. Or, il se trouve que tout ce qui a été exposé précédemment constitue un effort tendu vers la constitution de l'essence du politique par un « dire » non-analytique. Préside à cette conception le fait que nous ne pouvons l'appréhender qu'en concevant des modèles soit génériques soit contextuels de ce que l'on constate ou identifie comme parts de phénomènes dans un environnement d'autres phénomènes. Prigogine, Senders, Le Moigne et ceux qu'il appelle le trio PSM (Piaget, Simon, Morin), ont ouvert la voie de cette conscience nouvelle depuis des années. Nous ne commenterons pas ici la démarche constructiviste, sinon par le biais de ce qu'elle alimente comme refus de concevoir notre dire comme l'effet d'une rationalité conduisant à la vérité sur une situation ou un état. En fait, il y a mieux à faire : peut-être apprendre à relire différemment ce qui m'a conduit déjà – comme beaucoup certainement - à voir une crise non-économique là où le dogme académique de la rationalité voudrait la voir, pour cautionner une sorte « d'homéostasie » de nos démocraties d'alternance. Ne pas la voir où elle est, constitue un effet d'ignorance parfaitement attribuable à ce défaut de lecture (que Le Moigne appellerait l'univers des épistémologies positivistes-réalistes) par l'opinion de cette complexité (pensons à E. Morin) qui ne lui sera pas expliquée, mais que son autonomie de connaissance lui permettra progressivement d'appréhender. Dans son exposé sur les épistémologies constructivistes, J-L. Le Moigne dans sa gnoséologie des connaissances constructibles (hypothèse phénoménologique) distingue *« trois caractéristiques de l'expérience (ou du réel) connaissable, dont la gnoséologie positiviste et réaliste ne permet pas d'appréhender aisément, et dont elle conteste parfois la pertinence »* et qui sont : l'irréversibilité de la cognition, la dialogique (de la cognition), et la récursivité (de la cognition). Par analogie ou équivalence, l'entendement social comme une boucle (inéluctable-inaliénable) s'interprèterait suivant la caractéristique de l'irréversibilité, de la flèche du temps, des logiques du débat, du consensus, et la dialogique de la cognition comme celle des conflits suivant notre dialogique collective particulière, et le questionnement de l'extériorité comme réel et le statut de l'autre suivant la récursivité de l'expérience du monde. Mais ceci en considérant une phénoménologie ouverte caractérisant nos catégories. En outre si le modèle constructiviste « fonctionne » également en remettant en perspective le sujet et son expérience, nous avons ici comme champ tous les sujets et leur expérience commune, ce qui demande avant de raisonner sur ces mêmes catégories, d'organiser véritablement comme une condition préalable la pertinence de ce passage de la multitude en un, nous autorisant alors à reconnaître véritablement les traits précédents et statuer sur la consistance de notre niveau du politique. Nos conclusions ne seront donc qu'une dernière partie d'ouvrage consacrant la remise en ordre des éléments exposés.

Au fond, tout est question d'interprétation, ou plutôt de représentation, et pour cela, nous ne pouvons, selon cette démarche, que construire des modèles ouverts, mais sous contraintes : nous n'avons hélas à notre service, que l'usage d'un système lui-même soumis à condition d'exercice, le langage naturel. Si la restriction (réduction) analytique s'en accommode, décrire une systémique demande d'autres outils. Je ne les ai pas, et on pourrait envisager partiellement le recours sur certains points de la logique propositionnelle ou des prédicats sur le plan de la formation de la vérité dans la stéréotypie consensuelle. Cette exploration demeure assez méconnue. Elle pourrait être capitale pourtant, dans la mesure où ce système d'exploration nous éclairerait mieux sur le rapport politique dans les domaines du statut de la vérité dans la mécanique consensuelle. Nous sommes donc contraints de nous en tenir à une reconstruction qui présuppose que nos catégories font système. Ce motif est tout au long du développement rappelé, puisqu'il mentionne l'agrégation et l'organisation, et le mode constitutif de l'un à l'autre comme une constante par laquelle le reste s'explique, ou s'articule. En fait, l'étape particulière qui a été observée au sujet de l'identité, de l'extériorité a un objet précis dans cette relation primaire : les fondements de l'identité, une constante de toutes les cultures, est en fait le pivot de cette articulation de l'agrégation et de l'organisation. Elle affaiblit aussi par ce fait, à travers l'idée d'une évolution, toute synchronicité liée à ce mode. Sans nier l'impact des autres, les primitivistes représentant notre progression vers l'acquisition de l'intelligence, condensant la trame du récit dans une dimension temporelle, en donnant ainsi à notre marche vers la liberté sa dimension inéluctable. Depuis Héraclite, nous ne ferons jamais qu'approcher, sans pouvoir le saisir, l'enjeu que représente ce besoin de notre représentation de nous-mêmes, cette récurrence ontologique dans lequel il nous enferme, et qui nous permet néanmoins de nous organiser comme humanité. Cet « être ensemble » qui organise à son tour l'opportunité théorique de « *l'ipséité* », la « *mêmité* », ou « *l'altérité* » d'un P.Ricoeur, le « *Visage* » d'un Levinas, jusqu'au « *Nous-Je* » d'un N. Elias.

Dès lors, la considération de l'individu comme « particule » reprend de la pertinence. Loin de l'individu abstrait de nos républiques et démocraties, il porte du fait de cette dimension ontologique à la fois la récurrence d'un invariant, et la clef de l'instabilité systémique ; les événements redistribuent les conditions de la première dimension sans aucunement contester la question elle-même, mais réorganisent « l'être ensemble » selon les aménagements qu'ils nous imposent pour les comprendre. L'instabilité devient observable et ainsi directement admissible. L'histoire, les histoires, racontent aussi que la flèche du temps existe dans le fait social sous sa condition flagrante d'irréversibilité, faisant de la vérité cette catégorie que la philosophie a abandonné à l'histoire, comme l'aurait dit P. Manent. Ainsi, la circularité de notre mouvement de l'inaliénable à l'inéluctable est une spirale, une hélice dont le noyau est cette flèche. Mais une part de cette vérité étant justement celle de notre désir, le paradoxe du temps scientifique et du temps social est tel qu'entre deux de ces estimations, il y a une durée d'acquisition de la prise de conscience. Le temps social qui relève aussi de l'irréversibilité s'exprime également avec sa propre durée. Dans cette dernière s'inscrit l'intentionnalité de l'être et du comprendre, y compris son retour sur lui-même, indispensable à l'interprétation de sa propre téléologie. La légitimité du vrai, l'objectivation, peuvent nuire à une lecture de l'intention. Il est difficile et peu fondé, en plaidant l'impossibilité de découvrir une réalité sous-jacente invariante rendant compte de la vie sociale, de renégocier une notion centrale pour le moins inverse. Postuler qu'une description de faits reproductibles figure l'image d'une totalité inexistante, exclut que l'on puisse former des hypothèses sur une (ou des) structure particulière qui en règle les aspects fondamentaux ; si ce n'est en reconnaissant la complexité qu'E. Morin explicite comme des relations de systèmes ouverts à un environnement qui renvoie lui-même un système ouvert à d'autres environnements, et ainsi de suite. Cette valeur heuristique de réalité ne trouvant alors de légitimité que dans la récurrence d'une multiplication d'autres hypothèses. De ce point de vue, la richesse de la philosophie politique, par la montée en puissance de l'enquête des sciences humaines jusqu'à la perversité des sondages d'opinion, ne fonctionne plus sur ses prédicats idéaux-positivistes. Si rien donc n'inspire plus les politiques alimentées de systèmes de références s'inscrivant dans le désir, alors le tripatouillage, le bricolage de critères de vérité table sans le savoir (en l'ignorant) sur le caractère inéluctable d'une forme d'homéostasie systémique.

Mais établir l'émergence du collectif comme mû par un process aux déterminations propres, est-ce suffisant ? L'insertion permanente dans le discours des politiques de principes objectivant la gestion du collectif dans une réalité limitée à des objectifs orientés, accrédite le vrai aux dépens d'une probabilité du désir, ou du moins, en élimine toute dimension... La philodoxie a tué cette vision du politique en réinterprétant le dépassement de l'instable par les contraintes de la volonté, en inversant le process, interprétant désormais ce à quoi nous devons l'assujettir. Dès lors, aucun besoin d'avoir un idéal, un désir, ni de le partager. Le discours politique, livré aux délices d'un pragmatisme justifié par le fait de toutes les urgences et par les nécessités d'un contrat que l'usage limite à la gestion, présente la raison de la crise comme effet de conjoncture ou récurrence de rythmes cycliques des sociétés humaines, abondant ainsi dans le sens de la dépendance économique et de ses impératifs. Dans le discours politique actuel, l'idéal se réduit au projet, ce modèle réduit que produit le bricolage. L'opinion a donc le choix entre deux interprétations opposées et contradictoires : soit la société est une structure en équilibre dont les à-coups de développement provoquent des crises, soit la société du fait de son état est une structure en déséquilibre – en crise - permanente qu'il s'agit de réguler. Dans les deux cas, la fonction reconnue ou demandée – latente - affectée à l'action politique est d'en maîtriser les effets par l'action. L'opposition de point de vue entre l'objectivation et l'intentionnalité, qui revenait à considérer les faits sociaux comme « des objets », ou les voir au contraire comme des artefacts plus complexes, fruits d'intentions, pousserait à l'heure actuelle le politique à surdéterminer le plan de l'intentionnalité tout en se servant pour cela d'une objectivation des chiffres qui l'ampute. Ainsi la philodoxie actuelle referme la boucle de son process autoréalisateur : l'intentionnalité en étant instrumentalisée par l'objectivation de phénomènes sociaux, objective sa propre démarche du vrai, et se préserve ainsi de l'accusation possible liée à la subjectivité de l'intention. Il est clair que dans le droit fil de notre démarche, et en tout premier lieu, l'instabilité tient à une conception simple partant du principe que la dimension systémique de notre organisation sociale pèse de son propre poids. Elle conditionne un certain nombre de récurrences du fait de sa constitution même d'origine : l'agrégation d'individus. Cette agrégation - sans l'être - génère ce qui relève des lois générales de l'ordre des systèmes. Cet état neutre, qui livre en fait à l'intentionnalité cette primauté de maîtrise de l'instable, est le niveau « vrai » du politique. Dans la logique des systèmes de pensées comme ceux des philodoxes, aucune loi, ou prédictibilité possible.

C'est pourquoi ce qui suit constitue, plutôt qu'une conclusion, la mise en forme d'une synthèse qui réintègre ce constat de départ : toute notre capacité à lire, explorer, et théoriser tient à un fait unique qui veut que nous nous penchions toujours sur une entité organisée pour constituer un objet d'étude. Surtout dans la démarche positiviste, et ce sans pouvoir nous en écarter. Or notre propre bricolage nous a amenés à voir ce qui constitue le dépassement de cette limite, en acceptant cette autre idée simple : toute organisation renvoie par définition à un état préalable de composants et de règles d'assemblage. C'est un peu l'histoire de l'inspiration de C.L. Strauss à la fréquentation de son ami Jakobson : dans la structure phonétique du langage, les phonèmes, interopérables et changeables, préfiguraient le fonctionnement et la plasticité des mythes. Les phonèmes sont des unités constitutives du langage, mais sans être le sens des mots. Selon ce modèle, tout système lisible comme système organisé implique un état préalable, cet état présumé d'agrégation autorisant celui de système organisé. Ce remaniement constant est une dynamique qui conditionne tout ce qui nous anime, en particulier à son niveau le plus global et à ce titre le moins saisissable, la « mer de l'empirie » du politique…

4.1 Séismes et empirie.

Essai sur une triangulation du complexe, ou vers une réorganisation du déséquilibre, inspirée des concepts scientifiques actuels.

Comme la plupart, je préfère aux axiomes de la certitude, les interrogations du comprendre. Mais contrairement à ce que les certitudes permettent dans l'action, la volonté de comprendre peut se perdre en interrogations constantes. C'est cette constance qui, dans le questionnement de la matière jusqu'aux découvertes scientifiques sur l'infiniment petit, illustre actuellement le mieux ce qu'il y a d'heuristique dans ce risque. Toute la géographie des certitudes scientifiques sur la vérité des lois, sans en changer l'efficience, en a néanmoins détruit l'idée de certitude. La mécanique quantique a ramené cette vision déterministe de l'exactitude à une autre réalité, celle du probable, constituant ainsi un paradoxe extensible à l'ensemble général des autres systèmes, ceux qui relèvent entre autres de l'empirisme, du complexe. La découverte de l'instabilité des systèmes à l'échelle microscopique a transformé l'interprétation de la stabilité, de celle du temps, et étendu la notion d'entropie. Avec ce dilemme scientifique du probable et des questions aux frontières de l'immatériel, c'est la matière elle-même qui nous ouvre aujourd'hui aux plus puissantes réflexions, et à « *la fin des certitudes* », pour reprendre le titre d'un ouvrage d'Ilya Prigogine, en fournissant en l'occurrence un contre-modèle aux tentations déterministes des connaissances humaines, et à ce positivisme culturel qui ronge l'interprétation de nos organisations sociales. Comme pour faire suite, et dans le sens que le constructivisme épistémologique nous indique, la complexité de nos sociétés est *a priori* chargée d'un nombre de variables tel que son modèle est inconstructible comme système. La dimension de la représentation systémique en devient elle-même, non une réalité sous-jacente, mais une forme de la réalité incomplète et probable : un mode de lecture de constante dans l'organisation du chaos des variables, puisqu'il n'y a donc pas de système social ou économique qui ne puisse nous apparaître autrement que comme formes sur lesquelles nous nous accordions... Toujours provisoirement. L'état de crise est là quand la forme n'explique plus ce que nous croyons pouvoir penser du réel. Ou, pour reprendre les termes qui sont les nôtres, approcher au plus probable d'une vérité consensuelle qui nous convienne. Restera-t-il, de l'infiltration progressive des concepts scientifiques nouveaux que nous acceptions mieux, ce que l'on suppose d'une réalité de nos sociétés ? De ses modèles implicites de stabilité ? Retrouverait-on par là la liberté d'un discours possible, moins borné par l'inférence de cette équivalence constante entre rationalité du discours et réalité de l'objet en politique? La spéculation reviendrait-elle dans une entière capacité à explorer, découvrir, et en arguant sur le probable autoriserait-elle à construire des champs plus larges de l'occurrence sociale ? La fin « conceptuelle » de la stabilité et de la réversibilité d'état des systèmes, et la « flèche du temps » ont fait leur apparition. La conception de l'exactitude n'est donc plus soumise elle-même à une certaine relativité (de la mesure), mais à celle du chaos organisé. Nous voilà donc dans un tout autre contexte d'opposition entre l'exact et l'humain. En même temps, le vieux rêve de l'interprétation du monde selon l'ordre scientifique ne peut être la mort de la philosophie[58]. La spéculation philosophique peut inversement reconquérir ses droits à le faire. Attendons alors de la renaissance de cette mort impossible, une philosophie qui inspire le politique. Sous les traits d'une métaphysique irréductible à la connaissance, identifiant mieux et théorisant encore le désir collectif. La vérité de la matière est autre, et la remise en cause de la certitude scientifique décrit des systèmes qui s'apparentent sans doute mieux maintenant à une ouverture à la probabilité d'être de nos vérités, nous faisant voir autrement l'état de la matière sociale.

---

[58] S. Hawkins. *Y a-t-il un grand Architecte dans l'univers?* Odile Jacob, 2011

Le « chaos » du scientifique. A ce propos, les conditions des « *lois du chaos* » (selon les termes d'Ilya Prigogine) peuvent être un bon modèle, y compris pour la mesure du temps social, si on accorde à sa structure temporelle et organisationnelle la faculté de pouvoir se référer à ces principes d'instabilité. C'est une hypothèse qui, dès lors, nous fait lire la plus ou moins grande stabilité des sociétés, primitives jusqu'aux nôtres, comme due à la puissance – presque mécanique - d'opérateurs de mise en ordre, jusqu'à la dictature ou à la régulation des mythes. Les mythes, y compris les nôtres, notre grand récit, figurant alors le travail que toute collectivité engagerait en permanence pour assurer sa stabilité systémique et sa performance de pérennité. Jusqu'au mythe du développement, qui prendrait alors en charge la solution du déséquilibre par la course permanente à laquelle il oblige, avec actuellement d'ailleurs des airs de fuite en avant. Face à cela, les « *lois du chaos* » ou la criticalité auto-organisée forment-elles des modèles pour ce que nous avons identifié dans un premier temps essentiellement comme des formes de productions collectives, en partie résumables comme vues en amont par celles du consensus ?

La thèse d'Ilya Prigogine dans « *les lois du chaos* » est la suivante : La « *flèche du temps* » contrairement au temps réversible du déterminisme vient d'une « *rupture de la symétrie temporelle* » (symétrie temporelle entre passé et futur) issue de l'interprétation du niveau microscopique, instable (trajectoires, fonction d'onde) qui n'autorise, comme passage au niveau macroscopique, qu'une appréhension de niveau statistique de l'observation. « *Le résultat de notre étude est que, pour les systèmes instables, les lois fondamentales de la dynamique classique (ou quantique) se formulent en termes de propriétés de l'évolution de probabilités. Il existe toujours des trajectoires mais au niveau statistique apparaissent des solutions supplémentaires. C'est à ce niveau que nous pouvons expliciter les lois du chaos et décrire les changements que l'instabilité ou le chaos introduisent dans notre vision du monde.*» Ou encore : « *Le chaos n'empêche pas une description quantitative, mais il exige une reformulation de la dynamique au niveau des opérateurs d'évolution, c'est une description probabiliste et réaliste à la fois. Le leitmotiv de tout notre exposé est que la formulation de la dynamique pour les systèmes chaotiques doit se faire au niveau probabiliste.* »[59] Ce chaos s'entendant aussi comme « *des représentations statistiques « irréductibles »* ».

De cette différence entre systèmes stables et systèmes instables on ne peut appréhender le chaotique. Pourtant il n'y a d'entropie sans cette donnée temporelle qui conduit à l'irréversibilité d'un état, et ne nous arme en rien face à ce qu'il constatait en 1986, dans la *Nouvelle Alliance* : « *Le*

[59] Ilya Prigogine, *Les lois du chaos*. Flammarion, 2008

développement scientifique débouche alors sur un véritable choix métaphysique, tragique et abstrait : « l'homme » doit choisir entre la tentation, rassurante mais irrationnelle, de chercher dans la nature la garantie des valeurs humaines, la manifestation d'une appartenance essentielle et la fidélité à une rationalité qui le laisse seul dans un monde muet et stupide. »

En fait, la prédictibilité comme interprétation du probable confère un statut presque commun aux deux parties, et la leçon des scientifiques invite à une transposition de notre interprétation du réel social selon cette optique de l'instabilité à l'irréversibilité. Au-delà des incertitudes liées à la mesure sociale, on s'autoriserait à lire, sur un schéma non plus déterministe - souvent parallèle au précédent - mais probable, l'ensemble de ce qu'engloberait le concept d'une mesure de l'évolution sociale. Le thème dominant de l'équilibre, omniprésent dans les thèses politiques comme un idéal souhaitable parce qu'indispensable à l'ordre social et à l'efficience de la vie collective, pourrait être revu selon les effets d'une instabilité micro-systémique dans un champ stable, et comme on verra, d'une certaine relation de perturbation de cet équilibre instable d'« événements » tels que l'échelle et l'extériorité dans l'élaboration des paramètres générateurs des mouvements d'évolution. Principalement, la dérive du politique, actuellement aggravée par l'ordre de la dépendance économique, aura sans doute pour effet de faire émerger cette condition constitutive du politique, par les contradictions mêmes que cette dépendance impose : traduire en face du champ de la coercition, les alternatives d'équilibres efficients à trouver, comme des répliques aux séismes d'« évènements » qui font les interrogations de l'ouvrage chargées d'une échelle d'instabilité grandissante. La conceptualisation que nous avons déjà directement instrumentée à notre bénéfice se voudrait interopérable avec les concepts scientifiques comme notions à forte valeur heuristique dans le domaine d'une anthropologie politique possible, ou en puissance : instabilité, probabilité, opérateurs d'évolution, irréversibilité, circularité etc. Si le chaos du scientifique peut se transposer au nôtre, celui de nos systèmes sociaux, l'instabilité que manifestent progressivement les évènements se résume en ceci pour nos démocraties qu'elles sont sans cesse en redéfinition conceptuelle de leur réalité, de leur substance, sous peine d'en dépérir. Il faut donc revenir en quelque sorte aux sources de leurs articulations, à cette photographie « anthropolitique » de leur état.

L'agrégation*...* Qu'y avait-il avant le *big-bang* ? Quel antécédent à tout système ? De la même manière, quel état précède les organisations humaines ? Y aurait-il une situation commune à la genèse de tous les systèmes, caractéristique d'une synchronicité avant-après, d'une antériorité particulière précédant leur structure mesurable ? Si la question est légitime, la présupposition d'un état latent constituant une origine, ou plutôt l'occasion d'une morphogénèse pose elle-même problème ; car, l'avant de la matière par exemple, l'énergie puis l'avant-énergie et ainsi de suite, montrent une récurrence figurant l'infini, ce qui est peut-être au fond l'unique figuration à notre portée du Tout, de l'Un... Nous ne pouvons concevoir sans doute de notion constitutive de ce problème en restant dans le monde de l'entendement raisonné. Hors d'une métaphysique qui sorte du champ de cette exploration, cette question devant laquelle nous n'avons apparemment pas de concept opératoire attache désespérément la raison au visible et cette interrogation à l'invisible. La difficulté de ce trou conceptuel fera aussi que le complexe s'attache au visible, et qu'on ne peut saisir la dimension invisible de la complexité qu'en regardant l'objet phénoménologique. Si la détermination du complexe relève d'un mode de lecture, son champ peut être extensif, total, et nous renvoyer d'une certaine manière à cet avant qui nous préoccupe. Mais toujours par croisement de phénomènes entre eux, comme une sorte de fertilisation provoquée de systèmes distincts. Si par exemple l'on associe la fragmentation à l'essor démographique, pourra-t-on déduire du recoupement causal de leur complexité réciproque, qu'il génère de l'arborescence des activités, inventions, créations, connaissances nouvelles, et qu'il soit l'opérateur morphogénétique de cet éclatement ? Que le nombre, suscitant les « effets de niche » dans tous ces domaines, fragmentant ainsi les spécialisations des techniques et du savoir, des objets, ne va qu'accroître du simple fait de l'augmentation de la matière grise disponible, beaucoup plus que le fait économique ? Pensons à l'explosion considérable du nombre d'ingénieurs que la Chine et les pays émergents vont compter pour entrevoir une explosion plutôt qu'un éclatement. Ce simple fait montre une dynamique autre que théorique à l'existence de la fragmentation. La démographie pourrait être vue dans un premier temps comme origine causale, ce qui vient d'être fait, mais le point de vue symétrique est tout aussi intéressant. La fragmentation peut être à son tour le principe organisateur de cohérence de cet accroissement démographique, et constituer sa structure de mise en ordre, dans la mesure où il détermine les modes communs de la morphogénèse de tous les sous-systèmes qui s'ensuivent. La fragmentation autoriserait donc la fonctionnalité continue des principes communs d'échanges, de règles communes, de coordination des nouvelles branches de l'arbre etc. Cette double détermination définit sans doute la complexité comme un état et une dynamique, mais au-delà une certaine a-synchronicité paradoxale de l'antériorité des organisations. En effet, il est une autre interprétation moins lapidaire qui ferait admettre que l'antériorité n'est que celle d'autres structures, dont sont empruntés des éléments opératoires de relations élémentaires, pour en arriver à une construction structurale nouvelle, et une morphogénèse. Il n'y a donc pas d'antériorité *ex nihilo*, ni encore moins de structures préalables. Si l'antériorité se définit dans cet état intermédiaire de disponibilité d'éléments structurels puisés dans l'environnement, ce qui est admis, l'équivalence de process dans les organisations sociales ne tient pas ici de la rigueur appliquée aux modèles de l'épistémologie scientifique. Ces process ne sont pas dictés par des déterminismes locaux, mais au contraire plutôt par des contradictions qui mettent la circularité de notre boucle en danger. Nous en avons un exemple avec le risque de désordre induit par un utilitarisme économique invasif, et l'incapacité dans laquelle nous nous mettons, par le développement qui s'autogère, à ne plus pouvoir maîtriser les conséquences de cette arborescence ni la perte de maîtrise intellectuelle du point de vue utilitariste que nous verrons progressivement s'installer. Voilà pourquoi la forme « homéostatique » de l'économie rompt avec celle traditionnelle de nos sociétés, et prendra à un moment donné un tour coercitif. En faisant de la ressource de la méthode du complexe pour lire cette dissociation, un problème à venir ; il faudra d'abord construire cette contradiction, en objet perceptible et réformateur du consensus. Et dans cette perspective, nulle bonne représentation d'un point origine n'aura assez de solidité à se construire comme genèse.

On a présenté jusqu'ici l'agrégation comme un état neutre conventionnellement donné de l'être ensemble. A la manière d'un tas de cailloux sur le bord de la voie, en attente de sa mise en œuvre. Or, si en fonction des considérations qui précèdent, l'antériorité d'un état latent ne peut impliquer de synchronicité directe, au moins visible et représentable, nous devons la considérer malgré tout comme une forme potentielle. Dire qu'il s'agit d'un état latent permettrait de conclure certes rapidement mais dans le flou… Inévitablement pourtant, des choses qui produisent des choses ou évènements deviennent par l'effet d'une relation-type concrètement identifiée l'amorce de morphogénèses nouvelles. Voilà une bonne raison de sonder cet inconnu. L'exemple déjà cité d'une association pourrait être celui de la naissance d'un parti politique, entreprise ou autre, en disant qu'une association se crée effectivement à la suite de l'identification reconnue par des acteurs d'une relation-type originale répondant à une situation nouvelle, inédite, définie en inclusion (ce qui lie) ou exclusion (ce qui est exclu du champ ou contre quoi il est agi), pour adapter des pratiques à des situations nouvelles. Ce qui est intéressant, c'est que ce process d'identification par la répétition qui fait usage, fonde un cadre prédéfini légal reconnaissant un modèle dans lequel inscrire la répétition de cette relation-type dans une conception plus générale à hauteur du bien commun, inscrivant ensuite ces cas particuliers de l'agrégation dans la loi. En sorte de passeport identifiant l'éthique de l'agrégation pour son organisation particulière. Les moyens de communication modernes ont donné à ce process une puissance et une liberté inégalées. Notre exemple est actuellement restreint, presque disqualifié par l'évolution de cette relation identité / organisation que la loi a justement du mal à cerner, marquant par le fait la difficulté que le législateur a de sortir des frontières de la formalité procédurale à laquelle il s'astreint, puis de définir un cadre à cette nouvelle autonomie extensive de la potentialité agrégative. Mais, à la fermeture structurelle (inclusion/exclusion) de cet état neutre qui s'impose à la relation-type de l'agrégation, correspondrait l'infinie multiplicité des types, variantes, que les organisations y répondant ne peuvent comprendre. Par contre, l'idée même de sa traduction organisationnelle s'accompagnera naturellement de celle d'une structuration (immatérielle ou matérielle), dans laquelle on puisse lire à l'inverse toute relation-type et la reconnaître comme une entité formellement distincte, un système de règles vérifiant en retour l'image d'une raison identitaire particulière, présupposant ensuite les bases fonctionnelles du niveau organisationnel. Définir une relation-type ne peut donc se faire autrement qu'en regard de sa qualité sociale, donc la nécessité incessante de leur acculturation, en sens et en valeur éthique préalablement donnés. Comme une sorte de contre-épreuve du mythe des origines, qui, à l'inverse de présupposer une raison faisant l'impasse du préalable agrégatif, le recherche à travers son état final. Cette inversion tend à postuler que la liberté individuelle ne se reconnaît que sous sa condition organisée ; comme le souligne B. Bernardi dans sa préface du *Contrat social,* ce problème qui nous a été laissé en héritage est bien celui sur lequel Rousseau a sans doute eu le plus de mal – et pour cause - à théoriser. Celui d'un élan venant en quelque sorte de l'intérieur propre à ce citoyen pourtant en proie à sa puissance instinctive naturelle, n'existerait en réalité que relativement à un modèle, qu'il soit établi ou imaginaire mais jamais à l'individu. Ce dilemme se traduit en nos termes par l'adhésion consensuelle et ses mécanismes, l'importance de la *doxa*, et sa contrepartie, l'usage, la convention, la règle et la loi. Nos républiques ont été construites sur les bases de cet individu abstraitement naturel, avec comme point nodal et contractuel, la loi, ce dispositif d'énoncé des exclusions protectrices qui, en restreignant l'empire de la *potentia*, garantit la liberté de chacun par l'espace d'expression qu'elle laisse par défaut… L'individuation, déterminée par l'extériorité, celle qui définit l'éveil et la recherche d'explication sur la condition d'être, l'est aussi par l'accomplissement de cette dernière forme, même si par « l'intérieur » au contraire, l'illusion autobiographique qui suscite un débat sans solution, explique aussi cette condition de forme. Le récit de la constitution identitaire, quelle que soit l'autonomie de constitution que l'on puisse accorder à chacun de la maîtriser, ferme toujours une boucle qui ne résout pas le problème de cette extériorité, sans l'appui de cette potentialité agrégative qui dans son mouvement l'éclaire. C'est sur cette frontière que ce que l'on appelle la pression sociale, l'habitus, ou comme ici l'individuation, intègre à de vaines déterminations sociales la motricité du désir. L'illusion ne témoigne donc pas d'un abandon de l'individu à l'habitus, mais à l'illusion de cette maîtrise dont il a le désir, de la persévérance qu'il y met, et nous explique aussi le « *persévérer dans son être* » du *conatus*. Le premier trait de l'illusion bibliographique est celui de cet échec, le second celui du besoin des autres.

C'est sans doute ce qu'il faut observer lorsqu'on voit se redéfinir les contours de la liberté individuelle, dont la capacité accrue et sans limite formelle bien définie - au moins dans la virtualité de l'Internet - remet en cause celle de la convention sociale, celle de la pertinence que la société accorde aux modes de constitution du récit autobiographique. Cette négociation que chacun par l'individuation mène avec son environnement définit un pré-opérateur de la formalisation organisationnelle car à l'échelle individuelle, le récit autobiographique ne constitue une transaction avec son réel extérieur que par un accommodement logique avec le récit collectif. Si donc l'agrégation des hommes et des choses, si forte dans la constitution de notre boucle, passe par un énoncé explicite de cette condition des exclusions/inclusions formant l'espace à toute occasion des relations-types de l'identité, l'absent de cette opération reste bien par contre l'individu tel que notre culture et nos connaissances nous le présente aujourd'hui : l'individu légal de la république, mal accordé en « genre » avec la puissance de l'individuation. Or, il est au centre de tous les mouvements, ruptures de consensus et redéploiements identitaires récurrents. Au centre de la boucle qui remanie circulairement le consensus, fait, défait, refait les mythes. Au centre donc d'une circularité qui résulte de l'agrégation, invisible et pourtant manifeste.

Ce qui explique notre « conventionnellement »… Car il s'agit bien là d'une lecture rétroactive posant l'organisation comme témoin d'un état préalable d'éléments réunis selon un mode d'assemblage particulier, situation, intentions, volontés, qui n'offrent donc pas de condition suffisante à s'établir *sui generis* de manière certaine. Cette présupposition du concept d'agrégation fait figure de boîte noire, mais son hypothèse permet d'élaborer une conception de l'organisation plus complète : privée d'un point origine, sans synchronicité sinon construite pour un récit perdu dans le labyrinthe de son histoire, et considérant que la récurrence de l'ordre systémique n'est pas intrinsèque à l'organisation elle-même, mais un préalable, on peut définir la condition d'agrégation par la réunion des éléments qui attribuent un certain nombre de caractéristiques communes à des éléments en identité de situation, leur donnant dans le réel la capacité de se rassembler, se structurer sur ces bases. Plus récemment, le succès de la mécanique des réseaux sociaux nous a donné un exemple plus direct du rôle que joue la mécanique identitaire, comme opérateur central de l'agrégation, en montrant également que par cette mise en système (et en image) par l'individu de sa situation sociale, l'organisation ne constitue pas une entité à identité propre, intégrative agissant sur l'identité individuelle en retour, mais au contraire un moyen agrégatif brut. Quel paradoxe que ce moyen, ce principe ouvert de relations planifiées et structurées malgré tout, virtuellement la plus grande organisation mondiale, soit une constante volatile ! En n'étant pas directement générateur d'organisation comme système fermé, il manifeste une forme de l'agrégation, une sorte d'avant de l'état d'organisation. Les formes transnationales lisibles dans cette évolution amènent une autre série de remarques, qui tient à l'acculturation que cette transnationalisation sous-tend, elle souvent négligée. Encore faudrait-il expliciter ce terme d'acculturation, et j'utiliserai pour cela une définition de Tobie Nathan[60], reprise par I. Senders dans *Cosmopolitique II*, comme « *la définition non d'une entité mais d'un problème.* » T. Nathan dit : « *La culture essaie de résoudre deux problèmes : la clôture et la transmission. Comment peut-on clôturer un groupe sans qu'il soit étanche aux autres, et comment peut-on transmettre cette clôture à la génération suivante ? Pour régler ce problème technique, chaque culture effectue ses propres choix.* » Le concept de clôture est ici central (bien qu'énoncé dans le contexte d'un univers épistémologique précis, l'ethnopsychiatrie de T. Nathan). Il ne s'agit pas « *d'une clôture physique mais d'une clôture logique, au sens où la logique est, évidemment, indissociable d'une pratique, et ne peut donc être explicitée en termes logiques.* » Transposée au-delà de cette disparition de la territorialité qui malgré tout continue – historiquement au moins - à situer cette clôture, les particularités « *logiques* » des pratiques constituent effectivement les problèmes suivants : comment actuellement ouvrent-elles leurs « *frontières* » à la transnationalisation en route, vers quel syncrétisme culturel (forme de négociation touchant à la consistance de la clôture) et surtout quel statut donner à sa transmission ? Il y a là sans doute un diagnostic à faire de l'échec prévisible de notre système éducatif, beaucoup moins attribuable à

[60] Il s'agit d'un entretien cité dans *Cosmopolitiques II* (« *pour en finir avec la tolérance* », *La frayeur et l'angoisse*) de T. Nathan avec E. Zaccaï in *Cahiers de la psychologie clinique*, (1995).

un académisme ou à des effets de sélections inégalitaires (corrigibles en théorie) qu'à la détermination des effets de clôture transmissibles de notre culture nationale, dans un contexte plus large et des pratiques qui les dépassent déjà.

Le syncrétisme culturel se présente donc comme un second problème, plus central, qui en situant le niveau identificatoire dans un champ plus large exigerait que l'on se détache d'un niveau strictement opératoire – territorial - de la notion de clôture, et de ce qui constitue donc notre latence agrégative particulière. On peut supposer que son objet soit en effet une nécessité plus fondamentale de résoudre un problème de compréhension, d'« entendement », et par effet induit d'identité. Car le trait commun restant à la formation de la clôture, fonde bien, par les moyens et les outils de la multiplication des expériences, la consistance de cette relation identitaire, ainsi que l'entendement de ce qui est commun. Le reste de l'action, ce qui se fait, n'est que transposition, traduction, manière de voir et de faire dans lesquelles clôture et transmission trouvent leur logique, par la richesse de leur communication, communication qui s'installe dans le syncrétisme. Le lien invariant, récurrent entre agrégation et organisation perceptible jusqu'ici dans chaque territoire culturel trouve sa racine dans la manifestation elle-même de l'identité récurrente plus large, où la clôture se reforme au plus près de l'autonomie individuelle et moins du groupe, renforçant comme développée aussi l'individuation. Ainsi, la quête identitaire, cette tendance permanente à persévérer dans son être serait plus que jamais l'unique moteur de passage entre agrégation et organisation, impliquant que le passage à l'organisation se fasse sur la nécessité de cette persévérance, et de ses nécessaires alliances. L'individuation dans cette perspective-là, en s'opposant dans son émancipation au conditionnement théorique politique dans lequel l'individu est placé, soit sous l'angle de l'échec identitaire par la consommation, soit sous celui de la forme abstraite et formelle qui le résume dans notre vieil héritage de la théorie du droit politique, définirait cet individu comme acteur, par une transformation fondée sur le changement d'échelle de la « clôture ». Une fois de plus, le constat induit de cette évolution montre que l'ensemble de la logique sur laquelle se règlent à la fois nos systèmes politiques et économiques, va se voir profondément remis en cause. Ce lien d'identité se reformerait sur des bases en contradiction à termes avec les contenus de la « transmission », avec l'adéquation des cultures avec leurs territoires nationaux.

La transaction. Ou les transactions, peuvent faire figure de chaînon manquant entre agrégation et organisation. Dans ce modèle dynamique où rien n'est certain mais probable, la suite logique de notre démarche nous conduit à convoquer les éléments que nous avons capitalisés en amont : une dialogique de la *doxa*, à travers la théorie des conflits, la récurrence de la remise en ordre des valeurs, et l'identité individuelle sous forme d'une sorte de génétique sociale, l'individuation.

Ayant sur le tard abordé les différents tomes de *la Méthode* d'E. Morin[61], et particulièrement le tome trois et le tome cinq, j'ai n'ai pas pu éviter d'établir un parallèle entre l'approche des conflits et ce qui est rédigé dans le tome trois sous le chapitre de la dialogique de la pensée - toutes proportions gardées puisqu'il ne s'agit pas du même acteur. Pourtant, notre théorie des conflits n'interfère pas, ou se différencie avec cette dialogique-là dans la mesure où il s'agit ici d'une forme sociale partagée de relations d'idées souvent réduites dans leur efficience communicationnelle (la stéréotypie), donc restreintes par rapport à ce que la dialogique de la pensée peut impliquer en considérant la mécanique individuelle, qui elle, n'a pas cette limite. Pourtant, les catégories qu'il met en œuvre (illustrées dans ses tableaux), rendent compte parallèlement de cette nécessité de toute émergence fondatrice de vérité ou de réalité de s'appuyer sur des mises en concurrence de concepts opposés, formant les différences de sens et le sens d'un tiers-objet qui en résulte. Ceci constitue chez chacun une réalité sentie dont il aura une conscience plus ou moins affirmée, mais si l'on accepte que cette hypothèse soit aussi celle du fonctionnement de la pensée commune, la *doxa*, nous pourrons structurer mieux les éléments que nous avons recensés auparavant, comme la parole sacrée ou le rôle des médias. Ce que nous pouvons retenir à notre compte de la « dialogique pensante » a ceci de particulier que « l*a pensée s'auto-génère donc à partir d'un dynamisme dialogique ininterrompu, formant la boucle récursive, ou plutôt « tourbillon ». Comme tous les processus tourbillonnaires, mais à sa façon propre, la pensée vit nécessairement « loin de l'équilibre ». Elle a alors un besoin permanent de régulation.*»[62] On ne peut trouver meilleure caution à la reconnaissance des conflits comme nécessité de la dynamique doxique. La différence entre ce schéma et le nôtre, tient de la compréhension commune des faits qui implique une restriction – réduction - de l'ouverture sémantique des termes des conflits, pour obéir à une pure mécanique du partage du sens, dynamique qui a ses exigences propres, dont E. Morin dit pourtant qu' « e*lle trouve cette régulation tout d'abord dans son dialogue avec la réalité extérieure ; elle trouve aussi sa régulation interne dans et par le jeu tourbillonnaire des antagonismes complémentaires qui s'entre-contrôlent les uns les autres (analyse/synthèse, compréhension/explication, etc. »*[63]. Nous

---

[61] E. Morin, *La Méthode T3, la connaissance de la connaissance.* Edit. Points/Essais, 1986

[62] E. Morin, *La Méthode T3, la connaissance de la connaissance. Points/Essais 1986*

[63] E. Morin, *La Méthode T3, ibidem*

pourrions l'appeler comme en réponse à la dialogique pensante, une dialogique de la *doxa*, où les confrontations de termes résumant les sujets à débat font la lumière sur un tiers-objet, celui de décisions possibles concernant l'organisation, mais sous condition de cette amputation. Sous un autre angle, le retour dialectique sur les termes des conflits, eux-mêmes enrichis de ce nouvel objet, s'en trouve reformé d'un sens nouveau, et ainsi ferme leur contribution à notre boucle, à cette régulation dont parle E. Morin. Ainsi peu à peu se forme ce niveau de la transaction, celui qui en fait nous indique la nature du politique comme ce lieu où la communication sociale les met en œuvre. Une dynamique continue, dont les étapes repérables seront justement celles des crises, quand trop d'occasions de rupture de la dialogique doxique convergent, comme actuellement, vers un défaut d'articulation de la boucle inéluctable/inaliénable d'avec son extériorité, en résumé, dans sa dimension éthique de crise du process d'adaptation des valeurs non en soi, mais les unes aux autres, voire à l'énoncé d'une finalité explicite. Après donc cette dialogique de la *doxa*, le second élément constitutif, actif, de la transaction est ce que nous avons identifié dans cette boucle : une remise en ordre permanente des valeurs, celle dont Rousseau souhaite, même au prix d'une religion athée, qu'elle crée cette condition d'obligation consensuelle d'adhésion à l'organisation formelle que le droit complète, et conforte cet élément central du principe d'obligation, comme un niveau particulier de maturation morale et éthique de la recherche jamais complète de l'homéostasie « organique » du corps social. C'est aussi là que se situent dans la transaction les facteurs synchroniques du passage de l'agrégation à l'organisation. Les transactions ont une histoire, quelle qu'en soit d'ailleurs la nature, factuelle ou mythique, en ponctuant l'avant/après dont on a parlé. La capacité heuristique de la théorie des conflits, dans l'importance de la formation identitaire, et la redistribution de cette fonction dans le processus doxique et dans les paliers de rupture du consensus, pourraient alors s'illustrer selon le schéma suivant :

Rupture de l'inéluctable (événements, aléas, inventions et occurrences technologiques) > mise en conflits > travail de la *doxa* > identification de la valeur > réorganisation de l'inéluctable par le travail de valeurs inaliénables > nouveau sens de l'équilibre organique > nouvelle figure (représentation) de l'inéluctable.

Redessiner le process n'en redécrit pas pour autant la transformation elle-même, et ne la légitime pas plus. Rappelons que la transaction de ce point de vue met en jeu un process de communication sur la nature duquel il faut évidemment s'accorder, en regardant ce que nous avons dit de l'individuation et de la fusion prévisible de l'individu et du citoyen comme une sorte de génétique sociale sur laquelle cette transaction peut être comprise. Que reconnaître et se libérer de l'erreur courante sur le diagnostic d'aliénation consumériste, et de celle de certains archétypes sociaux, nous permet de considérer l'identité individuelle sous une forme plus substantielle et « primitive » d'une transaction (celle d'ailleurs que l'on reproche au consumérisme d'avoir totalement captée) incessante avec son environnement sous la détermination du problème de l'altérité, comme vérité en constante formation de l'expérience de soi. Chacun de nous gérant sa téléologie dans le champ de ses expériences et les niveaux graduels d'altérité que lui offre son environnement, la notion de clôture de ce point de vue (métaphore spatiale), est un choix terminologique excellent, par son immédiateté d'évocation en indiquant une porosité conditionnelle et non une fermeture de fait, une limite dont on décide de la forme. Ce sont alors les termes de cette (ou ces) condition qui deviennent significatifs et importants. On pardonnera ce raccourci quelque peu rapide et mécanique, mais il est logique que nous regardions la raison de cette filtration, ou porosité conditionnelle, comme ayant globalement un objet unique : défendre les équilibres du territoire que la clôture cerne. Nous pourrons alors considérer notre transaction comme trouvant sa performance dans la bonne application de cette porosité conditionnelle, définie elle-même par les équilibres à conserver : ceux de l'inaliénable. Cette fonctionnalité est-elle récursive ? Pourrait-on imaginer, ou du moins se représenter, la transaction comme soumise à des passages de clôtures différents, en imaginant que le territoire global soit en fait articulé autour de territoires divers, spécialisés, ayant chacun leur porosité conditionnelle particulière, assurant ainsi l'homéostasie générale d'un système social ? Que dire alors de sa conciliation avec le syncrétisme culturel qui s'annonce, redessinant de nouveaux territoires, remettant en perspective un système économique dominant, et de notre écologie comme l'un de ses nouveaux domaines ?

Les options, que j'hésite à qualifier de constructivistes, m'amènent malgré tout à faire mienne celle d'une réalité qui se construit, contre son équivalent symétrique qui veut communément qu'il y en existe une à trouver et à laquelle la connaissance, le savoir, voire l'initiation, permettraient d'accéder, et qui nous montrerait des systèmes qu'il suffirait de spécifier et d'assembler dans d'autres, et ainsi de suite. Cette option considère aussi, à la manière des constructivistes comme J. Watzlawick, que la réalité dans ce sens se construit dans la communication, thèse qui prend toute sa force de nos jours. Il s'ensuit que la lecture que nous pourrons faire de la « *transmission* » - second pôle de la dualité de T. Nathan - s'éclaire ici, dans la mesure où l'on peut supposer qu'elle n'est que constante communication, et qu'elle se négocie comme échange sur le sens, en devenant une transaction. Cette thèse, dans un premier temps, perturbe notre interprétation sociale de la transmission du savoir, et de sa pédagogie comme instance, en exprimant que le sens se négocierait. Par effet retour, une culture où le consensus général admettrait le fait que tout du réel soit construit selon ce principe, admettrait d'une autre manière la fonction mythique et le rôle qu'elle tient dans le grand récit, et donc avec plus de recul la fragilité des options de l'inaliénable, et le rôle de la dialogique des conflits ; en un mot, reprendrait en main la fonction majeure du politique : régler le sens sur une finalité. Qu'on pense aussi aux théories « autovalidantes » que les artefacts de la communication mettent en jeu lors de la mise en communication politique ou de l'expertise économique de la parole sacrée, illustrant parfaitement le mot d'Einstein que J. Watzlawick met en exergue de son chapitre sur ce thème « *C'est la théorie qui décide de ce que nous nous sommes en mesure d'observer* »[64]… Parfois jusqu'aux mythes rationnels les plus installés dans leurs évidences. Et qu'on ressente aussi un sentiment de vague inquiétude à savoir qu'au fond, nous n'organisons sans doute, mais avec quelle efficacité, que des métaphores du vrai, sous la seule condition de leur non-contradiction, essentiellement par une vérification rétroactive des artefacts que nous produisons. Sans doute est-ce la raison pour laquelle l'histoire nous apprend qu'il n'en n'existe pas de vraiment visible, et que la relativité des clôtures des différentes cultures nous confirme qu'il ne peut y avoir de vrai que cet effort commun de reconstruction. Par contre, la porosité des mythes les uns aux autres, les formes de leurs « variantes », emprunts, constituent très certainement un trait distinctif où « *chaque culture effectue ses choix* », mais en fonction de quoi finalement ? Son homéostasie ? Car si, par ailleurs, la construction de ma réalité passe par une performance de communication avec autrui, et d'échanges avec l'environnement social, comment expliquer les succès de la mise en réseau actuelle quand elle se limite à celle des egos, sinon comme une perte de légitimité de la transmission, au profit d'une version récidivante de la *potentia*, une réaffectation de clôtures nouvelles autour des individus, un artefact de l'individuation ? Et comment ne pas concevoir ensuite qu'une fabrication dans laquelle les interventions propres aux structures du langage subissent par le récit (autobiographique) et la narration (de l'environnement), le plus souvent métaphoriques et magiques, des évolutions intervenant là comme les alliées incontournables de la capacité communicative affectée au redimensionnement syncrétique de ces mêmes clôtures?

Cette transaction pourrait donc se définir comme une capacité de révision conditionnelle des événements, sur les bases d'une communication des

[64] Paul Watzlawick, *La réalité de la réalité*, Points/Essais 1976

composantes du sens qui les désigne, négociée comme une construction du réel dans la dialogique des conflits, dont à la fois l'acte communicatif collectif et les variations de l'individuation (la relation d'ordre « téléologique » des individus avec le collectif), construisent jusqu'à un équilibre consensuel. Le plus important n'étant pas de qualifier la transaction comme résultat doxique ou de la consensualité, mais comme le domaine global de la production collective d'un passage, celle qui implique là aussi la potentialité préalable d'agrégation, puisque maintenant que la question du sens a été posée, c'est bien autour de cette dynamique des conflits que se structureront les recompositions incessantes de la potentialité agrégative. A présent sans doute que s'éclaire mieux cette distinction nécessaire, entre l'agrégation que le sens commun conçoit être celle des individus dans leur totalité comme composant la société une fois pour toute, et l'agrégation comme concept de cette capacité inverse où l'agrégation n'est qu'un reflet qui se forme comme des ensembles au sein ou en correspondance changeante d'autres ensembles, réalité que l'on ne décrira qu'après coup, et qui se concrétise comme substance de « l'empirie » du politique.

L'organisation. Quel est l'affirmation la plus juste : dire qu'une organisation est un système, ou qu'elle fait système ? Il n'existe à ma connaissance que peu d'appuis théoriques aidant à trancher. Nous ne pouvons que difficilement assimiler l'organisation à un modèle purement systémique, vu que les organisations humaines ne peuvent se concevoir que comme purs mécanismes, assujettis à des déterminismes connus et prévisibles. En revanche, certains traits de leur construction, qui restent à décrire, peuvent être modélisés selon des schémas de la constitution des systèmes. Mais cette hypothèse reste très vaste. Dans l'introduction de son ouvrage *Théorie générale des systèmes,* J.Y. Le Moigne donne une idée de l'arborescence de cette démarche en notifiant que ce qui pouvait constituer un peu moins d'un millier « *d'entrées bibliographiques* » « *sur le thème des méthodes d'étude des systèmes complexes vers 1975* » se chiffrait trente ans plus tard sur le Web à 350 millions d'entrées, « *dont plusieurs centaines de centres de recherches universitaires et presque autant de revues spécialisées.* ». Un monde nouveau…

Ceci étant, plusieurs points d'appui s'offrent à une démarche fondant l'organisation comme ce deuxième couple de notre rapport agrégation>organisation. C. Rivelline, M. Crozier, C. Ménard parlent de l'organisation.

Nous commencerons par l'approche la plus éloignée de la nôtre. *L'économie des organisations* de C. Ménard amène une forme d'analyse en structurations possibles que prennent les organisations en fonction de leur environnement, les organisations de marché par exemple. S'agissant dans cette analyse d'organisations définies en objectifs et règles, cette approche recense des typologies et des mécanismes de structurations endogènes comme de conformations de et à l'environnement, et la phénoménologie qui l'accompagne. La détermination en est purement économique, et sur le chapitre de la mesure de l'efficience de ces organisations, la conclusion est intéressante. La part croissante d'une organisation sur le marché « *fait intervenir le débordement de l'organisation sur son environnement : l'organisation efficiente modifie son milieu à son avantage, et contribue ainsi à modeler ce milieu* », mais force est de constater : « *on est ainsi conduit à se poser la question, elle aussi trop négligée des économistes, des critères d'efficience globale d'une économie et surtout de ses incidences sur l'efficience des organisations participantes. Il est étonnant qu'on connaisse encore aussi mal, et qu'on étudie aussi peu, les conséquences des modalités de fonctionnement d'un système économique sur les micro-organisations.* »[65]. La crise est là. Si les économistes cessaient d'ignorer les incidences du système actuel sur la déstructuration des microéconomies, la crise ne serait plus identifiée comme crise économique mais comme une perte de substance de sa finalité particulière. Le concept d'organisation participe à la nature du politique ce que la vision macroéconomique ignore pour exister (quelle définition en est-elle donnée dans les ouvrages, quand elle l'est ?). Et l'économie des organisations (économiques) ne contient en tout état de cause pas ici l'ouverture conceptuelle requise. Sa réinvention politique y contient une inversion, en fonction même de ce qui vient d'être développé : l'organisation n'est pas une mécanique générée par la volonté des hommes mais au contraire une catégorie préalable à ce qu'ils se représentent de leur volonté, qui, par effet miroir, leur offre l'image de leur transaction avec le réel, ce réel qui n'est jamais là en fonction même du fait que le lien entretenu ne l'est que dans les limites de cette transaction. Ce qui n'est surtout que mal maîtrisé par les théoriciens et domine actuellement dans la culture des pays développés, est bien la perception de cette disparition progressive de la différence de l'individu civil et du citoyen (disparition de la frontière public/privé), et qui détermine une grande partie des transactions en cours. Au-delà, une antinomie naissante entre l'organisation rationnelle dite « économique » du monde qui ne rationalise actuellement que la dépendance à la prédation, et cette organisation naissante et indéfinie qui deviendra système par les générations futures, affirmant plus largement « *la puissance de la multitude* », se profile une évolution. Les exigences du partage mondial de la paix à des fins d'homogénéisation et de bonne gestion de la croissance des produits et des biens, tendraient à nous

---

[65] Claude Ménard, *L'économie des organisations.* (4e ED) Ed. La Découverte, 1997.

imposer par l'économie une sorte de modèle plus oriental de la notion de stratégie, voulant qu'à la différence de notre conception paroxystique de l'affrontement et de la consommation irréversible des bénéfices d'une victoire, cette dernière ne soit jamais acquise, mais représente toujours un état réversible dont la stratégie doit garantir l'acteur qui la met en œuvre. L'explication en serait liée une fois encore à la question d'échelle. En effet, les conquêtes se font désormais en territoire fini. Les bassins de clientèle aptes à soutenir la croissance à l'échelle mondiale sont désormais progressivement moins nombreux, et, pour perpétuer le système économique, sous-entendent ou d'enrichir les pauvres et de redistribuer mieux, ou de produire moins, mais ni l'un ni l'autre ne sont concevables dans une logique capitaliste. Par l'échelle aussi, le caractère d'autonomisation de capacités transactionnelles justement autrefois du domaine de groupes possédant ces capacités – les élites -, en particulier dans l'action organisée de structures conventionnelles de strates hiérarchiques ou isolées mais dépositaires de ressources propres à leur autonomie de corps, vont perdre de leur influence, ce, concernant toutes les formes organisées en fortes tensions et négociations avec leur environnement. Cette logique est entamée. Dans cette perspective, nos organisations et l'action organisée refléteraient des contraintes d'un marché qui n'existe plus tel qu'il est représenté, notamment dans cette régulation mythique de l'offre et de la demande. Son existence, telle que la postule actuellement toujours la théorie économique, serait remise en cause, et je soupçonne de plus en plus ce marché de ne pas exister par ces sources référentielles autrement que comme un fantôme, monopolisme financier fonctionnant comme une organisation dont le territoire d'action est justement caché pour la multitude par cette abstraction fantomatique d'un principe d'échange qui n'a plus lieu d'être. Les entreprises ne s'accorderaient plus à des facteurs endogènes (organisation interne) et exogènes (leur environnement) imposés par les marchés que secondairement, mais principalement vers une sorte de fonctionnalité principale d'assujettissement au rendement des marchés financiers. Faut-il craindre que le monde des PME, aussi dynamique et autonome soit-il, ne représente à termes qu'une alternative promise à un moment donné, directement ou indirectement, à la sous-traitance d'organisations transnationales plus larges, intégrées à ce système, confortant aussi la dépendance économique ? La filière du bâtiment, aussi archaïque soit-elle, par effet de proximité indépassable, donne le ton de la constitution des filières courtes et d'une réorganisation de l'économie à la fois sur le plan de l'invention de matériaux refondés sur les ressources locales, comme de ses exigences qualitatives liées à leur environnement. Certaines filières, comme celle du bois, sont exemplaires de ce point de vue.

Cet effet de localité peut faire modèle : le travail n'y serait plus un coût directement déterminé par le rendement, mais le pôle central de la transaction de ce qui est accompli par l'organisation – l'entreprise - particulière à laquelle il contribue.

Chez M. Crozier comme chez C. Ménard il s'agit pourtant d'un modèle type d'organisation structurée, repérable dans son statut, son objet social et les liens en partie contractuels qui lient chacun – l'acteur - à la structure. Même si fondamentalement selon cette conception, « *une situation organisationnelle donnée ne contraint jamais totalement un acteur* », et que cet acteur garde vis-à-vis des autres une marge constante de liberté qui définit ainsi la relation de stratégie et de pouvoir l'« *action organisée* » (notion que préfère M. Crozier à organisation), se présente donc comme une dynamique et non un état. Mais cette relation, « *l'acteur et le système* », n'est sans doute pas aussi extensive que celle d'un acteur avec des systèmes, dans la mesure où des critères discriminants suffisamment clairs permettent d'en établir l'existence conjointe, autour d'un individu. De la *potentia* à l'identité, (et ce que dans l'échange M. Crozier définit comme mise en place de stratégie de A vis-à-vis de B par exemple[66]), la leçon spinozienne (cette qualification est ici la mienne) est celle d'une identité qui se négocie constamment dans son rapport d'ipséité et d'altérité dans une structure particulière, et renouvelle ce que plus largement l'individuation englobe. La société laisse à l'individu une marge de manœuvre entre le croire (sanctuaire personnel) et le savoir (déterminants certains de la société), qui s'exprime à tous les niveaux, que le langage courant retraduit avec justesse comme « réalisation personnelle » (dans le travail, le sport, la réflexion…) et qui se retrouve là aussi entre A et B. Toujours à propos des occasions fournies par M. Crozier d'étayer cette réflexion, l'incertitude, qui donne à chacun la possibilité discriminante de réaliser une négociation à son profit, n'est pas simplement ce qui n'est pas vérifié de manière certaine. L'incertain aussi peut parfois se jouer dans l'indétermination. Car il y a comme chemin entre les deux, la relation que marquent entre elles la rationalité déductive et l'imaginaire créatif, et on peut supposer *a priori* que les deux puissent coexister simultanément dans l'émergence de cette négociation, dans l'échange. Nous dirions ici : la gestion des conflits. Le tableau ainsi dressé risque pourtant d'être incomplet. L'échange, qui est communication s'il peut être contextuel d'un point de vue formel, n'est jamais sur le fond réduit à cette représentation. Il y a toujours plus, cette part de l'identité qui se joue, en étant plus large et complexe que ne le circonscrit le facteur contextuel. Une fois encore, c'est ce qu'exprime aussi la *potentia* spinozienne, celle qui

[66] M. Crozier, *L'acteur et le système*. Ch.2 « *le pouvoir comme fondement de l'action organisée* » p.64

veut que tout soit agi selon deux modes : la servitude des actes contraints de l'organisation sociale, et ceux dictés par cette partie de nous qui tient pour Spinoza de notre part du divin, de la nature, de la vertu, de l'entendement appris et incessant de la vérité par la multiplication de l'action contre la première, la passivité. Mais cet « *effort par lequel chaque chose s'efforce de persévérer dans son être n'enveloppe aucun temps fini, mais un temps indéfini.* » (Éthique III prop. VI). En tout état de cause, le problème de l'identité, qui peut aussi être interprété comme tel, se trouve affirmé sur des bases plus complexes que retraduisent toutes les « problématiques » que l'on a évoquées, mais qui convergent. Les transactions vérifient toujours les deux aspects de l'action. Ce process composite, si on peut le qualifier de cette manière, exploite maintenant les virtualités du réel, mais de la manière dont on l'a aussi présenté, comme virtualité augmentée d'une capacité actuelle certaine à la simulation, à une réduction, même illusoire, de l'improbabilité. D'autant que dans ce schéma, le réel se construit comme une totalité recentrée – ou du moins recentrable - sur l'individu. Les moyens lui en sont offerts. Cette liberté s'acquiert tant sur cette quête progressive d'un réel préhensible par celle de la compréhension de sa complexité. L'organisation, la part du monde qu'elle permet à chacun de comprendre, et notre situation, ne sont plus les lieux exclusifs de cet apprentissage. Comme en retour sur l'incertitude, qui souvent s'apparente à un palier d'information différentielle que les individus négocient pour le pouvoir dans les entreprises sans « machines », la considération des possibles relève souvent de l'imaginaire créatif qui reconstruit aux côtés des éléments certains, connus, une réalité plus complète des impératifs et des potentialités d'action, de la *potentia* individuelle. L'immersion de toutes les formes d'organisation dans la dématérialisation numérique de la communication et la reconfiguration de ses supports, les pratiques nouvelles qui s'ensuivent introduiraient-elles un facteur de temporalité non négligeable, ce « temps indéfini », à tous les niveaux des déterminations des facteurs de pouvoir ? La réponse est sans doute positive, et conjointement, quand on en fait la lecture en considérant le problème de la fragmentation, l'indéfini s'accroît, avec paradoxalement cette dose de fermeture, de réduction de l'incertain que la capacité que nous avons désormais non à maîtriser mais sans doute à virtualiser et établir en relations, en liens internes, prospective et impact de causes, nous permet de dépister. C'est ainsi que s'est révélée *la longue traîne*. Et pour clore ce qui est finalement un élargissement de cette considération où l'acteur en somme, raison centrale moteur de l'organisation (M. Crozier), devient une identité qui s'exprime dans un univers plus large que l'organisation, nous constaterons que l'on ne peut que s'ouvrir aux multiples horizons de cette *potentia*. Si l'on ne veut pas réduire en qualité les dimensions de cet univers en expansion des organisations réelles et virtuelles nous entourant, et formant le terrain d'action de notre *potentia*, il faut éviter une modélisation incomplète. La troisième partie de *L'acteur et le système* traite du « *phénomène systémique* », (7, « *de l'organisation au système* » et suivants). Car le sujet est bien là : comment modéliser ? Si l'on ne trahit pas la conception générale de M. Crozier, le concept de jeu, qui est central chez lui et permet d'intégrer les rapports entre stratégie et système, établit par un schéma général, une représentation où le jeu est l'élément simultanément objet et moteur de l'organisation. Avec cette réserve de concevoir l'organisation comme un système fermé (« *Mais il va de soi que ce modèle n'est pas extrapolable à des situations plus ouvertes c'est-à-dire à tous les ensembles humains qui ne sont pas structurés de façon aussi apparente et forte* »)[67], et de concevoir ensuite le système autrement que ce que l'on en entend habituellement. Une telle restriction compréhensible dans ce cas-là ne répond pas à nos attentes d'élargissement du jeu à l'ensemble des systèmes – ouverts ou fermés - constituant *a priori* l'environnement des hommes en sociétés. Or, l'hypothèse formée ici autour de l'identité (moteur du jeu selon cette optique) comme racine en quelque sorte ou « système » générique fondamental de ces relations de pouvoir et de ces stratégies, est évidemment moins contrainte par une restriction des termes d'enquête. Ils n'y sont pour ainsi dire pas liés, puisqu'ils amènent à distinguer l'agir et l'être agi, et à ce titre à réintégrer des dimensions plus profondes des composantes de la stratégie. Elle nous libère aussi en fait de deux autres limites : d'abord la notion de pouvoir, qui n'est pas restreint à celui que l'on acquiert par une plus grande maîtrise des paramètres de l'incertitude, mais aussi celle qui fait de l'organisation une dynamique de reconnaissance de l'agir et de l'être agi, autrement qu'un état structurel représentable sur la base implicitement entendue que toute structure renvoie à une organisation fermée. D'où cette logique des frontières ou de l'inscription de l'organisation dans son environnement et des rapports qu'elles impliquent sur les stratégies et les paliers d'organisation des réponses. Or, c'est justement sur ce point que les concepts de fermeture d'une organisation ont du mal à traverser l'ensemble de l'analyse. L'exemple le plus complet, le plus noble humainement et le plus proche d'une réalité constructiviste du réel serait bien celui de la construction concrète et physique d'un bâtiment, surtout à une échelle économique importante. La téléologie a inscrit dans la création la place

[67] *L'acteur et le système*, Partie *3 « le problème de la transposition du raisonnement organisationnel » est précédée de « La logique systémique restreint son champ naturel d'interprétation aux organisations comme ensembles structurés et contraignants. Finalités et cohérences ne peuvent imposer leur logique que si l'ensemble auquel elles s'appliquent est hiérarchisé et fortement intégré. C'est possible dans le cas des organisations si l'on veut considérer le fait organisation comme une contrainte obligatoire pour effectuer certaines activités. »*

économique de l'objet, son unicité d'existence qui le démarque de tout autre process de production industrielle, son processus d'exécution, les stratégies de pouvoir entre organisations de tout type (institutionnelles, privées, petites très spécialisées, ou grosses entreprises de réalisation etc.) règlent des jeux complexes que le décryptage économique ne suffit pas à faire. Dans le process habituel, c'est une alliance formée autour d'un objet-objectif qui se fait, une organisation provisoire qui va devoir tendre vers un même but. Mais elle est éphémère, dans un rapport qui ne l'est pas, car dans d'autres circonstances, d'autres acteurs sur d'autres objets vont se retrouver avec leurs histoires communes, conflictuelles ou pas, et reformer selon les mêmes règles une nouvelle organisation éphémère, une de plus… Et ainsi de suite. Ce qui nous indique un fait majeur : le principal des stratégies n'est pas réglé dans le cadre de l'organisation éphémère convenue pour une réalisation, mais dans cette continuité plus large que sous-entend l'avenir. Dans la complexité de l'environnement. On voit donc là des structures réglées par un agir et être agi bien au-delà de leur environnement conditionnel propre évidemment, mais surtout par un bassin de capacités sociales, où tout compte, jusqu'aux incidences des taux de crédit par exemple. Le fait que cet exemple soit généralisable montre qu'en dernière instance il est trompeur de ne regarder que l'environnement directement inductif. Mais évidemment, cet au-delà, c'est la « mer de l'empirie » du politique. Reste dans la conception systémique de l'organisation une faille tenant à son modèle de réversibilité. Si l'on s'en réfère au paradoxe de l'organisation du chaos pour y chercher modèle, on ne peut concevoir effectivement qu'un système soit fermé, ce qui se vérifie totalement à l'analyse. Tout système est *in fine* toujours ouvert sur un autre, et si l'on peut dire presque mécaniquement. Ce qui fait défaut dans cette analogie, c'est bien le niveau unitaire commun, l'échelle individuelle, qui représentant dans notre analogie une particule, aurait un comportement similaire, lieu du probable. Or, en se référant à cette unité pensante, l'identité forme le paradigme de l'agir, résumé dans ce mouvement circulaire commun lisible à l'échelle organisée, mais aux genèses individuelles invisibles. Ainsi se forment les mouvements agrégation > transaction > organisation qui refont constamment système, sur le modèle du chaos ou à l'extrême celui de la criticalité auto-organisée (auto-organisation critique), selon le schéma d'une représentation possible.

Identité > paradigme de l'agir > paradigme organisationnel > paradigme systémique.

En fait, c'est un schéma en sens inverse qui aurait dû figurer ici car c'est par le biais de la complexité systémique et sa représentation que la complexité du paradigme de l'agir, et donc celle de l'identité, se retrouve située. A la manière dont les sciences ont investi l'échelle de la matière, jusqu'au chaos organisé des particules. Le paradigme du système renvoie dans son niveau de concrétude aux formes organisées, qui elles, définies par les choix/conflits de la collectivité renseignent sur la traduction récurrente des problèmes fondamentaux de l'identité individuelle, pour nous de l'individuation. Mais, par inférence, cette conception du paradigme de l'agir spécifie ce qui nous occupe ici, et pour paraphraser J.Y. Le Moigne, « la mer de l'empirie » du politique. Comprendre alors les rôles relatifs dans ce schéma du conflit, de l'adhésion, des transformations, le dépassement des contraintes de la valeur par leur inscription dans la boucle de l'inéluctable/inaliénable. Pour constituer le politique à ce niveau d'existence, il faut – comme les scientifiques - accepter le probable.

Par un raccourci compréhensible maintenant, on comprend que le politique, défini par une tendance à la mise en ordre des effets de l'agrégation, induise la transaction comme la production collective de l'organisation matérielle des hommes et des choses relevant du paradigme de l'agir. C'est en tant que telle que des procédures de choix s'opèrent, et ainsi par exclusion de catégories qui ne sont jamais toutefois résorbées, rappelant sans cesse à elles les sujétions de l'agrégation. L'art du conflit – cette heuristique du conflit de sens - génère l'art du débat, la *doxa* et le consensus. Mais la recherche d'une certaine homéostasie, de la maîtrise de morphogénèses constantes des remous de l'agrégation font de la transaction une production incessante exigeant de cet art une remise en jeu permanente. En soulevant cette question : globalement ce modèle évoque-t-il celui de la criticalité auto-organisée, ou, comme on devrait sans doute plus explicitement l'appeler, de l'auto-organisation des états critiques ? Toute la régulation constante vers des états d'équilibre, par la paix, les conflits et les échanges, ou par le maintien de la démocratie, en la protégeant des dérives, par la maîtrise de la violence, vise à trouver des points d'équilibres subtils entre l'individuel et le collectif dans ce que chacun comprend qu'il a intérêt à être, établissant une sorte de filiation entre *conatus* et auto-organisation des états critiques. De plus, la rupture actuelle n'est pas seulement celle de la tyrannie de l'utilité. Elle est émergente aussi dans son changement d'échelle, dont le conflit entre territoire économique gérable et transnationalité de la production et moyens a été le premier signal. D'autres vont suivre comme le dérèglement écologique et la maîtrise de ces formes économiques transnationales sans autorité politique. L'échelle de la réaction nationale n'est plus opérante. Le républicanisme vieillit dans sa forme. Nous sommes donc actuellement revenus au pire : l'incertitude sur la force de nos démocraties comme systèmes clos, ou comme on l'a dit, derrière la

« clôture » culturelle de ses principes. Redéfinir le politique est une urgence en face de ce problème. La crise actuelle, nous met progressivement devant cette impuissance, en révélant l'impasse dans laquelle sont nos démocraties même en voie de fédéralisation, avec cet impératif : se mettre à l'échelle des enjeux, et comprendre cette « inconsistance » du politique, que l'on s'autorisera maintenant à traduire par la réflexion suivante : le politique existe-t-il en tant qu'instance, ou ne peut-il s'entendre que comme représentation d'un process de décision collective conforme aux contours que nous avons définis dans nos quatre arguments ? Et à l'extrême encore, se synthétisant dans cette hypothèse de l'auto-organisation des états critiques ? Le territoire du sens du mot politique se trouve marqué d'une différence similaire à celle que l'agrégation introduit avec l'organisation : un effacement complet de sa nature existentielle au profit de sa traduction organisationnelle. D'où l'échec constant que connaît le concept quand, dans son immensité sémantique, l'aventure pousse à la recherche d'invariants insaisissables : mirages et longue marche de la théorie politique. Le politique est l'âme de l'agrégation, le pôle ontologique de l'empirie du collectif.

Dans une démarche de complète rationalité, l'argument demanderait à son tour une démonstration irréfutable de cette incontournable, insaisissable et nécessaire inconsistance du politique. Cette nécessité peut se déduire de la tendance à l'homéostasie, mais elle renverrait immédiatement à une auto-organisation d'états critiques qui la causent. Sans pour autant nous décharger de ce paradoxe de l'inconsistance d'une discipline qui la justifierait, l'échec récurrent de la théorie politique qui s'attache exclusivement aux relations de pouvoir en y enfermant la relation démocratique, nous signale ceci : on ne gère le collectif à hauteur de sa réalité globale que par le probable, sans que ceci relève d'un holisme particulier. Resterait enfin pour présenter des éléments de conviction la question de la prédictivité de ces théories. L'avenir ? Des messages, informations, dans des organisations sans structures qui peuvent répondre d'autant mieux aux exigences d'une auto-organisation qu'elles s'inscrivent dans un process qu'elles n'ont jamais atteint jusqu'à aujourd'hui : la circulation de la parole comme une relation directe de l'identité « *de genre* » pour reprendre un mot de P. Ricœur. Car identité dans ce cas n'est pas identification mais reconnaissance.

Transactions, ruptures d'échelle, pédagogies, refondation ...

« S'il était aussi facile de faire que de savoir ce qu'il faut faire, les chapelles seraient des églises et les chaumières des palais. C'est un bon prêtre, celui qui observe ses sermons. Je saurais mieux enseigner à vingt personnes ce qu'il faut faire que d'être une de ces vingt qui suivent mon enseignement... »

W. Shakespeare, Portia, *Le Marchand de Venise.*

Quelle transaction ?... S'il fallait un mot pour qualifier le nombre incessant de parutions sur la crise, ce serait submersion. Il ne se trouve pas un jour où cette littérature ne s'enrichisse de diagnostics et de solutions nouvelles. Et malgré cette abondance, la crise persiste dans les esprits, surtout parce qu'elle ne s'explique pas, vu que l'immense majorité de ce qui se publie se limite à traiter de la crise économique. Il n'y en aurait donc pas d'autres ? Assimiler le bonheur économique au bonheur des peuples, cela suffirait-il ? Sous la dénomination de paradis fiscaux, les forteresses arrière de la finance restent en place grâce à la passivité de ceux qui pensent silencieusement qu'il ne faut pas prendre le risque de révéler l'impuissance des Etats en passant aux actes, même en proférant l'intention de leur suppression à chaque occasion. Nous n'aurons donc pas par ce biais, d'ouverture sur un futur, faite d'éléments de construction de modèles concrets et pratiques de l'après. Le renversement d'un capitalisme assassin de la vie sociale est laissé pour compte, relégué au bon vouloir de notre imaginaire lorsque l'occasion lui en est fournie. Si l'on comprend que la tendance naturelle des conclusions des économistes soit tournée vers des problématiques de la réparation, jusqu'à la considération des inégalités comme dysfonctionnement de conjoncture, on ne peut qu'être frappé par les impasses, ou du moins le cloisonnement, à longueur de pages, sur les questions humaines, de la finalité de leur propre objet et de l'utilité – pour ne pas dire la légitimité - pour le bien commun du système économique actuel. L'accomplissement ce point de vue rendrait le libéralisme inassimilable aux principes capitalistes. L'intégrer serait évidemment suicidaire. En procédant ainsi, nous signons nos accords de Munich avec ce qui nous détruit. Nous évitons donc pour le moment ce point de non-retour de l'exigence d'énonciation de la finalité, et ces conclusions ne peuvent avoir d'intérêt que dans la mesure où elles nous instruisent sur les points de convergences perceptibles et divers menant à une reconstruction d'une forme libérale éclairée, adaptée à une gestion globale des ressources, et la remise en ordre de l'expression politique des finalités sociales. S'il est de bon ton de sous-entendre malgré tout que l'épuisement des ressources ne sera pas durable, en reprenant l'idée commune que notre science trouvera des parades en temps voulu, l'inertie en marche des évolutions négatives de notre climatologie effacera sans doute cette idée-là assez vite. Les élites sociales novatrices qui construisent le socle de modèles nouveaux ne sont pas celles qui prennent la radicalité des combats ou leur violence en charge. Nous constatons en ce moment une rupture réelle entre les tenants traditionnels de la révolution et ceux qui convergent à assembler les subtilités des alternatives nous prévenant de catastrophes. Là, le jeu est très largement distribué.

...Pour quelle pédagogie ? Ainsi, si la pédagogie du politique ne paraît plus fonctionner selon l'articulation classique des critères de compréhension philosophique du monde, mais, à l'appui d'un « réalisme pédagogique » pratiqué par la technopolitique selon l'ensemble des diversions qui ont été décrites, il faudra bien s'attendre à ce que la coercition des exigences exclusives de la dépendance économique soit révélée. Or, on devine que la pédagogie dont il s'agit, pour sortir le monde de l'ordre coercitif de cette dépendance dans l'avenir, devra évidemment bâtir ses outils conceptuels hors des limites du champ de la reproduction programmée de cet assujettissement. Cette refondation, doit-on la concevoir actuellement sous couvert de cohérence, comme une appropriation nécessaire par un petit nombre d'agents politico-économiques actifs, au sommet, conformément à la conception élitiste qui a toujours présidé en la matière ? La productivité numérique de la gestion du monde nous obligera-t-elle à renverser cette conception de l'irrigation intellectuelle des élites pour un processus plus complexe et distribué, accompli dans la simultanéité des réseaux ? A cette occasion, c'est le contraire qu'il faudrait : ne plus voir cette « crise » de la philosophie comme un défaut d'existence mais celui de la fin d'un rapport entre ceux qui disent et ceux qui écoutent. Puisqu'on sait que la croissance ne reviendra pas, que les pays occidentaux ont saturé les besoins qui l'ont fabriquée, et en comptant sur les pays émergents, s'enfoncent dans une stratégie perdante, où l'effort constant de productivité détruit le besoin de travail dans un contexte d'accroissement constant démographique, nous théorisons sans cesse des formes de guérison qui aggravent la maladie. Je ne serais pas cohérent si j'espérais quoi que ce soit d'une démarche classique même la plus aboutie. Tout viendra d'une nouvelle affirmation de la liberté telle qu'elle se dégage progressivement de nos usages, pratiques, praxis, habitus actuels. Une individuation plus complexe, composant avec l'héritage de nos exigences de confort mais aussi d'une meilleure maîtrise de la fragmentation, d'une maturité sans doute plus affirmée sur les consistances de nos modes de vie. Une liberté fondée sur ce qu'on pourrait définir comme autonomie responsable. Une liberté fondée dans ses références de mode de vie, non sur l'autonomie de moyens, mais dans cette relation subtile que chacun entretient, dans la capacité à accomplir son désir d'être en soi, ou de « *persévérer dans son être* » grâce à la société. En résumant la palette actuelle des thèses, interprétations et actions en cours qui ont valeur de pédagogie, en provoquant les ruptures interprétatives nécessaires, je classerai ces effets de pédagogie en deux catégories : l'une qui socialise la rupture et l'objective dans le principe de l'action commune, sur l'idée d'une croissance de l'adhésion, l'autre qui pose au contraire dans l'individuation nouvelle, l'action inscriptible de cette rupture, instaurant un modèle de vie recentré comme modèle reproductible en nombre. Pour l'altermondialisme, le capitalisme posé dans son horreur, sublime une contestation se substituant parfois comme une fin plus accessible en soi que son objectif final : la fin d'un système. Les thèses sur un modèle alternatif sont fragmentaires. Plus politiques chez les décroissantistes, comme Serge Latouche en France, dont l'identité se forme autour de l'analyse et dénonciation de l'horreur écologique, avec des perspectives plus ouvertes sur un modèle limité pour le moment à celui d'un style de vie, que préfigureraient par exemple les mouvements du type simplicité volontaire, ou les nouveaux culturels, principalement anglo-saxons. Et si l'on veut introduire les nuances que la différence d'appellation implique, l'objection de croissance apporte les contre-arguments nécessaires à la caricature récurrente des thèses de la décroissance. Rapidement dit, la décroissance n'impose pas de cessation d'activité, mais un réglage de nos modes de vie (consommation de produits) sur des nécessités bien « tempérées » et proportionnées aux ressources disponibles, et reproductibles. La notion d'entropie est centrale dans toutes ces conceptions du futur, sur le constat que nul n'a besoin d'avoir une science abyssale pour concevoir que nous sommes dans des conditions d'exploitation outrancières de ressources finies. Mais peut-on affecter de l'entropie aux conséquences de la seule activité humaine sur la planète ? En revanche, bâtie sur cette évidence, une vérité mérite sans doute, à partir de la conception décroissantiste, d'être validée, à rapprocher d'ailleurs des principes génériques de la simplicité volontaire. Pour anticiper sur ce qui va se développer, l'efficience de ce mode de vie implique aussi une sorte de redimensionnement territorial de la réponse aux besoins et que nous qualifions de relocalisation de l'ensemble du spectre de cette réponse (les filières courtes actuelles par exemple) : répondre à la fragmentation que nous impose la concentration des moyens industriels par une fragmentation de la production de produits « tempérés ». Nous connaissons tous l'histoire complexe des tribulations internationales d'une paire de basket ou d'un yaourt de la laiterie à notre table, qui chemine ainsi pour faire du cabotage d'intermédiation souvent géré par les mêmes pôles finaux d'intérêt. A notre profit ? Non. Est-ce l'intérêt des coopératives laitières de reprendre cette chaîne à leur avantage ? Oui, et le nôtre aussi. En revenant sur cette transformation - les filières courtes - qui s'inscrit, dans une évolution plus englobante, et c'est là que nous sommes encore dans une sorte de pénurie conceptuelle. Dans la tradition libérale originelle, les libéraux sociaux, partageant l'analyse plus globale envers le risque réducteur du capitalisme, s'axent surtout sur « l'invention » d'un dépassement et d'une alternative économique finaliste, les rapprochant des objecteurs positifs, misant sur la libération scientifique et une disparition progressive des effets d'une industrialisation agressive. Encore faut-il un cadre repensé dans ses fondements et sa culture pour qu'un berceau d'accueil juste et œuvrant à la liberté de tous, émerge. Ce qui, par conséquent, renoue avec un libéralisme primitif, antagonique aux évolutions capitalistes. Cette tendance plus en recul tente d'échapper à une forme de pensée politique spontanée et confuse parfois, en s'enregistrant donc assez naturellement dans la catégorie d'une démarche dite contractualiste, mais avec ce handicap de sonder une philosophie politique qui ne questionne le système démocratique que comme forme. Pour beaucoup parmi tous ceux-ci, l'alerte écologique doit avoir une traduction plus complète, articulée au social pour agir sur le consensus. Hors des débats liés à la ressource théorique, les philosophes, directement ou indirectement, entrent dans l'univers de ces préoccupations, ou fournissent de la matière, dans la perspective d'éclairer une époque charnière sur une question nouvelle s'additionnant à toutes celles, politiques, qu'ils soulèvent : la pensée écologique peut-elle constituer une catégorie d'une philosophie politique telle qu'elle fournisse un corpus d'idées aptes à être intégrées aux systèmes d'idées fondateurs de nos républiques, avec cette conception si lointaine de la naturalité ? L'ajustement fait débat, rappelant la critique Isabelle Stengers, sur l'absence de perspective des « *infantiles* », qui fondent leur contestation sociale sur celle d'un scientisme inopérant et inefficient en regard des problèmes épistémologiques soulevés. Il est vrai que souvent la question posée par l'ensemble de la contestation de la destruction capitaliste conduit avant tout à la reconstruction d'une sorte de phénoménologie économique ou positiviste, mais dans un contexte de référence qui s'accommode parfois mal de la réflexion philosophique utile à la définition des instances constituant notre héritage, en matière de primauté du politique : principes qui restent à reconstruire, comme le principe d'obligation par exemple. La conclusion commune du dérèglement écologique provoque ainsi une problématique d'apprentissage persistante, et presque subconsciente chez tous, de la réparation, sans éviter qu'au-delà, une logique symétriquement inverse dans les secteurs productifs à la source de la détérioration, capte ces revendications au profit de nouveaux marchés de cette même réparation. On voit que les discours qui privilégient le marché au détriment de l'échange, l'activité productive au détriment du travail, évoquent peu la démocratie, comme si l'échelle des problèmes écologiques, planétaires, impliquait de ce fait l'effacement de cette vieille préoccupation, et surtout la conscience de la nécessaire inconsistance du politique. La liberté n'y est plus évoquée comme instance, comme si, de fait, la libération économique contenait en elle des déterminants plus puissants que sa réalité philosophique. Avec en arrière-plan, cette idée très floue qui veut qu'une fois l'hypothétique mort du capitalisme consommée, puisque semble-t-il, il irait sur sa fin, se mettrait en place par une magie générale une tendance progressive à une solidarité et une proximité plus grandes, issues d'une libération des contraintes aliénantes du consumérisme. Mais la question de la dynamique de rupture et des seuils critiques reste ainsi posée : dans quel sens, et par quoi toutes les réorganisations sociales ont-elles toujours été agies, y compris des pires manières? Faut-il alors invoquer l'examen du sens de l'histoire au prétexte d'une interrogation à laquelle nous amènent les remarques précédentes : l'adhésion à l'idée d'une utilité avérée de ruptures par la multitude ? Pour savoir en un mot si sa puissance se mobilise sur de simples constats ou si l'adhésion n'émerge que sous l'emprise d'idées construisant des alternatives qui deviennent des modèles tangibles ? Les Français, fiers de l'exemplarité de leur Révolution, savent que les idées ont généré des modèles qui n'ont qu'épousé les faits, la misère, l'arbitraire, mais en rendant l'objectif de formation d'une république audible, car fondée bien avant sur ce que les philosophes avaient conçu en cercle très restreint comme valeur de la liberté. Comment vouloir concevoir dans notre actualité l'adhésion de cette puissance, sans modèle cohérent sur les « fondamentaux » entamés par la dépendance économique si on ne commence pas par l'identifier comme telle, et qui seul peut fournir un cadre d'interprétation de ce qui se passe, et nous rendre lisible une refondation de la structure politique, rompant avec cette idée que l'échange réduit à l'utilité est le déterminant insurpassable en tout ? Et reposer la question de la liberté sur les bases de cette nouvelle individuation contemporaine ? Le problème sous-jacent aux revendications légitimes de l'anticapitalisme est en fait celui que nous partageons tous à la suite de la prise de conscience de ce qu'il ne faut plus faire, sans avoir de modèle de ce qui faut faire. Comme notre héroïne shakespearienne, nous en savons actuellement plus que nous ne saurions en faire. Faute de mieux, le dernier acte s'accomplit autour de cette idée toute « néolibérale » d'une gouvernance mondiale, et à l'échelle des échanges, comme une suite douce à la mondialisation ; logique d'un utilitarisme faisant de la gouvernance un outil convenable et régulateur de la cohérence monopolistique.

Les nouvelles données de la dynamique des conflits. Il y a derrière les nombreuses manifestations d'hostilité à l'occasion des sommets mondiaux, une part immergée de quelque chose qui échappe sans doute comme telle aux manifestants, mais se trouve sûrement largement relayée, de manière diffuse, dans l'opinion : l'échelle à laquelle se construit cette « mondialisation » inquiète. Les dirigeants politiques qui participent à ces sommets s'accordent difficilement sur des textes qui n'ont d'ailleurs qu'une valeur consultative ou symbolique, laissant ainsi le sentiment qu'ils lissent les situations de l'économie mondiale au profit de pôles de puissance, et dont les conséquences se vérifient dans l'augmentation des écarts de richesse et le bilan toujours plus négatif de la redistribution des richesses. Si le sentiment prime, l'échelle ne figure pas dans les consciences comme un phénomène structurant. Le raccourcissement du temps comme des distances, n'a amené aucune réflexion sur le fait que sa dimension propre puisse être un moteur d'évolution, même si l'usage du terme de « mondialisation » dans tous les discours se propose d'y faire allusion. Si par contre on garde à l'esprit que l'organisation représente l'unique seuil de matérialisation susceptible d'en constituer l'image et l'essence, il faudra admettre que nous avons là, en plus, le lieu, le point nodal de l'action, où s'affrontent les hommes derrière leurs bannières idéologiques, pour vaincre et constituer en vainqueur le système d'où viendra la solution. Ce qui d'ailleurs commence à parcourir les esprits, des plus lapidaires aux plus nuancés : entre l'organisation des pôles de puissance et la ressource diffuse des théories diverses dont dispose l'opinion pour adhérer à une forme organisée de même importance, quel est le bon chemin ? Pourtant, en avançant en clair que toute organisation subit son échelle, déterminant à un moment de sa croissance des seuils de rupture à partir desquels celle-ci doit se reformer selon une loi liée à la complexité de sa structure, nous devons observer que nous sommes actuellement dans un double système, celui de nos lois, rites, usages, culture, derrière la « clôture » qui en résulte, et celui qui nous englobe par la dépendance dans un territoire plus large, et qui, sans nous être totalement extérieur, n'est plus celui que nous revendiquons par notre universalisme étroit. Dans l'organisation de ce conflit conceptuel, la théorie peut formaliser une grille générale de lecture en résonnant sur des systèmes. Même si l'approche systémique en canalise la compréhension à ce qui est organisé, il n'en reste pas moins certain qu'elle ne décrit pas une réalité mais, d'un point de vue plus « fonctionnel », les ruptures d'équilibre de l'organisé, et que c'est en ces termes qu'il faut statuer sur ce qui nous renvoie et formalise toute rupture. Or sur ce plan, ce qui peut être déduit prudemment des inférences permises à partir de notions générales issues de la théorie des systèmes autoriserait à avancer ceci : toute morphogénèse, qui se définit par fractionnement (rupture des états critiques) de structures organisées trop complexes en structures plus petites réorganisant le système en sous-systèmes, selon des règles de base identiques, serait assujettie, si on la transpose à ce qui existe déjà en termes de « mondialisation » et aux évolutions en préparation, à une nouvelle contrainte d'échelle, multiplicatrice des occasions de rupture de stabilité, d'états critiques. Les règles générales d'homéostasie, redistribueraient, ou vont redistribuer l'ensemble des éléments dépendants de la reconversion de l'environnement naturel en un système environnemental qui, sans être artificiel ou tenir de la seule volonté humaine, a perdu son autonomie complète par rapport aux sociétés humaines, et mettant un terme à des règles adaptatives millénaires pour exiger de manière impérative un autocontrôle d'ordre supérieur à celui que nous avons connu jusqu'ici, et entièrement dépendant de la volonté humaine.

D'autre part, le développement du numérique suppose *a priori* un élargissement, une extension du fait agrégatif, qui impose en soi un déséquilibre constant (volatilité) à l'intérieur d'un rééquilibrage de son système général (logique de réseau).

On ne peut, par notre « inspiration » systémique, voir de mécanismes plus mécaniques qu'il n'y faut. Que seraient par exemple ceux amenés par la délicate notion d'entropie ? Certaines évolutions discrètes car retraduites trop tyranniquement dans la vision de l'économie utilitariste comme celles de la relocalisation ou recentrement, montrent une réorganisation générique par morphogénèse du fait des déséquilibres d'échelle qui y sont progressivement introduits. La rapidité avec laquelle nous œuvrons à installer une autarcie énergétique, les filières traçables, et les filières courtes montrent à la fois un retournement généralisé de l'effet de la fragmentation, et de la reproduction « tempérée » des rapports d'échange, dans une logique homéostatique. L'abaissement des seuils de pression, des coûts, des besoins, et des techniques permettent à des équilibres nouveaux de s'installer. Il ne s'agirait pas à cette occasion d'une reconversion économique, mais plus largement, par le raccourcissement d'échelle, d'une recomposition de la question de l'échange, économiquement même plus proche du don/contre-don tant débattu, presque à l'inverse de l'utilité. Sans qu'il s'agisse de primitivisme, une production amont locale au contraire très moderne, largement basée sur le numérique, la robotisation et la créativité individuelle. La production du futur n'exigera plus d'effet de masse grâce à la productivité nouvelle que nous pourrons connaître, celle des petites séries, à cause de l'autarcie énergétique et du faible coût des dispositifs de production du futur. Si cette hypothèse se confirme et se généralise dans tous les secteurs d'objets à séries renouvelables (lunettes, meubles, ustensiles, voitures électriques etc.), comment se réglera le jeu de ce nouveau secteur, concurrentiel en tout point aux concentrations des productions massives génératrices de la concurrence mondiale de main d'œuvre ? De ce point de vue, souvenons-nous de l'exemplarité de la *longue traîne*, et des difficultés actuelles des majors.

Ces ruptures ne relèvent donc pas pour autant d'une mécanique ; il ne peut évidemment y avoir d'auto-organisation automatique se produisant à un moment donné. Celles qui, traversant les sociétés organisées, impliquent dans leur chronologie des situations tendancielles de lecture de ces déséquilibres, dont le récit révèle la coexistence des représentations conflictuelles de concepts, en faisant des transactions qui se devinent, la matière du plan politique, et de leurs pédagogies, leur gestion. L'ensemble du développement de M. Crozier en rend compte dans sa complexité, au sujet de l'organisation d'entreprises qui, ayant nécessité de négocier avec leur environnement l'équilibre de leurs structures, la construisent par des transactions à la fois horizontales et transversales, voire via des structures adaptatives de type tribales-primitives comme le dirait C. Rivelline, et non pas pyramidales. Mais elles ne constituent par analogie qu'un premier laboratoire aux objectifs plus ciblés que ce que nous avons à considérer, en termes de systèmes ouverts. Ce qui reste néanmoins lisible dans nos organisations sociales, ne nous fournit pas pour autant une opportunité de lecture de nos sociétés elles-mêmes… Nous avons beau ressentir à ce titre que la dépendance économique est un leurre puisque la société ne peut se transformer en une machine économique, y compris et surtout pour le rendre homogène, nous devons reconnaître ce que les philosophes du XXe ont eu tellement peur que nous perdions : le sens du politique… Je pense à cet essai écrit entre 1956 et 59 de Hannah Arendt *Qu'est-ce que la politique ?* où : « *…C'est précisément là qu'est la difficulté ; l'homme est a-politique. La politique prend naissance dans l'espace qui est entre les hommes, donc dans quelque chose qui est fondamentalement extérieur à l'homme. Il n'existe donc une substance véritablement politique. La politique prend naissance dans l'espace intermédiaire et elle se constitue comme relation.* » (*Fragment 1*, éd. Points 1993), en ajoutant ensuite dans le *fragment 2* à propos des préjugés « *Ils indiquent que nous sommes parvenus à une situation dans laquelle nous ne nous comprenons pas politiquement, où nous ne nous mouvons pas encore de façon politique. Le danger consiste en ce que le politique disparaisse complètement du monde…* »

Dans la situation actuelle comme toujours, les tendances formelles d'expression politique telles qu'on les a trop rapidement résumées ne peuvent se représenter que dans cette instance des conflits. Les transactions conceptuelles l'accomplissent toujours en négociant la représentation, relativement peu lisible, d'une structure organisée dans son état actuel avec celui – nouveau et non connu - dont le besoin se fait sentir, ou est espéré. La difficulté du positionnement politique de la transaction écologique vers sa dimension politique pourrait s'expliquer ainsi : l'absence dans son champ conceptuel de modèles de substitution, donc en retour, de ce qui fait réellement conflit. Par certains des traits communs à toutes les tendances politiques se dégagent donc d'une situation de crise, une multiplication de plans de conflits tels qu'on les a évoqués. Les pistes parfois explicites qu'elles nous offrent sont liées, dans leur ensemble, à l'impact de ce changement d'échelle et de ses conséquences prévisibles sur l'organisation, seules révélatrices du plan de matérialité des ruptures : il suffit de penser à l'emploi comme générateur de la nouvelle garantie de liberté pour s'en convaincre, et de ce qu'il souffre de ce point de vue par sa mise en concurrence planétaire. Loin donc des ruptures comme argument politique courant ou piège électoral, il s'agit bien, comme dans le cas de la liberté individuelle, de glissement de concepts établis. Ce sont dans ces mêmes glissements que l'on peut relire une certaine récurrence des thèmes similaires ou s'inscrivant dans ceux que l'on a représentés, à cette différence contemporaine que l'échelle des échanges influent sur cette refonte des valeurs par un syncrétisme culturel particulier : ce dernier se forme en complète autonomie. Ce n'est plus une confrontation de la culture du vainqueur et du vaincu, c'est celui de l'autonomie individuelle en relation directe avec l'échelle du monde. Nous rentrons dans une logique de multiplication des états critiques.

Vers une double démocratie ? S'il s'agissait de résumer sous une idée unique la vigilance à laquelle nous sommes tenus pour assurer une certaine contribution à la bonne marche du monde, ce serait bien celle qui oblige chaque génération à laisser à la suivante, un monde meilleur que le précédent. Or, la profusion, le confort n'ont jamais autant brouillé toute perception, organisation et cohérence de la valeur qu'actuellement.

S'il fallait résumer ce qu'il y a de positif et efficient comme héritage à l'adresse de ces générations futures, ce seraient les formidables potentialités de communications que nous laissons certes à l'état naissant mais suffisamment développées pour pouvoir espérer qu'elles engendreront progressivement une compréhension commune, et de l'Autre, et des grands courants de découvertes à assimiler et maîtriser.

S'il fallait faire des choix sur lesquels fonder en priorité cette vigilance, ce serait bien sur la préservation et l'accès de l'usage de cet outil collectif au plus grand nombre. C'est au titre d'outil collectif que son sens politique doit émerger, en ceci qu'il représente cette puissance de la multitude, non tant par le fait majoritaire dans la pyramide, mais par le réglage transnational de la démocratie, voire de formes démocratiques que nous ne soupçonnons pas encore. Le syncrétisme qui le produira dans la durée viendra de cette source, et par le fait que les changements ne viennent toujours que par le biais du plus grand nombre.

Toute recherche du politique ne peut fondamentalement s'établir qu'à partir du renoncement à l'éclatement sémantique du terme lui-même, et de tout ce qu'il recouvre dans son acception usuelle. Il ne peut de ce fait être accolé au terme « théorie » puisque son domaine s'avèrera, ou bien trop vaste, en comprenant la complexité phénoménologique qui y sera alors attachée, ou bien réduit à des dimensions qui le cantonnent souvent à des questions partielles, comme celles du pouvoir ou du fonctionnement des institutions par exemple. Je pense aux pages faisant à mon avis autorité en la matière qu'un auteur comme Jean-Louis Vullierme a écrites sur le sujet.

Aucune théorie ne sera donc possible selon ce point de vue. L'impossibilité que l'investigation de cette association de « théorie politique » doit saisir – ce qu'il faudrait faire s'il y avait théorie – ce premier étage conceptuel de l'agrégation comme telle, occulte par conséquent l'importance de la transaction comme production collective. L'organisation comme système occulte à son tour la construction d'une approche du politique à partir de sa réalité, l'appréhension de l'océan de « l'empirie », en ne l'abordant que comme le siège d'un système. D'autre part, si l'ensemble des théories n'est conçu, comme le rappelle aussi J.L. Vullierme, que comme relatif et applicable à l'unicité sociale, en accréditant donc implicitement un certain consensus théorique sur la notion de clôture culturelle, l'actualité nous montre la direction contraire, en somme que le paradigme ne fonctionne plus, ou se trouve en puissance passablement entamé. Le basculement de cette relation univoque entre territoire, culture et unicité sociale de la théorie politique questionne donc pour l'avenir la démarche « systémiste » également, sur la détermination ultérieure de la frontière sur laquelle il faudra envisager l'enquête de la modélisation, et sur le partage traditionnel du partage entre une conception de l'auto-organisation et de la finalité sociale pour la résumer.

Finalement, si la systémique se recentre principalement sur l'organisation et ses modes – porte d'entrée privilégiée de la double dimension de l'approche systémique, qui est d'être moteur et sa représentation - les catégories de la dynamique des conflits et de la transaction ne sont pas perçus comme composantes tangibles de l'auto-organisation d'une part, de la finalité posée comme un mouvement de l'autre. Or le paradigme des conflits, seul semble-t-il, permet d'isoler ces mouvements. Leur dynamique, celle du mouvement en spirale du sens, fait qu'en simple synchronicité, tout évènement ne reprend jamais deux fois le même sens *a fortiori* quand ce dernier est assujetti à une interprétation collective. La mesure de ces mouvements, seuls lieux possibles par différence du sens et de contenus que le consensus, en se déplaçant sur des sujets majeurs par exemple, permet de constater, fournit l'interprétation de l'ordre organisationnel, reflet de la structure du système, ou partie. Ces mouvements sont eux-mêmes dans le processus d'élaboration collective de l'organisation, ce qu'on a défini comme transaction. En fait l'analyse actuelle, si l'on admet ce qui a été établi ici dans un contexte théorique plus large comme exigeant une anthropologie du politique ou « anthropolitique », montre que la dynamique des conflits ne peut d'ores et déjà qu'échapper *ipso facto* à la clôture culturelle. La technologie, comme on l'a souligné à longueur de pages, l'y a autorisé. Cette unicité sociale implicite de l'objet théorique de la science politique aurait-elle un terme, et connaîtrait-elle un défaut de pertinence définitivement établi du fait de l'échelle qu'est obligé d'embrasser le domaine du politique actuel ? Entre autres, en fonction du problème d'échelle, ce paramètre ignoré mais qu'il serait peut-être temps d'intégrer à la dimension théorique ? Faut-il réinventer (reconstruire selon des critères pertinents) des frontières différentes faites d'une unicité ouverte, multiculturelle, transculturelle, et avant tout syncrétique ? Ou pire : cette transfrontaliérité sera-t-elle avant tout volatile ? Bien que l'aspect de l'analyse systémique n'ait été que peu développée ici, elle reste néanmoins importante, non seulement appliquée aux déterminants fonctionnels de l'organisation, mais aux lois tendancielles ou du moins des hypothèses que l'on peut émettre à son sujet sur l'auto-organisation des états critiques, de ce que serait ce nouveau réglage transculturel et transnational du monde, que les nouvelles générations auront à charge de mener à bien, malheureusement plus pour sauver les conditions dégradées de la santé du monde qui leur est laissé, que pour augmenter leur confort, leurs appétits utilitaristes, ou même leurs volontés altruistes de rétablir les équilibres élémentaires de vie entre les peuples.

S'il fallait constituer une histoire rapide de cette tendance à postuler le fait politique comme relevant avant la lettre d'un système, elle commencerait sans doute à Nicolas Machiavel. Le politique débarrassé de son acception morale, en devenant un recensement des stratégies et typologies de pouvoir, refermait déjà l'objet politique sur une composante de relations d'éléments récurrents et postulait implicitement de ce fait que la conquête politique ne connaissait pas de fin. L'axiomatique du *Prince* montre une perception du fait transactionnel et organisationnel, mais au profit d'une logique de pouvoir où le principe d'obligation se transforme et s'adapte en se composant, se recomposant sans cesse, sous la contrainte d'un principe d'obligation restreint à la configuration d'un certain type de pouvoir. Restriction issue du *Discours sur la première décade de Tite-Live*. Nous sommes loin de la solution théorique libérale dans laquelle l'éthique voire la morale d'un Rawls reconvoquent à leur construction théorique les notions de bien commun. La différence tient en fait que la présupposition d'un système de pouvoir élimine de fait la dimension éthique du choix d'un système issu de la volonté des hommes, comme notion collective construite collectivement, en un mot la désignation commune d'un principe d'obligation. Y aurait-il donc un risque à reconnaître une « systémique politique » comme premier pas de compréhension du politique, qui s'avérera comme une utilité future ?

Ce serait le propre du constructivisme, d'une relecture adaptée de cette construction nouvelle en cours et à rendre lisible, que la théorie systémique nous aiderait à faire, ne serait-ce que sur les principes généraux de ces – ou de cette - organisations transnationales indispensables pour prévenir les catastrophes qui s'annoncent. La coercition de l'utilité économique a eu cette force de baser l'extension de son principe sur l'utilité que l'on aurait à son utilité, mais au prix des ignorances de cette construction ultérieure fondant la dialectique de Machiavel : toute forme de pouvoir se renégocie sans cesse. Les destructeurs-réparateurs ne pourront, sous les prérogatives de leur principe, s'allier complètement le principe d'obligation nouveau qui devrait suivre les crises à venir. Ce serait renoncer au principe profitable en tout point de l'utilité, pour le principe autrement responsable et intelligent de la ressource. Mais tout est là : comment peut-on modéliser ce qui, à la fois, commet l'action et, en même temps la rend lisible comme procédure? Et comment le reconnaître par principe comme ce qui fait la base de la pyramide, avec ce qui suit comme axiologie : c'est à la multitude que revient de fait cette construction, selon des paramètres inexplicites de la mer de l'empirie du politique, et du fait de « *la puissance de la multitude* » ? Comment en faire une théorie profitable qui en modélise l'organisation, et accompagne la formation dans les esprits d'un principe d'obligation, qui soit à la hauteur d'échelle du problème que notre dépendance à l'utilité économique nous laisse ? Il nous faudrait transposer à notre actualité une théorie de la transaction et des conflits apte à régler des stratégies, à la manière dont Machiavel en proposait au Prince.

C'est en pensant à la conclusion de *La contre-démocratie* où P. Rosenvallon pose le problème de l'institutionnalisation des garanties de contrôle que peuvent avoir le peuple et la société, face aux échecs, risques et non-dits des systèmes de pouvoir, que nous revenons une dernière fois sur l'importance de la dynamique des conflits (le paradigme de l'agir). Cette conclusion est en opposition symétrique avec le fait d'espérer de l'institution qu'elle mette en place un dispositif susceptible de la contester, d'autant plus en surimpression d'outils internes existant dans nos dispositifs de représentativité, même si l'auteur reconnaît qu'une absence de communication à l'opinion des décisions de leur ressort grève souvent ces instances de contrôle – justice, finance, discipline de la représentation - d'un défaut de visibilité les justifiant clairement comme éléments de contre-pouvoir. Sur le plan du contrat moral et politique, de l'extinction du politique, de « l'impolitique » qui s'ensuivent, la mise sur un pied d'égalité du politique avec les deux autres des trois instances de la démocratie que sont pour Rosenvallon « *le gouvernement électoral-représentatif ; l'activité contre-démocratique ; le travail du politique* » pose un problème de compréhension de ce qui fait ici le politique. Or, tout le développement de cette conclusion concourt à réintégrer cette contradiction dans une adaptation plus large de l'activité formelle représentative de la démocratie, ou plus largement de l'opinion telle qu'elle nous est parvenue jusqu'ici, certes sans que cette dernière ne soit altérée par les risques de la philodoxie et de la démagogie. Mais la difficulté est là. A moins de restreindre la dynamique de surveillance des systèmes de pouvoir dépositaires du principe d'obligation, donc de changement par les effets grands et petits des glissements du sens que l'opinion donne aux évènements, au profit d'une structure – un système - en place, le politique englobe toujours les deux autres, puisqu'il est ce travail qui, selon les propres termes de Rosenvallon, « *consiste dans l'activité réflexive et délibérative au travers de laquelle s'élaborent les règles de constitution d'un monde commun : détermination des principes de justice ; arbitrage entre les situations et les intérêts des différents groupes ; modes d'articulation du privé et du public* ». C'est sur le plan de ce contrat que le glissement perpétuel du travail politique effectue son exercice de changement, selon les modes que l'on a tenté de distinguer ici par nos quatre arguments, même si la dialogique de l'inéluctable-inaliénable tient plus dans ce contexte, d'une lecture phénoménologique. Celle de la dynamique des conflits par contre, en expliquant à la fois la construction constante de sens comme travail plus collectif que politique, en restitue une étape en antériorité ; le politique n'étant que le fait de cette mise en chantier constante du sens et des déplacements de sens auxquels les évènements le contraignent, son état général. Et, plus large est le domaine dans lequel ce travail s'applique, meilleur est le système du principe d'obligation ; et dans notre acception libérale humaniste actuelle : la démocratie.

La lecture des conflits actuels, ceux qui s'annoncent autour des thèmes de la répartition des richesses, de la juste exploitation des ressources, de l'équilibre de l'individu et de l'individuation comme rapport au collectif, cachent des violences à venir, de formes sans doute identiques en des lieux divers, qui marqueront la mise en place de leur reconnaissance et leur passage dans le consensus de valeurs qui s'accorderont comme normes organisationnelles. Nous ne sommes plus dans une configuration d'adaptation, de contre-pouvoir pour assurer l'homéostasie d'un système, et contrairement à ceux que le XXe siècle nous a fait vivre et laissés en héritage, essentiellement des conflits de modèles sociaux vécus en référence à des conflits d'idéologie, ceux qui se profilent ne leur ressembleront pas. Ils seront plus fondamentaux, en ce qu'ils intéressent des catégories plus déterminantes car plus proches des enjeux de vie et d'articulation des sociétés, et surtout de toutes les sociétés. Se nourrir, s'abriter, garantir une bonne santé, et plus globalement comprendre mieux pour mieux maîtriser. Il faudrait dans ce cas être naïf pour penser que tout ceci se fera sans les renversements d'échelle, d'organisation et de la géographie des pôles traditionnels dépositaires du principe d'obligation. La pression des enjeux globaux qui se préparent, ne serait-ce que leur dimension écologique, nous le laisse deviner.

La question actuelle se résumerait donc à notre capacité d'envisager et recouper les formes dans lesquelles les conflits qui relèvent de ces catégories vont s'exprimer dans les différents systèmes de « clôtures » culturelles, et traverser – ce qui est maintenant une possibilité - les différentes frontières pour exprimer ces questions. Notre compréhension occidentale de l'histoire ne faisant en la matière que très partiellement modèle, de nouveaux outils étant à disposition, et au-delà des développements qu'ils prendront, ce sont avant tout par l'impact d'échelle et le dépassement des systèmes clos en place que ces questions se manifesteront.

Si prédictions il devait y avoir, ce qui n'est pas notre propos mais s'impose implicitement par notre incessant désir de lever l'inquiétude de l'avenir, elles consisteraient à recentrer les conflits actuels dans leur dimension transversale. L'exportation de la démocratie et les guerres qui la soutiennent vont progressivement sans doute avoir une fin, marquant le repliement nécessaire aux puissances pour opérer l'homogénéisation économique du monde selon des polarités en redistribution, alors que conjointement se révèlera plus explicitement à une opinion mondiale, cette propension des démocraties à n'être jamais que des systèmes potentiellement en formation, parce qu'instables par nature, et surtout variables dans leurs formes adaptatives culturelles. La démocratie comme modèle d'organisation ne comporte pas de valeur intrinsèque universelle en soi, mais tient à la volonté des hommes de régler les conflits que leur histoire leur fait connaître. Comme on n'a cessé de le dire, c'est paradoxalement de l'homogénéisation du monde par la coercition économique, la destruction des ressources, les inégalités croissantes de redistribution, l'opacité du commandement des pôles de puissance en formation condamnant finalement à l'impuissance les pôles locaux politiques, que se formeront dans le concret l'émergence des conflits et la traduction de leur nature. Evidemment, notre démarche nous fera dire que c'est dans la similitude et l'accord par transactions lentes et successives depuis les territoires restreints dans chaque clôture culturelle que se fera cette émergence. En s'ouvrant à cette similarité de situation, d'état, et finalement de volonté à reconnaître la convergence nécessaire des mouvements à accomplir. Cohérence dans l'exploitation des ressources, légitimité des organisations culturelles à définir leur propre système de démocratie, cohérence des valeurs de partage de l'éthique qui y président, et enfin détermination de cette éthique en fonction de la préservation des équilibres de vie et culturels.

Reste à savoir comment l'empirie qui définit le politique va se distribuer comme empirie commune hors des systèmes de clôture. En somme comment va naître cette démocratie transnationale par la base, comme toujours en quelque sorte, et non par l'activation de quelque valeur universelle intrinsèque attachée à sa nature et surtout à la définition ethnocentrée de quelques élites. Comment surtout pourra se construire à terme une structure globale d'équilibre qui corresponde à notre principe d'obligation, sans qu'il s'agisse obligatoirement d'une « gouvernance mondiale ». Quels en seront les étages ? Enfin comment gérer des convictions, voire dans un premier temps de l'indignation, quand on ne peut opposer à ce qui ne satisfait pas des modèles ou systèmes transactionnels apparaissant comme des substitutions possibles ? L'indignation comme la dénonciation ne sont pas en eux-mêmes constructeurs, mais les mouvements qu'ils produisent oui. Pourtant l'échelle du problème est telle que le désarroi finit par aider à perdurer ce à quoi on s'oppose… Provisoirement. Le désarroi, en face de l'immensité du problème, et de celle non moins importante qu'il y a à transformer cette contribution transnationale de chacun en une *puissance de la multitude* manifeste et orientée, construit en ce moment peut-être déjà chez les jeunes générations sans que nous le sachions vraiment, ce mouvement nécessaire.

Y sommes-nous ? …

TABLE DES MATIÈRES

L'HARMATTAN, ITALIA
Via Degli Artisti 15; 10124 Torino

L'HARMATTAN HONGRIE
Könyvesbolt ; Kossuth L. u. 14-16
1053 Budapest

ESPACE L'HARMATTAN KINSHASA
Faculté des Sciences sociales,
politiques et administratives
BP243, KIN XI
Université de Kinshasa

L'HARMATTAN CONGO
67, av. E. P. Lumumba
Bât. – Congo Pharmacie (Bib. Nat.)
BP2874 Brazzaville
harmattan.congo@yahoo.fr

L'HARMATTAN GUINÉE
Almamya Rue KA 028, en face du restaurant Le Cèdre
OKB agency BP 3470 Conakry
(00224) 60 20 85 08
harmattanguinee@yahoo.fr

L'HARMATTAN CAMEROUN
BP 11486
Face à la SNI, immeuble Don Bosco
Yaoundé
(00237) 99 76 61 66
harmattancam@yahoo.fr

L'HARMATTAN CÔTE D'IVOIRE
Résidence Karl / cité des arts
Abidjan-Cocody 03 BP 1588 Abidjan 03
(00225) 05 77 87 31
etien_nda@yahoo.fr

L'HARMATTAN MAURITANIE
Espace El Kettab du livre francophone
N° 472 avenue du Palais des Congrès
BP 316 Nouakchott
(00222) 63 25 980

L'HARMATTAN SÉNÉGAL
« Villa Rose », rue de Diourbel X G, Point E
BP 45034 Dakar FANN
(00221) 33 825 98 58 / 77 242 25 08
senharmattan@gmail.com

L'HARMATTAN TOGO
1771, Bd du 13 janvier
BP 414 Lomé
Tél : 00 228 2201792
gerry@taama.net